Rotraud A. Perner
Zeugin der Lüste

Rotraud A. Perner

Zeugin der Lüste

Lust und Frust der Rundfunksexualberatung

Edition Tau

Inhalt

Für Herbert Riehl-Heyss,
dessen Buch „Bestellte Wahrheiten“,
und Peter F. Schmid, dessen Ermahnungen
am 4. Dezember 1990 dazu beigetragen haben,
daß ich mich von meinen ehrgeizigen Illusionen,
Medienberatung könne die Qualität intimer
Beratungsgespräche im therapeutischen Setting
erreichen, getrennt habe.

Wahre Worte sind nicht schön,
schöne Worte sind nicht wahr.
Tüchtigkeit überredet nicht,
Überredung ist nicht tüchtig.
Der Weise ist nicht gelehrt,
der Gelehrte ist nicht weise.
Der Berufene häuft keinen Besitz auf.
Je mehr er für andere tut,
desto mehr besitzt er.
Je mehr er anderen gibt,
desto mehr hat er.
Des Himmels SINN ist fördern, ohne zu schaden.
Des Berufenen SINN ist wirken, ohne zu streiten.

Laotse

Einleitung

Wie unterschiedlich Hörer und Hörerinnen auf die vierzehntägliche Mitternachtsrundfunksendung *Sexhotline* reagieren, erfahre ich jedesmal, wenn in einem Gespräch der Name fällt: Manche sprechen dann von reinem Ecoutismus und empören sich, daß ich mich für „so etwas" überhaupt „hergebe" – oder verteidigen mich, ernsthaft oder scheinheilig, „weil irgendjemand muß ja den armen Gestörten helfen!"

Andere wieder wundern sich, wie ich so viel Seelen-Müll aushalte und daß mir noch immer nicht graut, ekelt oder meine Nerven auslassen. Glauben doch viele, daß nur Verbal-Exhibitionisten, Erotophone oder unverbesserliche Scherzbolde zum Hörer greifen und der Großteil der angesprochenen Probleme nur „Schmäh" sei – oder ein Versuch, sogenannte Experten in Verlegenheit zu bringen.

Andere hingegen sind betroffen von der Einsamkeit, Seelenqual, Hilflosigkeit, die da zu hören ist, finden es gut, daß das Medium Hörfunk hilft, AnsprechpartnerInnen die Gelegenheit zu geben, Fachinformation, Hinweise anzubieten oder auch einfach eine andere Sichtweise.

Das Reden über Sexualität fällt noch immer vielen Menschen schwer: zum einen, weil Sexualität etwas Tabuisiertes ist, entweder wird sie überhöht, glorifiziert oder herabgewürdigt, in den Schmutz gezogen. Sie ist auf jeden Fall mit Gefühlen besonderer Art verbunden, meist noch dazu widersprüchlichen: Lust und Angst, Begehren und Abwehr, Befriedigung und Frustration, Geilheit und Empörung. Was läge da schon näher, als im Sinne einer

Vogel-Strauß-Politik (oder wie kleine Kinder, die meinen, sie seien nicht da, wenn sie sich die Augen zuhalten!) die Illusion zu pflegen: Wenn ich es nicht zur Kenntnis nehme, dann ist es auch nicht da!

Zum anderen liegt die Schwierigkeit beim Reden über Sex in der eigenen Betroffenheit. Und zum Dritten mangelt es oft an geeigneten Vorbildern. Immerhin lernen wir ja primär durch Vor-Bilder, schauen uns etwas ab. Und gerade in der Sexualität bildet oft ein Porno-Video dieses Vorbild, was für mich so viel bedeutet, wie wenn wir uns beim Autofahren an *Kottan* oder *Didi Hallervorden* orientieren würden! Gerade dieses Vorbild ist dann in der Realität weder lustvoll noch lustig.

Wir lernen also an Vorbildern, durch die nachfolgende Übung und durch lobende Bestätigung, Erfolg. Lernen findet in Beziehung statt; wer allein auf etwas draufkommt, ist ein/e ErfinderIn, hat vielleicht sogar einen kreativen Akt vollbracht – auch wenn ihm oder ihr dann vorgeworfen wird, er oder sie hätte das Rad neu erfunden –, an der Qualität des schöpferischen Handelns mag wohl nur zweifeln, wer sie abqualifizieren will.

Wie lernen wir also mit unserer Sexualität umzugehen? Außerhalb der Pornofilm-„Information"?

Sexualität verstehe ich in diesem Zusammenhang nicht als den kleinen Teilbereich der „Technik des Geschlechtsverkehrs" – was auch immer die sein mag! –, sondern als subjektives Erleben von Phantasien, Sehnsüchten, Empfindungen und Gefühlen, die sich auf eine/n andere/n, etwas anderes beziehen.

Wie lernen wir, einander unser Innenleben mitzuteilen? Eine Beziehung aufzunehmen? Abzulehnen? Einander zuzuhören? Einander „echte Botschaften" zu geben – und keine Umschreibungen, Witzeleien, Grobheiten zuzumuten?

Ich möchte jetzt nicht Eltern, Erzieher, Lehrer oder gar die Katholische Kirche kritisieren. Alle bemühen sich auf ihre Weise, ihre Sicht gelungener Beziehungen (und da wir nicht „nicht sexuell" sein können – denn „als Mann und Frau schuf Er sie" –, sind unsere Beziehungen IMMER auch sexuell!) weiterzugeben. Dasselbe tue natürlich auch ich. Ich werde im Laufe dieses Buches mein Konzept von „Sexualität leben" genau vorstellen; dazu gehört, sich klar und unmißverständlich auszudrücken, was mir selbst genauso schwerfällt wie vielen anderen Menschen auch. Immerhin ist spätestens seit dem Dritten Reich für viele Europäer zum erklärten Erziehungsziel (vor allem für Männer!) geworden, „zäh wie Leder, hart wie Krupp-Stahl" zu sein, keinerlei Betroffenheit oder Gefühle zu zeigen – oder wie ein guter Freund einmal über seine „Liebes"-Beziehungen äußerte: „Jeder Tropfen Seele ist zuviel!"

Wen wundert es also, daß so viele Menschen dankbar sind, wenn sie „zuhören" dürfen – und damit frühkindliche Frustrationen wettmachen –, wenn zum Vor-Bild auch ein Vor-Laut (welch uner*hörtes* Wortspiel!) tritt – und sie auch selbst vorlaut sein dürfen – denn im Schutz der weitgehenden Anonymität läßt sich's gut ansprechen, was in direkter Konfrontation mit dem/der Nächsten wohl zu gefährlich wäre. Auch die Gewißheit, jederzeit sanktionslos das Gespräch beenden zu können, erleichtert diesen Wagemut.

„Ich will, daß die Person der Leute ein wenig spürbar wird", sagte der Gestalter der Sendung, *Walter Gröbchen,* in einem Interview zu *Klaus Kamolz* (AZ 6. 6. 1988). Spüren – nicht nur hören –, was Menschen sagen, ist auch eines meiner Anliegen. Nicht immer leicht, nicht immer erfolgreich, nicht immer auszuhalten.

Um auch über den flüchtigen Augenblick mitternächtlichen Zuhörens hinaus etwas mehr spürbar zu machen, worum es in meinen Sendungen der *Sexhotline* ging, schreibe ich dieses Buch.

Es gibt aber noch weitere Gründe: natürlich die Nachfrage von Zuhörern und Zuhörerinnen, die vieles gerne nachlesen wollen, von Nicht-Hörern und -Hörerinnen, die gerne wissen wollten, was denn da wirklich so „läuft" (und wozu auch meine Verleger, *Mag. Erich Greistorfer* und *Peter Feigl* von der *Edition Tau* gehören, die mir ihre Neugier gestanden – und ihr Versagen, die Mitternacht zum Hören zu nutzen, statt zum Tun!) und von KollegInnen, die vor allem interessierte, wie es mir mit meiner Gegenübertragung ginge, mit meiner Abwehr und wie ich denn meine Beratungen methodisch konzipiere. Sie alle sollen Antwort erhalten.

Es hat mich gefreut, zu erfahren, daß Mitschnitte meiner Sendungen in Akademien für Sozialarbeit als gelungene Beispiele für professionelle Beratung im Unterricht eingesetzt werden. Ich selbst bin da nämlich recht kritisch; im Sinne meines eigenen „Versuchs, in der Wahrheit zu leben" werde ich meine Bewertungen von „gelungen" oder „mißlungen" ausweisen, soweit mir meine Voll- oder Fehltreffer bewußt waren oder wurden.

Dazu haben mir nicht nur meine Selbstwahrnehmung (das Gefühl der „Stimmigkeit"), sondern vor allem meine Aufzeichnungen geholfen. Leider befinden sich nur drei (fast) vollständige Mitschnitte meiner Sendungen in meinem Besitz; ich lege sie im Transkript vor. Lücken ergeben sich aus Zeitverlust bei Bandwechsel oder technischem Gebrechen: Auch ein Tonband hat manchmal einen Hänger!

Ich bitte also um Verständnis, wenn bei den drei Sendungsniederschriften kleine Teile fehlen, z. B. auch letzte AnruferInnen, die in meinen schriftlichen Aufzeichnungen hingegen vermerkt sind. Ich habe nämlich seit meiner Rechtspraktikantinnenzeit die Angewohnheit, stets „einfach so" mitzustenographieren, und kann mich daher auf diese Notizen und mein geschultes Gedächtnis stützen. Es ärgert mich aber doch, daß ich nicht ausführlicher mitschrieb, aber ich hatte ja nicht die Absicht, irgendwann einmal eine ausführliche Dokumentation vorzulegen. So kann es also durchaus vorkommen, daß meine Erinnerung da oder dort nicht ganz stimmt. Ich werde daher dort, wo ich mich genau erinnere, durch Verwendung entsprechender Formulierungen diese Bestimmtheit betonen. Ich mag nicht, wenn Legenden gebildet werden – das ist schon das Vorrecht der Dichter und schlechter Journalisten, die ihre „Fälle" erfinden oder selbst ihre Leserbriefe

Die Sendung

Der Anruf

Donnerstag, 19. Mai 1988. In der ersten Wiener Sexualberatungsstelle[1] – mittlerweile gibt es bereits die zweite[2] – sorgt ein ungewöhnlicher Anruf für Diskussionen: Sollen wir oder sollen wir nicht?

Eine Frage, die sich in der Sexualberatung immer wieder stellt. PsychoanalytikerInnen sind gewohnt, in ihrer Arbeit auch immer den Parallelprozeß zu beachten: Das, woran gerade gearbeitet wird, spielt sich auch immer im Hier und Jetzt ab. Immer wieder beobachten wir, daß etwa Männer mit vorzeitigem Samenerguß auch bei der Anmeldung zum Erstgespräch „mit der Tür ins Haus fallen", also recht überfallsartige Stile entwickeln, die Tür zum Anmeldungszimmer aufzumachen, während diejenigen, die Erektionsstörungen haben, „geduldig vor der Tür warten", Frauen mit Vaginismus (Verkrampfung der Scheidenmuskulatur, die ein Eindringen unmöglich macht) auch im Gespräch Schwierigkeiten haben, „sich zu öffnen", oder Paare, die sich nicht einigen können über die Art oder die Häufigkeit ihrer Geschlechtsbegegnungen, auch bei Vereinbarungen von Beratungsgesprächen willkommenen Anlaß zur Demonstration ihrer Machtkämpfe entdecken.

Für uns SexualberaterInnen und -therapeutInnen stellt sich immer die Frage, ob wir den Erwartungen, Wünschen unserer Ratsuchen entsprechen können – und auch wollen. Immerhin ist die therapeutische Beziehung wesentlicher

1) 1090 Wien, Lustkandlgasse 50, Tel. 0222/34 65 35 DW 279, Donnerstag 16–19 Uhr.

2) 1210 Wien, Freytaggasse 32, Tel. 0222/38 62 05, Freitag 15–19 Uhr.

Bestandteil unserer Arbeit. Unklarheiten werden im Team besprochen, Entscheidungen supervidiert.

Der außergewöhnliche Anruf an diesem Beratungsnachmittag betrifft eine Einladung: Ein *„Walter Gröbchen vom Nachtradio"* fragt an, ob nicht eine/r unserer MitarbeiterInnen kommenden Freitag zu mitternächtlicher Stunde an der Sendung *Sexhotline* mitwirken will.

Niemand von uns kennt die Sendung. Ich denke an einen üblen Trick eines Erotophonen (das sind Personen, deren Lust es ist, andere mit obszönen Reden via Telefon in Verlegenheit oder Wut zu versetzen). Daß die angegebene Telefonnummer, unter der wir unsere Entscheidung bekanntgeben sollen, die des ORF-Funkhauses ist, gibt uns noch keine Sicherheit. Unser Team ist ratlos – worauf würden wir uns da wohl einlassen? (Beachten Sie bitte den Parallelprozeß!)

Wie seriös ist diese Einladung?

Schließlich rufe ich meinen Mann an. Er war zu Beginn unserer Bekanntschaft ORF-Redakteur, ehe er sich der PR-Beratung und der Betreuung von Politikern widmete. Seine Kontakte sind noch immer exzellent, vielleicht kann er herausfinden, wer... und was...?

Als neugieriger Journalist kennt er selbstverständlich die Sendung, muß ich verblüfft feststellen. So zeigt sich, wie unrecht ich hatte, wenn ich an seiner altgewohnten Übung, Radio- oder Fernsehgerät – ich dachte immer: nur so als Geräuschkulisse – eingeschaltet zu lassen, herumnörgelte. Recht dankbar nehme ich seine „Aufklärung" an: Das Ö3 Nachtradio gebe es seit Jahresbeginn, interessante Gäste würden eingeladen, ich solle unbedingt zusagen...

Ich melde zurück ans Team. Die KollegInnen sind alle erleichtet, daß ich nun bereit bin: denn der eine wohnt in Tulln, die anderen im 19. und 16. Bezirk, ich hingegen nur zehn Gehminuten vom Funkhaus entfernt... und immerhin beginnt die Sendung um Mitternacht... Das stört mich auch, da ich doch eine begeisterte Frühaufsteherin bin.

Monate später erfahre ich erst, wie es zu dieser Einladung kam: Producer *Walter Gröbchen* hatte nach amerikanischem Vorbild ein Konzept entwickelt: Talk Radio – HörerInnen plaudern mit Studio-Gästen – zum Thema Nummer Eins. Als Studiogäste sollten sich *die* zwei österreichischen SEXPERTEN abwechseln: die Fachautoren *Ernest Borneman* (Jahrgang 1915, „Das Patriarchat") und *Gerti Senger* (Jahrgang 1942, „Was heißt schon frigid!").

Nur: Das in Frage kommende Wochenende war das vor Pfingsten, und beide Promis standen nicht zur Verfügung.

So kam der clevere Rundfunkmacher auf die Idee, einmal keinen Medienprofi einzuladen, sondern Praktiker von der Basis: Wer von uns ausgebildeten PsychosexualtherapeutInnen käme, sei egal, wichtig sei nur, daß der oder die „um keine Antwort verlegen" ist...

Als ich nach meinem ungeahnten Erfolg und dem für mich überraschenden Publikums- und Medienecho Fixstarterin im Team der *Sexhotline* geworden war, begann die Suche nach dem „Zweiten Mann"; zwei Frauen der Tochtergeneration einer „unerbittlichen" Vaterfigur gegenüber *(Bornemans* Standardsatz: *„Sie haben den falschen Partner! Trennen Sie sich!"* ist mittlerweile bereits Legende) – das schien doch unausgewogen.

Mittlerweile gibt es ihn: *Dr. Dieter Schmutzer* (Jahrgang 1953), Mitglied der Geschäftsführung der Österreichischen AIDS-Hilfe und Obmann der Homosexuellen-Initiative deckt mit seinem Fachwissen einen wichtigen Bereich in der Sexualaufklärung ab, in dem besonders viel Sprachlosigkeit und Vorurteile auffallen. Wie ich steht auch er in einer öffentlich, kostenlos und auf Wunsch anonym zugänglichen Beratungseinrichtung[3] für persönliche Konsultationen zur Verfügung.

---

3) Homosexuelle Initiative (HOSI) Wien, 1020 Wien, Novaragasse 40, Tel. 0222/26 66 04, Beratungszeit: Dienstag abends.

Im Funkhaus

Vor der letzten Hörfunkreform wurde bereits eine halbe Stunde vor Beginn der *Sexhotline* auf diese Sendung und die Telefonnummer, unter der ab Mitternacht angerufen werden konnte, hingewiesen. Diese Vorankündigung ist bedauerlicherweise der Umgestaltung zum Opfer gefallen, wodurch den Sendungsmachern die Möglichkeit genommen ist, sich auf die Anfragen besser einstellen zu können. Durch eine weitere Neuerung entfiel auch die europaweite Ausstrahlung von ein bis zwei Uhr früh.

Zur Zeit beginnt die Sendung nach den Null-Uhr-Nachrichten mit dem Hinweis auf die gestaltenden Personen und die Anrufmöglichkeit. Zwei MitarbeiterInnen nehmen an den Telefonen die Anrufe entgegen, fragen etwa den Inhalt des zu erwartenden Gesprächs ab und notieren die Telefonnummer der AnruferInnen, um zu dem Zeitpunkt, an dem auf Sendung geschaltet werden kann, zurückzurufen. Das bringt natürlich Zeitverzögerungen – was früher nicht der Fall war, weil zu Beginn der Sendung meistens bereits eine Fülle von Anrufen vorlag. Daher überbrücken die ModeratorInnen[4] die Zeit mit aktueller Plauderei: Was so an einschlägigen Überschriften in Tageszeitungen oder Magazinen auffiel, bietet Anlaß zu kurzem Andiskutieren, dann folgt die erste Platte; wenn dann noch kein Anruf eingelangt ist, wird wieder geplaudert – aber das habe ich nur bei meinem Debut erlebt.

Ich erfahre, wie sehr dieses Anplaudern, die Moderation den Stil der nachfolgenden Sendung prägt: Ist es ein ernstes Thema, folgen ernstere Anrufe, ist es ein eher lustiges, lustvolles oder gar frivoles, fühlen sich andere Personen zum Griff nach dem Telefonhörer motiviert. Soweit meine Aufzeichnungen dazu Hinweise enthalten, werde ich in der Dokumentation der Anfragen darauf eingehen – etwa auch auf meine Vermutungen, wenn eine muntere

---

4) Robert Reumann und Martina Rupp; gelegentlich springt Walter Gröbchen ein.

Herrenrunde sich „einen Jux machen" will – übrigens auch ein deutliches Anzeichen mangelnder Beziehungsfähigkeit. Spätabends zu arbeiten hat einen eigenen Reiz. Ich kannte ihn nicht. Einmal sah ich einen Gruselfilm, in dem eine Hörfunkjournalistin tiefnachts mit Seeleuten kommunizierte („The fog"), da bekam ich einen leichten Vorgeschmack. Die Situation versetzt schon in eine eigenartige Stimmung: das stille Haus, der Portier... ein paar Leute im Studio... Nacht... das Wissen, daß der Großteil der Menschen schläft... Wer hört zu?... Autofahrer... schlaflose Depressive... der eine oder die andere Einsame oder aber Spätheimkehrer...?

Nach ein paar Monaten habe ich konkrete Vorstellungen, weiß, daß viele ältere Menschen zuhören, deren Schlafbedürfnis nicht mehr so groß ist, weiß, daß ich Fans habe, die mir die Daumen drücken, weil sie wissen, daß für mich diese Arbeit keinen Spaß, sondern anstrengende Konzentration bedeutet, die mir Briefe schreiben, die ich nur zu oft viel zu spät beantworte, weil ich ein bißchen chaotisch bin – wofür ich mich bei dieser Gelegenheit entschuldigen möchte (vor allem bei den Menschen, die mir aus Haftanstalten geschrieben haben).

Manchmal erinnert mich diese Arbeit an die Zeit, wo meine Söhne noch ganz klein waren und ich oft des Nachts an ihr Bett geschlichen bin, ihren tiefen Atemzügen gelauscht habe: Lullaby. Stille Nacht.

Besonders, wenn es regnet, werde ich sentimental.

Dann wieder: Sommernächte. Gluthitze. Schwüle. *Walter Gröbchen* läuft barfuß umher: Der „Mann mit dem schnellsten Haarwuchs" (© Der Standard) hat rosige Kinderzehen. Mein Colaverbrauch steigt ins Gigantische...

Ich bin ein Morgenmensch. Als fanatische Frühaufsteherin kenne ich kaum Mitternachtseinlagen – normalerweise fallen mir um 22 Uhr die Augen zu. Im Freundeskreis bin ich daher dafür bekannt, selbst beim Heurigen ungeniert das Haupt in den Armen zu bergen und blitzartig einzuschlummern. Habe ich Gäste, pflege ich mich wenig diskret zurückzuziehen...

Wenn ich Sendung habe, schlafe ich vor. Stehe ich dann um 23 Uhr auf, rede ich mir ein, das Tagewerk beginnt: „Wach auf mein Herz und singe."

Gott sei Dank habe ich „meine" Sendung jetzt nur alle acht Wochen – wir sind ja nunmehr ein Berater-Quartett –, ich brauche doch fast zwei Tage, um wieder in meinen gewohnten Rhythmus zurückzufinden. Wie furchtbar es SchichtarbeiterInnen oder Menschen im Turnusdienst gehen muß, kann ich jetzt vage erahnen.

In der ersten Sendung geht es mir recht schlecht: die vielen fremden Leute, mit denen ich zusammenarbeiten mußte, keine Vorbesprechung, keine Richtlinien. Es geht. Nach dem Motto: irgendwie durchwursteln, Hauptsache überleben. Dementsprechend verkrampft bin ich, überwiegend auf Selbstverteidigung ausgerichtet (s. Transkript 1).

Ich habe keine Vorbilder; trotz persönlicher jahrelanger Bekanntschaft hatte ich weder *Borneman* noch *Senger* gehört und schon gar nicht *Erika Berger* gesehen. Auch spürte ich das kritische Mißtrauen des Moderators *Robert Reumann* – erst gegen Ende der Sendung habe ich den Eindruck, daß er mich akzeptiert. Aber auch bei einigen Anrufern – Männern – spürte ich dieses Mißtrauen: Was will uns die schon sagen (s. Transkript 1)!

Und dann spüre ich meine eigene Angst – die Angst vor der Exhibition. Die ist mir bis heute geblieben. Ich schicke noch immer dann und wann Stoßgebete gen Himmel, ich möge meiner Aufgabe gerecht werden, keine zu argen Fehler machen (Es unterlaufen mir immer wieder welche, nicht wissensmäßig, sondern beratungsmethodisch: daß ich nicht mitbekomme, was die AnruferInnen wirklich wollen) und möglichst niemanden zu kränken (im Sinne von traumatisieren). Im Streß der Live-Sendung läuft mir immer wieder die Zeit davon, Handzeichen von Producer oder Moderator deuten an, das Gespräch zu beenden, besonders, wenn es in eine Richtung driftet, die als zu ernst, zu wenig „unterhaltsam" eingeschätzt wird.

Die AnruferInnen

Immer wieder werde ich gefragt, ob die Anrufe wirklich ernst gemeint seien.

Ich denke doch. Die Struktur der Sendung sieht ja vor, daß die beiden SendungsassistentInnen am Telefon sichten und Unpassendes aussortieren, mit dem Producer (die ersten zwei Jahre *Walter Gröbchen*, dann *Angelika Lang* und *Peter Blau*) absprechen, der im Zweifelsfall den/die ExpertIn konsultiert. Wenn Möglichkeiten zur Auswahl stehen, haben wir die Gelegenheit, nach Lust und Laune zu bevorzugen. Die Telefonnummer der AnruferInnen wird ja vermerkt und zum passenden Zeitpunkt zurückgerufen. Dann wird das Gespräch zum/r ModeratorIn durchgestellt: Er oder sie hat nochmals Gelegenheit, in einem kurzen Geplauder festzustellen, wie es der Person am anderen Ende der Leitung geht – und die Profis merken schnell, wenn etwas zu lustig zu werden droht. *„Wenn ich merke, ein Gespräch bringt nichts mehr oder driftet ins Peinliche ab, dann muß ich schleunigst eingreifen“*, umriß *Robert Reumann* im Interview mit *Uschi Berger* seine schwierige Aufgabe (Kleine Zeitung, 19. 2. 1989), *„natürlich so, daß der oder die AnruferIn nicht verletzt ist!“*

Ich selbst nehme grundsätzlich alle AnruferInnen ernst; erstens weil ich selbst ein sehr ernsthafter Mensch bin (und mir Freunde nachsagen, daß ich in den Keller lachen ginge) und Menschenfresserhumor nicht schätze. Wenn mir jemand weh tut, dann nehme ich für mich das Recht in Anspruch, erstens „Au" zu schreien, zweitens zu sagen: Das hat weh getan – willst Du mir weh tun, warum? und drittens zu überlegen, ob und wie ich mit diesem Menschen weiter Umgang pflegen will. All das braucht Zeit – und *die* bin ich bereit mir zu nehmen, dem anderen zu geben.

Zudem weiß ich zu genau, welche Probleme es wirklich gibt. Manche der AnruferInnen kommen persönlich in die

Sexualberatungsstelle (z. B. 10.2.3 oder 21.2.4 mit Partnerin). Manche machen anderen Menschen mit ähnlich gelagerten Problemen Mut, in unsere Beratungsstelle zu kommen. Wenn wir sechs BeraterInnen derzeit durchschnittlich zwanzig Beratungen im Laufe einer Beratungseinheit (das sind drei bis vier Stunden einmal die Woche) durchführen, so melden sich davon sicher ein Drittel aufgrund der Radiosendung (ein weiteres Drittel aufgrund von Hinweisen in Printmedien oder Fachpublikationen, das letzte Drittel wird von Ärzten oder Ämtern an uns verwiesen).

In der Woche nach einer Sendung melden sich oft ein bis zwei Dutzend Menschen, die Rat, Hilfe oder Therapie in Anspruch nehmen wollen. – Die Dienste in der Sexualberatungsstelle sind kostenlos und auf Wunsch selbstverständlich anonym. Unser Kollege *Werner Neubauer*, der die Sexualberatungsstelle administrativ leitet, bringt sie dann nach bestem Wissen und Gewissen mit den für sie richtigen Fachleuten oder Facheinrichtungen zusammen. Viele lerne ich persönlich kennen und möchte an dieser Stelle ausdrücklich betonen: Es sind ganz normale, liebe Menschen mit ganz normalen Beziehungsschwierigkeiten, wie wir sie alle gelegentlich haben, oder mit seelischen Verletzungen, wie sie auch sehr viele von uns ertragen mußten. Sie unterscheiden sich von den Menschen, die so sehr betonen, daß sie „sowas Gott sei Dank nicht nötig haben", oder sich „unfähig vorkommen würden, wenn sie mit ihren Problemen nicht selber fertig würden", nur dadurch, daß sie eine bessere Selbstwahrnehmung haben – sich nicht für unbeschränkt belastbar halten – und den Mut haben, zuzugeben, daß es wie für körperliche auch für seelische Beschwerden Fachleute gibt, die einem gut tun, weil sie helfen, blinde Flecken zu erkennen, Handlungsalternativen zu entwickeln und Probleme zu lösen.

„Meine" Sendungen

Statistischer Überblick

		Männer	Frauen	Summe
1.	20./21. 5. 88	5	4	9
2.	15./16. 7. 88	9	3	12
3.	12./13. 8 .88	9	3	12
4.	21./22. 10. 88	7	4	11
5.	2./3. 12. 88	5	5	10
6.	20./21. 1. 89	7	3	10
7.	31. 3./1. 4. 89	5	5	10
8.	12./13. 5. 89	5	4	9
9.	21./22. 7. 89	5	3	8
10.	15./16. 9. 89	6	4	10
11.	20./21. 10. 89	4	5	9
12.	27./28. 10. 89	5	5	10
13.	24./25. 11. 89	7	3	10
14.	12./13. 1. 90	8	2	10
15.	9./10. 3. 90	3	4	7
16.	4./5. 5. 90	7	5	11
17.	29./30. 6. 90	6	2	8
18.	24./25. 8. 90	6	2	8
19.	2./3. 11. 90	6	3	9
20.	16./17. 11. 90	7	1	8
21.	11./12. 1. 91	4	4	8
22.	8./9. 3. 91	4	3	7

Summe:
22 Sendungen 130 Mä. 77 Fr. Gesamt 207

Die Anfragen klassifiziert

Ich bin keine Freundin von Statistiken. Jedesmal, wenn mich Journalisten fragen: *„Gibt es dazu eine Untersuchung?“*, verfluche ich die „Nasenzähler“, die uns immer wieder mit empirischen oder repräsentativen „Oder-oder-Umfragen“ behelligen. Für mich stellt das eine Sonderform der Entmündigung durch Experten dar: Wir lesen schwarz auf weiß – sagt schon der Schüler in Goethes Faust! – und nehmen wahr und glauben dran und hören auf, selber zu denken oder gar zu fühlen, ob diese neuesten Erkenntisse der Sozialforscher mit unserer eigenen Wirklichkeit übereinstimmen, ob diese Ergebnisse auch dem entsprechen, was wir uns als Ziel unserer realistischen Wünsche – wie nämlich unser Leben sein soll und auch kann – vorstellen. Da aber in unserer noch immer überwiegend naturwissenschaftlich orientierten Zeit vor allem das gilt, was man zählen, messen oder wägen kann, will ich versuchen, etwas „Ordnung“ in die Inhalte der Anfragen zu bringen. Dazu verwende ich (im Abschnitt „Komplettierte Antworten“) einerseits die Klassifikation psychosexueller Störungen bzw. Partnerprobleme, die wir auch in den beiden Sexualberatungsstellen unseren Statistiken zugrundelegen – und damit kann das Ergebnis auch mit den Problemen der Ratsuchenden, die unsere Beratungsstellen aufsuchen, verglichen werden.

Es gibt aber darüber hinaus Blickwinkel, die in dieser Kategorisierung keine Berücksichtigung finden, mir aber wichtig scheinen.

Dazu gehören ethische Konflikte, wenn also jemand mit seinen Moralvorstellungen in Zwiespalt gerät, mit dem Strafgesetz oder anderen Normen. Dazu gehört auch die Beeinflussung durch Mythen. Diesen ist ein eigenes Kapitel gewidmet. Ich weise Selbstdarstellungen gesondert aus – sie sind die Freude der ModeratorInnen, kann hier doch so richtig drauflos geplaudert werden, ohne daß man/frau fürchten muß, etwas anderes zu verletzen als den guten

Geschmack. Für mich als Psychosexualtherapeutin bringen solche Gesprächsbeiträge eher Verwirrung: Die eigene Geisteshaltung zu deutlich auszudrücken wäre entweder bewußte Anmaßung von Besserwisserei oder auch unbewußte Suggestion, Manipulation, Propaganda. Sie läßt sich natürlich nicht immer vermeiden, doch sollte immer deutlich gemacht werden, wo es sich um die PERSÖNLICHE ANSICHT oder auch LEHRMEINUNG handelt, die geteilt werden kann oder auch nicht, die aber nicht als unumstößliches Dogma verstanden werden sollte!

Dazu gehören aber auch Problembereiche, die in der breiten Bevölkerung meist wenig Beachtung finden, im Gesamtzusammenhang aber wesentliche Bedeutung haben: Fragen rund um die Fortpflanzung (Empfängnisverhütung, Schwangerschaft), wo noch immer große Wissenslücken auffallen; die zerstörerischen Auswirkungen von Gewalt- oder Mißbrauchserfahrungen; das Leiden am unsicheren Selbstwert. Wenn aber ein/e Leser/in andere, interessante Kategorisierungen zusammenstellt, bin ich daran sehr interessiert und bitte, mir diese zukommen zu lassen.

Die Anfragen – klassifiziert

Die Schallplatten (ohne Gewähr der Reihenfolge)

Die erste Sendung: 20/21. 5. 1988 Moderation: Robert Reumann

1.1.1 Tag-Nacht-Unterschied	Partnerproblem (P1)
1.1.2 Position beziehen	Selbstdarstellung (AP4)
1.1.3 Position beziehen (Kampfansage-=Beziehungsangebot)	Selbstdarstellung (AP4)
1.1.4 Lustverlust	Gehemmte Appetenz (302.71) Partnerproblem (P2, P3?)
1.2.1 Sexuelle Belästigung	Individuelles Problem (AP3)
1.2.2. Homosexualität von Frauen	Homosexualität (302.52)
1.2.3 Lustverlust	Gehemmte Appetenz (302.71) Individuelles Problem (AP3?)
1.2.4 Position beziehen (Kampfansage=Beziehung angebot)	Selbstdarstellung (AP4)

„To be a lover" (Billy Idol)

„Bauhaus" (Capella)

„Love & emotion" (Mink De Ville)

„Anna Stesia" (Prince)

„The Rhythm divine" (Shirley Bassey)

„Real wild child (wild one)" (Iggy Pop)

„Honky tonk women" (Rolling Stones)

„My love is waiting" (Marvin Gaye)

„Jennifer she said" (Lloyd Cole & Commotions)

„Jammin´ with Theo" (Peter Ratzenbeck)

....

„Where did our love go" (J. Geils)

„Another man´s woman" (Supertramp)

„Love machine" (Supermax)

„Where is my man" (Eartha Kitt)

„Let´s stick together" (Bryan Ferry)

„Take me tonight" (Kim Wilde)

„Touched by your love" (Ben E. King)

„Don´t smoke in bed" (Nina Simone)

Die zweite Sendung: 15/16. 7. 1988 Moderation: Robert Reumann

2.1.1 Vorzeitiger Samenerguß	Eiaculatio praecox (302.75)	„Ke bale" (Hugh Masekela)
2.1.2 Sexuelle Belästigung	Individuelles Problem (AP3) Selbstdarstellung (AP4)	„Let´s pretend we´re married" (Prince)
2.1.3 Analverkehr schädlich?	Partnerproblem? (P1)	„Higher love" (Steve Winwood)
2.1.4 Fragen zum Orgasmusreflex	Bitte um Information (F1)	„Leave your hat on" (Etta James)
2.1.5 Alkohol als Stimulans	Bitte um Information (F1) Partnerproblem (P1?)	„My love is chemical" (Lou Reed)
2.2.1 Zweifel an Bornemans Rechtsauskünften (AZ 15. 7.1988)	Bitte um Information (F1)	„I want to live" (Aphrodite´s Child)
		„3x2 = 6" (Vanity 6)
2.2.2 Verzögerter Samenerguß	Gehemmter männl. Orgasmus (302.74)	„Girl" (Hubertus Hohenlohe)
2.2.3 Selbstbefriedigung schädlich	Bitte um Information (F1) Selbstwertprobleme (I1)	„Just family" (Dee Dee Bridgewater)
2.2.4 Loblied auf Zärtlichkeit – Position beziehen	Selbstdarstellung (AP4)	„When we kiss" (Bardeux)
		„Sunshine" (Undisputed Truth)
2.2.5 Gute Ratschläge an andere Frauen	Selbstdarstellung (AP4)	„I need a man" (Pointer Sisters)
2.2.6 Anorgasmie	Gehemmter weibl. Orgasmus (302.73)	„Ain´t no sunshine" (Sydney Youngblood)
2.2.7 AIDS	Sex. Problem aufgrund von Erkrankungen (M2) Individuelles Problem (AP3)	„Latin lover" (Gianna Nannini)
		„The other side of the world" (Chaka Khan)

Die dritte Sendung: 12./13. 8. 1988 Moderation: Robert Reumann

3.1.1 Bitte um Information über Papavererininjektionen	Bitte um Information (F1) Gehemmte Erregung (302.72)	„Hot in the city" (Billy Idol)
3.1.2 Loblied auf Sport	Selbstdarstellung (AP4)	„You knocked the love" (Millie Jackson)
3.1.3 Alkohol als Stimulans	Selbstdarstellung (AP4)	„We got the magic" (Boys don´t cry)
3.1.4 Was heißt: Klistier, Natursekt, Kaviar?	Bitte um Information (F1)	„Sexual luv affair" (Rick James)
3.1.5 „Impotenz"	Gehemmte Erregung (302.72)	„Let´s talk about love" (Nicole McLoud)
3.1.6 Hörigkeit	Selbstdarstellung (AP4) Partnerprobleme (P1, P2, P3)	„Old Antone´s" (Lewis, Huey & News)
	Individuelles Problem (AP3?)	„Rock me again and again ..." (James Brown, Lyn Collins)
3.2.1 Loblied auf Reizwäsche	Selbstdarstellung (AP4)	„Somebody loves you" (Whispers)
3.2.2 Position beziehen (Aggresionen abbauen?)	Selbstdarstellung (AP4)	„Heavy traffic" (Elton John)
3.2.3 Loblied auf Reizwäsche und Phantasie	Selbstdarstellung (AP4)	„I can´t complain" (Melba Moore)
3.2.4 Position beziehen (Ablehnung von Reizwäsche)	Selbstdarstelung (AP4)	„Can´t love you tonight" (Gwen Guthrie)
3.2.5 Verzögerter Samenerguß	Gehemmter männl. Orgasmus (302.74)	„Burnin´ rubber" (Joanna Dean)
3.2.6 Loblied auf Reizwäsche	Selbstdarstellung (AP4)	„Cool" (Achim Reichel)
		„El que" (Deutsch-amerikanische Freundschaft)
		„Soul, soul, soul" (Liane Foly)
		„Franzl´s Rag" (Ulrich Roski)

Die vierte Sendung: 21./22. 10. 1988 Moderation: Robert Reumann

4.1.1 Vergewaltigung	Vergewaltigung (I4) Gehemmter weibl. Orgasmus (302.73)	„Just another night" (Ian Hunter)
4.1.2 Fragen zum Orgasmusreflex	Bitte um Information (F1)	„Tubular bells" (Book of Love)
4.1.3 Position beziehen (Oralverkehr)	Partnerproblem (P1)	„Dance me to the end of Love" (Leonard Cohen)
4.1.4 Positon beziehen (Loblied auf Familie und Treue)	Selbstdarstellung (AP 4)	„Nothin´s gonna change" (Labe Siffre)
		„Husband" (Shirley Murdoch)
4.1.5 Vorzeitiger Samenerguß	Eiaculatio praecox (302.75)	„Porno" (Fritz, Lisa & Hydra)
4.1.6 Position beziehen	Information weitergeben (F 1)	„Maputo" (James Bob, David Sanborn)
4.2.1 Analverkehr	Bitte um Information (F 1)	
4.2.2 Sexuelle Phantasien	Bitte um Information (F 1)	„Superman lover" (Johnny Guitar Watson)
4.2.3 Partnerproblem (Kommunikation)	Partnerproblem (P 2)	„Mach mich glücklich" (Monika Meyer)
4.2.4 Position beziehen (Triebüberschuß?)	Selbstdarstellung (AP 4) Partnerproblem (P 1)	„My sweet angel" (Trio)
4.2.5 Position beziehen (Reaktion)	Selbstdarstellung (AP 4) Partnerproblem? (P 1? P 2?)	„Leave your hat on" (Etta James)
		„I still haven´t found what I´m looking for" (U2)

Die fünfte Sendung: 2 /3. 12. 1988 Moderation: Robert Reumann

5.1.1 Lustverlust	Gehemmte Appetenz (302.71) Partnerproblem (P1)	„Heart and Soul" (Willy de Ville)
5.1.2 Postion beziehen (Ablehnung „Schwarzer Messe")	Partnerproblem (AP1) Voyeurismus? (302.82)	„Baby I need your lovin" (Ruby Turner)
		„Til tomorrow" (Marvin Gaye)
5.1.3 Untreue	Seitensprung (P4)	
5.1.4 Penisgröße? Triebhaftigkeit	Bitte um Information (F1)	„Run for your life" (Eric Burdon)
5.1.5 Gummi-fetischismus	Selbstdarstellung (AP4) Fetischismus (302.81)	„America" (Gianna Nannini)
5.2.1 Hörigkeit (wie loskommen?)	Bitte um Information (F1) Partnerproblem (P1, P2, P3?) Individuelles Problem (AP3)	„Find me another love" (Roachford) „Any love" (Luther Vandross)
5.2.2 Kontaktsuche	Partnerproblem? (P2?) Kontaktproblem? (I2?)	„Me or the Rumours" (Deon Estus)
5.2.3 Loblied auf Weiblichkeit	Selbstdarstellung (AP4)	„Love found me" (Crystal Gayle)
5.2.4 Analverkehr	Partnerproblem (P1) Bitte um Information (F1)	„Oh what a feeling" (Shirley Murdock)
5.2.5 Analverkehr schädlich?	Partnerproblem (P1) Bitte um Information (F1)	„Groove me" (Fern Kinney)

Die sechste Sendung: 20./21. 1. 1989 Moderation: Robert Reumann

6.1.1 Untreue	Seitensprung (P4)
6.1.2 Vater-Tochter-Problem	Familienproblem? (AP2) (Mißbrauch?) (F2?)
6.1.3 Scheidentrockenheit	Gehemmte Erregung (302.72) Partnerproblem (P1)
6.1.4 Penisverkrümmung	Behinderung (M1) Bitte um Information (F1)
6.2.1 Position beziehen (Scheu)	Individuelles Problem (AP3) (Mißbrauch?) (F2?)
6.2.2 Lustverlust Alkohol	Gehemmte Appetenz (302.71) Individuelles Problem (AP3)
6.2.3 Loblied auf Manneskraft	Selbstdarstellung (AP4)
6.2.4 Brustverkehr	Partnerproblem (P1)
6.2.5 Telefonsex? (Beziehungsangebot?)	Kontaktproblem (I2)

„Greif hier nicht her" (Drahdiwaberl, Dana Gillespie)

„Signed, Sealed, Delivered (I'm yours)" (Chaka Khan)

„Pull together" (Eddie Money)

„Family man" (Karyn White)

„Sex kick" (Transvision Vamp)

„In your eyes" (James D-Train Williams)

„Miracle man" (Commodores)

„Too young" (Blue System)

„All I wanna do" (Labi Siffre)

„Respect" (New Choice)

„Daß das nicht die große Liebe war, war klar" (Stephan Remmler)

Die siebente Sendung: 31. 3./1. 4. 1989 Moderation: Robert Reumann

7.1.1 Tantra	Bitte um Information (F1)	„Why don´t you try me" (Ry Cooder)
7.1.2 Krampfader am Penis	Behinderung (M1) Individuelles Problem (AP3)	„Crying" (J. J. Cale)
7.1.3 Position beziehen (Hemmungen)	Individuelles Problem (AP3)	„Was es ist" (Nina Hagen)
7.1.4 Verhältnis mit Stiefmutter	Inzest (F2) Partnerproblem (P3) Familienproblem (AP2)	„I get nervous" (Peabo Bryson)
		„Mama´s got a lover" (Lou Reed)
7.1.5 Samengeschmack	Bitte um Information (F1) Partnerproblem? (P1?)	
		„Spanish Harlem" (Leon Russell)
7.2.1 Position beziehen (Trauern)	Individuelles Problem (AP3)	
		„Love is my only love" (Robbie Nevil)
7.2.2 Position beziehen (Protzen) (Telefonsex?)	Individuelles Problem (AP3) (Kontaktproblem I2?)	„Don´t turn your back" (Vanessa Bell Armstrong)
7.2.3 Lustverlust	Gehemmte Appetenz (302.71) Partnerproblem? (P1?) Probleme nach Geburt (FP4)	„Love Attack" (Isaac Hayes)
		„Ruby Baby" (Donald Fagen)
7.2.4 Selbstbefriedigung schädlich	Bitte um Information (F1) Selbstwertproblem? (I1)	„Honky tonk women" (Ron Wood)
7.2.5 Partnerprobleme	Partnerproblem (P2)	
		„Latin lover" (Gianna Nannini)

<u>Die achte Sendung: 12./13. 5. 1989 Moderation: Robert Reumann</u>

8.1.1 Position beziehen (Scheu)	Individuelles Problem (AP3) Partnerproblem? (P2)	„Showtime" (Undisputed Truth)
8.1.2 Transsexualität	Transsexualismus (302.5)	„Holding on" (Robbie Nevil
8.1.3 Partnerproblem	Partnerproblem (P2)	„Heute Nacht machen wir es gut" (Georg Danzer)
8.1.4 Berührungsphobie	Partnerproblem (P1) Vergewaltigung? (I4?) Individuelles Problem? (AP3?)	„There´s something wrong with you" (Screamin Jay Hawkins)
8.1.5 Fragen zum Orgasmusreflex	Bitte um Information (F1) Partnerproblem (P1) Familienplanung (FP1, FP4)	„My Prerogative" (Bobby Brown)
		„I´d hate to love you" (Mica Paris)
8.2.2 Partnerproblem Schwangerschaft	Partnerproblem (P1) Problem im Zusammenhang mit Schwangerschaft (FP4)	„Don´t cry for Louie" (Vaya Con Dios)
8.2.3 Selbstbefriedigung	Entwicklungsproblem? (I1?) Selbstdarstellung (AP4) Telefonsex? (I2?)	„Sexual healing" (Marvin Gaye) „Mama" (Genesis)
8.2.4 Brustamputation	Behinderung (M1) Individuelles Problem (AP3)	„New frontier" (Donald Fagen)
8.2.5 Position beziehen (Trauern)	Individuelles Problem (AP3)	„Assassin of love" (Willy de Ville)
		„Let me be your everything" (Isaac Hayes)

Die neunte Sendung: 21. /22. 7. 1989 Moderation: Robert Reumann

9.1.1 Voyeurismus	Voyeurismus (302.82) Individuelles Problem (AP3)	„I need it" (Johnny Guitar Watson)
9.1.2 Probleme mit Frauen	Kontaktprobleme (I2) Partnerprobleme (AP1) Individuelles Problem (AP3)	„Baby get it on" (Ike &Tina Turner) „Wicked Game" (Chris Isaak)
9.1.3 Position beziehen (Widerspruch) (Kampfansage= Beziehungsangebot)	Selbstdarstellung (AP4)	„I´m only wounded" (Four tops)
9.1.4 Position beziehen (Appetenz)	Individuelles Problem (AP3)	„Mediterranean sundance" (John McLaughlin)
9.2.1 Analverkehr schädlich?	Bitte um Information (F1) Partnerproblem (P1)	„My love is waiting" (Marvin Gaye)
9.2.2 Fehlender Samenerguß Selbstbefriedigung	Gehemmter männl. Orgasmus (302.74) Selbstwertproblem? (I1?)	„I love to feel that feeling" (Gladys & Pips Knight)
9.2.3 Sexuelle Phantasie	Partnerproblem (P2)	„Me myself and I" (De La Soul)
9.2.4 Partnerproblem Empfängnisverhütung	Empfängnisverhütung (FP1)	„Are you gonna love me" (Luther Vandross)
		„It won´t work this time" (Spookie)

Die zehnte Sendung: 15. /16. 9. 1989 Moderation: Martina Rupp

10.1.1 Position beziehen (Kritik an AnruferInnen)	Selbstdarstellung (AP4)	„Smooth criminal" (Michael Jackson)
10.1.2 Position beziehen (Zustimmung)	Selbstdarstellung (AP4)	„Brand new toy" (Jeremy Days)
10.1.3 Position beziehen (Klage)	Selbstdarstellung (AP4)	„Via con me" (Paolo Conte)
10.1.4 Homosexualität von Frauen	Homosexualität (302.52) Kontaktproblem (I2)	„Who´s that girl" (Eurythmics)
10.1.5 Partnerproblem	Partnerproblem (P1) Sadismus (302.84)	„Da ya think I´m sexy" (Rod Stewart)
10.2.1 Position beziehen (Frauenfreund)	Selbstdarstellung (AP4)	„Love is the drug" (Bryan Ferry)
10.2.2 Bitte um Information (Lustlaute)	Bitte um Information (F1)	„Strokety Stroke" (O'Jays)
10.2.3 Postion beziehen (Hemmungen, Pädophilie)	Selbstdarstellung (AP4) Pädophilie (302.20)	„Clare" (Fairground Attraction)
10.2.4 Position beziehen (Sprache)	Bitte um Information (F1)	
10.2.5 Empfängnisverhütung	Empfängnisverhütung (FP1)	

Die elfte Sendung: 20. /21. 10. 1989 Moderation: Martina Rupp

11.1.1 Lustverlust	Gehemmte Appentenz (302.71) Partnerproblem (P2, P3)	„Leaving me now" (Level 42)
		„Moments in love" (Art of Noise)
11.1.2 Position beziehen (Protzen)	Selbstdarstellung (AP4)	
		„Anna Stesia" (Prince)
11.1.3 Position beziehen (Scheu)	Selbstdarstellung (AP4) Kontaktproblem (I2)	
		„Sowing the seeds of love" (Tears for Fears)
11.1.4 Position beziehen (Information)	Information weitergeben (F1)	
		„Whole lotta love" (Ike & Tina Turner)
11.2.1 Zweifel an Geschlechtsidentität	Ich-dystone Homosexualität? (302.00?) Coming Out? (302.52?)	
		„Vodoo" (Neville Brothers)
		„Storybook love" (Mark Knopfler, Willy De Ville)
11.2.2 Mundverkehr	Partnerproblem (P1)	
11.2.3 Penis zu klein	Bitte um Information (F1) Behinderung? (M1?) Selbstwertproblem (I1)	
		„My baby does me" (Queen)
11.2.4 Penis zu groß	Behinderung? (M1?) Selbstdarstellung (AP4)	
		„Dance me to the end of love" (Leonard Cohen)
11.2.5 Lustverlust Probleme nach der Geburt	Gehemmte Appetenz (302.71) Probleme nach der Geburt (FP4)	
		„For my lover" (Tracy Chapman)

Die zwölfte Sendung: 27. /28. 10. 1989 Moderation: Martina Rupp

12.1.1 Mythos vom gleichzeitigen Orgasmus	Partnerproblem (P1)	„The look of love" (ABC)
12.1.2 Position beziehen (Klage)	Selbstdarstellung (AP4) Selbstwertproblem (AP3)	„Sexy eyes" (Dr. Hook)
12.1.3 Erektionsstörungen	Gehemmte Erregung (302.72) Partnerproblem (P2)	„Stop" (Sam Brown)
12.1.4 Position beziehen (Protzen)	Selbstdarstellung (AP4)	„French kiss" (Lil Louis)
12.1.5 Partnerproblem	Partnerproblem (P1)	„She´s a woman" (Beatles)
12.2.1 Anorgasmie	Gehemmter weibl. Orgasmus (302.73) Selbstwertproblem (I1)	„If you were a woman (and I was a man)" (Bonnie Tyler)
12.2.2 Position beziehen (Beziehungsangebot)	Selbstdarstellung (AP4)	„Too shy" (Kajagoogoo)
12.2.3 Empfängnisverhütung	Familienplanung (FP1)	„Coeur de loup" (Philippe Lafontaine)
12.2.4 Partnerproblem	Partnerproblem (P1) Paraphilie (302.90?)	„Touch me in the morning" (Diana Ross)
12.2.5 Mundverkehr	Partnerproblem (P1)	

Die dreizehnte Sendung: 24. /25. 11. 1989 Moderation: Martina Rupp

13.1.1 Beziehungsabbruch wegen Schwangerschaft	Probleme im Zusammenhang mit Schwangerschaft (FP4)	„You sexy thing" (Hot Chocolate)
13.1.2 Homosexualität des Mannes	Homosexualität (302.52)	„When a bad boy makes me feel good" (Dana Gillespie)
13.1.3 Position beziehen (Verstärkung)	Homosexualität (302.52)	„Do that to me one more time" (Captain & Tennille)
13.1.4 Position beziehen (Verstärkung)	Schwangerschaft (FP4)	„Roxanne" (Police)
13.1.5 Sexuelle Abneigungen	Selbstdarstellung (AP4) Partnerprobleme? (P3?) Individuelles Problem (AP3)	„Undercover agent for the blues" (Tina Turner)
13.1.6 Urintrinken schädlich?	Bitte um Information (F1) Partnerproblem? (P1?)	„Slow love" (Prince)
13.2.1 Position beziehen (Kritik)	Selbstdarstellung (AP4)	„Da' ya' think I´m sexy?" (Rod Stewart)
13.2.2 Anorgasmie	Gehemmter weibl. Orgasmus (302.73) Partnerproblem (P1, P2)	„You can leave your hat on" (Joe Cocker)
13.2.3 Partnerproblem	Partnerproblem (P1, P2) Individuelles Problem (I1)	„For my lover" (Tracy Chapman)
13.2.4 Selbstbefriedigung	Partnerproblem (P2)	„Slave to love" (Bryan Ferry & Roxy Music)

Die vierzehnte Sendung: 12. /13. 1. 1990 Moderation: Martina Rupp

14.1.1 Lehrer-Schüler-Verhältnis	Individuelles Problem (I1) Strafrechtl. Problem (I3) Mißbrauch (I5)	„Need you tonight" (INXS)
		„I'm 'n' danger" (Mother's finest)
14.1.2 Anorgasmie	Gehemmter weibl. Orgasmus (302.73) Partnerproblem (P1, P2)	
		„Mon amour" (Lucio Dalla)
14.1.3 Bitte um Information, wann Geschlechtsverkehr schädlich ist	Partnerproblem (P1)	
		„Banana song" (Timma Brauer)
		„Something's gotten hold of my heart" (Marc Almond)
14.1.4 Hodenverletzung	Behinderung (M1) Zeugungsunfähigkeit (FP3)	
		„This is love" (Regina Belle)
14.1.5 Vorzeitiger Samenerguß	Eiaculatio praecox (302.75)	
		„If only I could" (Sydney Youngblood)
14.2.1 Position beziehen (Protzen)	Seitensprung (P4, P3) Latente Homosexualität? (302.52?)	
		„Happy ending" (Joe Jackson)
14.2.2 Anorgasmie Position beziehen (Mut machen)	Gehemmter weibl. Orgasmus (302.73) Information weitergeben (F1)	
		„Like the way I do" (Melissa Etheridge)
		„Angel eyes" (Jeff Healey Band)
14.2.3 Altersunterschied	Selbstwertproblem (I1, AP3)	
		„Four letter word" (Kim Wilde)
14.2.4 Position beziehen (Aggressionen)	Individuelles Problem (I1, AP3)	
		„Heaven" (Chimes)
14.2.5 Position beziehen (Reaktion) Lehrer-Schüler-Verhältnis	Selbstdarstellung (AP4)	
		„It's all in the game" (Carmel)

Die fünfzehnte Sendung: 9. /10. 3. 1990 Moderation: Martina Rupp

15.1.1 Lustverlust Probleme nach Geburt	Gehemmte Appetenz (302.71) Partnerproblem (P1, P2, FP4)	„All or nothing" (Milli Vanilli)
		„After the rain (new life mix)" (Titiyo)
15.1.2 Sexuelle Vorliebe (Fetischismus)	Individuelles Problem (I19 Fetischismus (302.81)	
		„Something happened on the way to heaven" (Phil Collins)
15.1.3 Position beziehen (Reaktion)	Selbstdarstellung (AP4)	
		„Heaven" (Chimes)
15.1.4 Position beziehen (Reaktion)	Information weitergeben (F1)	
		„Now that you´re gone" (Joe Cocker)
15.2.1 Position beziehen (Kritik)	Selbstdarstellung (AP4) Seitensprung (P4)	
		„Sexy" (Ruby Turner)
15.2.2 Sexuelle Vorliebe	Selbstdarstellung (AP4) Paraphilie (302.90)	
		„Wings of desire" (Jennifer Rush)
15.2.3 Scheidenkrampf	Vaginismus (306.51)	
		„Rubylove" (Cat Stevens)
15.2.4 Lustverlust, Treueproblem	Gehemmte Appetenz (302.71) Partnerproblem (P3)	
		„Nothing compares 2 U" (Sinead O´Connor)
		„Your own sweet way" (Notting Hillbillies)

Die sechszehnte Sendung: 4. /5. 5. 1990 Moderation: Martina Rupp

16.1.1 Position beziehen (Angst vor Versagen)	Individuelles Problem (AP3)	„Da' ya' thing I'm sexy" (Rod Stewart)
16.1.2 Bitte um Information: bisexuell – transsexuell	Bitte um Information (F1)	„Sex as a weapon" (Pat Benatar)
16.1.3 Vergewaltigung, Schmutzphantasien	Vergewaltigung (I4)	„Kiss and say goodbye" (Manhattans)
16.1.4 Viererbeziehung (Gruppensex?)	Selbstdarstellung (AP4)	„Push it (US remix)" (Salt'n Pepa)
16.1.5 Sexuelle Vorliebe (Masochismus)	Selbstdarstellung (AP4) Partnerproblem (P1) Masochismus (302.83)	„If you don't know me by now" (Simply Red)
16.1.6 Partnerproblem (Phantasien?)	Partnerproblem (P3)	„Jewish princess" (Frank Zappa)
16.2.1 Position beziehen (Unzufriedenheit) Bitte um Information	Bitte um Information (F1) Partnerproblem (P1, P2)	„Lola" (Kinks)
		„Me so horny (Clean Version)" (2 Live Crew)
16.2.2 Fetischismus	Fetischismus (302.81)	
16.2.3 Anorgasmie	Gehemmter weiblicher Orgasmus (302.73) Partnerproblem (P1)	„Je t'aime ... moi non plus" (Serge Gainsbourg)
16.2.4 Position beziehen (Protzen) Telefonsex?	Selbstdarstellung (AP4) Kontaktproblem (I2)	„Mehr geht leider nicht" (Herbert Grönemeyer)
16.2.5 Position beziehen (Ablehnung von Gruppensex)	Partnerkonflikt (P1)	„I want your sex" (George Michael)
		„Kiss" (Prince & Revolution)
16.2.6 Loblied in eigener Sache	Selbstdarstellung (AP4)	„Crying in the chapel" (Peter Blakeley)
		„Double trouble" (Double Trouble)

Die siebzehnte Sendung: 29. /30. 6. 1990 Moderation: Robert Reumann

17.1.1 Selbstbefriedigung Telefonsex?	Individuelles Problem (I1) Kontaktproblem (I2)	„Happiness" (Pointer Sisters)
17.1.2 Anorgasmie Bitte um Information	Gehemmter weibl. Orgasmus (302.73) Bitte um Information (F1) Partnerproblem (P1, P2)	„What´s a woman" (Vaya Con Dios) „It´s growing" (Otis Redding)
17.1.3 Gruppensex	Individuelles Problem (AP3)	„I love you, you love me" (Anthony Quinn)
17.1.4 Partnerproblem (Kommunikation)	Partnerproblem (P2, AP1)	„You hurt me (and I hate you)" (Eurythmics)
17.2.1 Gruppensex Schwangerschaft Familienproblem	Individuelles Problem (AP3) (FP4) (P2, P3, AP1, AP2)	„Rain" (Dorothy Morrison)
17.2.2 Probleme durch Alkohol	Drogen (M3)	„You can leave your hat on" (Etta Cameron)
17.2.3 Loblied auf Ehemann	Selbstdarstellung (AP4)	„My baby" (Mother´s Finest)
17.2.4 Verzögerter Samenerguß	Gehemmter männl. Orgasmus (302.74) Kinderwunsch (FP3)	„Gimme your love" (James Brown, Aretha Franklin)

Die achtzehnte Sendung: 24. /25. 8. 1990 Moderation: Robert Reumann

18.1.1 Kotspiele	Partnerproblem (P1) Paraphilie (302.90)	„Me attitude" (Patti Labelle)
18.1.2 Fehlender Samenerguß bei Mundverkehr	Gehemmter männl. Orgasmus (302.74) Partnerproblem (P1)	„Breathless" (George McCrae)
18.1.3 Partnerproblem (Ort für GV)	Partnerproblem (P1)	„Free" (Joan Armatrading)
18.1.4 Bitte um Information (Mehr Lust?)	Bitte um Information (F1)	„Hey, good lookin'" (Buckwheat Zydeco)
18.2.1 Gummipuppe	Kontaktprobleme (I2) Paraphilie (302.90?) Individuelle Probleme (AP3)	„The great pretender" (Platters) „Woman, a lover, a friend" (Otis Redding)
18.2.2 Position beziehen (Trauern)	Individuelles Problem (AP3)	„Whatever it takes" (Anita Baker)
18.2.3 Lustverlust Voyeurismus?	Gehemmte Appetenz (302.71) Voyeurismus (302.82) Partnerprobleme (P2)	„When something ist wrong with my baby" (Sam & Dave)
18.2.4 Kontakt- und Partnerprobleme von Rollstuhlfahrern	Behinderung (M1)	„Oh mama (oh mother)" (Eyuphuro) „Your love" (Keith Sweat)

Die neunzehnte Sendung: 2. /3. 11. 1990 Moderation: Robert Reumann

19.1.1 Mundverkehr	Partnerproblem (P1)	„Ego trip" (Kurtis Blow)
19.1.2 Genitalverletzung	Behinderung (M1)	
19.1.3 Sexuelle Phantasien	Partnerproblem (P2) Individuelles Problem (I1)	„Nathan Jones" (Supremes)
19.1.4 Sexuelle Vorliebe?	Fetischismus? (302.81) Kontaktproblem? (I2?)	„Muscles" (P. Moses)
19.2.1 Lustverlust	Gehemmte Appetenz (302.71) Partnerprobleme (P2)	„Chanson egocentrique" (Alice) „Do what you want" (Billy Preston)
19.2.2 Bitte um Information Partnerproblem	Bitte um Information (F1) Partnerproblem (P1)	„Peace to the world" (B.B. King)
19.2.3 Sexuelle Phantasien Telefonsex?	Partnerproblem (P2) Individuelles Problem (I1) Kontaktproblem (I2)	„Ego maniac" (Jocelyn Brown)
19.2.4 Sexuelle Phantasien, Inzest	Individuelles Problem (I1) Inzest (F2)	„Jesus on the Payroll" (Trashing doves)
19.2.5 Mundverkehr, sexuelle Abneigung	Bitte um Information (F1) Partnerproblem (P1)	„Sunset" (Roxy Music)
		„Can´t let go" (Joan Armatrading)
		„Was es ist" (Nina Hagen)

Die zwanzigste Sendung: 16./17. 11. 1990 Moderation: Walter Gröbchen

20.1.1 Transsexualismus	Information weitergeben (F1) Transsexualismus (302.5)	„Standing on the edge" (B.B. King)
20.1.2 Vergewaltigung	Vergewaltigung (I4) Homosexualität (302.52)	„Komm zu mir durch´s Telefon" (Arnold Marquis)
20.1.3 Bitte um Information (Lustlaute)	Bitte um Information(F1) Probleme mit der Nachbarschaft	„Where shall I turn" (Sin)
20.1.4 Sexuelle Phantasien verwirklichen	Partnerprobleme (P1)	„MS Dos" (Bob Billion)
20.2.1 Sexuelle Phantasien	Selbstdarstellung (AP4) Individuelles Problem (I1, AP3)	„Baby I´m, gonna leave you" (Led Zeppelin)
20.2.2 Sexuelle Abneigung	Partnerproblem (P1) Sadismus (302.84)	„Jazz thing" (Gang Starr)
20.2.3 Sexuelle Phantasien	Individuelles Problem (P1) Sadismus (302.84)	„Countdown" (Gary Lux)
		„More love" (Mica Paris)
20.2.4 Position beziehen (Kritik – Trauer)	Individuelles Problem (AP3)	„Fly like a bird" (El Fisher)
		„Jubilation" (Cannonball Adderley)
		„Ethopian dinner" (Schlomit B. Power)
		„Some good things never last" (Barry Manilow)

Die einundzwanzigste Sendung: 2. /3. 11.1990 Moderation: Martina Rupp

21.1.1 Position beziehen (Frauenprobleme)	Selbstdarstellung (AP4) Gehemmter weibl. Orgasmus (302.73)	„Do me" (Bell Biv Devoe) „(I just) died in your arms" (Cutting Crew)
21.1.2 Schmerzen beim GV Analverkehr	Funktionelle Dyspareunie (302.76) Probleme nach Geburt (FP4) Partnerproblem? (P1, P2)	„In the heat of the night" (Soul II Soul)
21.1.3 Lustverlust	Selbstdarstellung (AP4) Gehemmte Appetenz (302.71) Partnerproblem (P1, P2)	„My baby does me" (Queen) „Blinded by love" (Chi Coltrane)
21.1.4 Lustverlust	Selbstdarstellung (AP4) Gehemmte Appetenz (302.71) Partnerproblem (P1, P2)	„Slow love" (Prince)
21.2.1 Partnerproblem (Ort des GV)	Partnerproblem (P1)	„Damn your eyes" (Sinead O´Connor)
21.2.2 Vorzeitiger Samenerguß	Eiaculatio praecox (302.75) Partnerproblem (P2)	„I´m your hoochie coochie man" (Muddy Waters)
21.2.3 Erektionsstörung	Gehemmte Erregung Partnerproblem (P1, p2)	„Sex" (Marius Müller-Westerhagen)
21.2.4 Sado-masochistische Spiele	SM (302.83, 302.84) Individuelle Probleme (I1)	„He´s the boy" (Aretha Franklin) „Sign your name" (Terence Trent D´Arby) „China in your hand" (T´Pau)

Die zweiundzwanzigste Sendung: 8. /9. 3.1991 Moderation: Martina Rupp

22.1.1 Analverkehr; weibl. Orgasmus	Partnerproblem (P1) Bitte um Information (F1)
22.1.2 Weibl. Ejakulation	Bitte um Information (F1) Selbstwertproblem (I1)
22.1.3 Selbstbefriedigung Exhibitionismus	Individuelles Problem (AP3) Exhibitionismus (302.40)
22.1.4 Partnerproblem	Partnerproblem (P1, P2) Individuelles Problem (AP3)
22.2.1 Lustverlust	Gehemmte Appetenz (302.71) Selbstwertproblem (I1)
22.2.2 Sexuelle Phantasien	Selbstwertproblem (I1) Partnerproblem (P2) Sadismus? (302.84?)
22.2.3 Erektionsstörungen	Gehemmte Erregung (302.72) Partnerproblem (P1, P2)

„Hanky Panky" (Madonna)

„I´m on fire" (Bruce Springsteen)

„Slow down" (Andy & Trix Baum)

„I need love" (L.L. Cool J.)

„Leave a light on" (Belinda Carlisle)

„(I just) died in your arms" (Cutting Crew)

„Saxuality" (Candy Dulfer)

„She´s so cold" (Rolling Stones)

„Die Klavierlehrerin" (Udo Lindenberg)

„Push it (US remix)" (Salt´n Pepa)

„Kiss" (Art of Noise)

„My baby just cares for me" (Nina Simone)

„More than a feeling" (Boston)

„Love" (John Lennon)

„Cathedral song" (Tanita Tikaram)

„Senza una donna" (Zucchero Fornaciari)

Psychosexuelle Störungen

			Auswertung
Störungen der Geschlechtsidentität		Identität	
o	*Transsexualismus*	302.5 x	2
o	asexuell	302.51	
o	homosexuell	302.52	7
o	heterosexuell	302.53	
o	nicht einstufbar	302.50	
o	*Störung der Geschlechtsidentität im Kindesalter*	302.60	
o	*Atypische Störung der Geschlechtsidentität*	302.85	
Paraphilien		Perversion	
o	Fetischismus	302.81	4
o	Transvestitismus	302.30	
o	Zoophilie	302.10	
o	Pädophilie	302.20	1
o	Exhibitionismus	302.40	1
o	Voyeurismus	302.82	3
o	Sexueller Masochismus	302.83	2
o	Sexueller Sadismus	302.84	5
o	Atypische Paraphilie	302.90	4
Psychosexuelle Dysfunktionen		Funktionsst.	
o	*Gehemmte sexuelle Appetenz*	302.71	14
o	Gehem. sexuelle Erregung	302.72	6
o	*Gehem. weiblicher Orgasmus*	302.73	9
o	Gehem. männlicher Orgasmus	302.74	5
o	*Ejaculatio Praecox*	302.75	4
o	Funktionelle Dyspareunie	302.76	1
o	Funktioneller Vaginismus	306.51	1
o	Atypische psychosexuelle Dysfunktion	302.70	
Andere Psychosexuelle Störungen		Andere	
o	Ich-dystone Homosexualität	302.00	1
o	Psychosexuelle Störungen die nicht andernorts klassifiziert sind	302.89	

Sexuelle Partnerprobleme P		**Auswertung**
Differenzen über Art, Häufigkeit sex. Kontakte	P1	53
Entwicklungsprobleme der *partnersch.* Sex.	P2	34
S. P. als Ausdruck von Partnerkonflikten	P3	10
Seitensprung	P4	4
Sexuelle Familienprobleme F		
Aufklärung, Information der Kinder	F1	37
Schändung, Inzest	F2	4
Sex. Probleme von Jugendlichen	F3	
Individuelle Sexualprobleme I		
Entwicklungsprobleme d. indiv. Sex.	I1	21
Sexuelle *Kontaktprobleme*	I2	12
Probleme auf Grund von sex. Delinquenz	I3	1
Vergewaltigung	I4	4
Sex. Mißbrauch	I5	1
Medizinische, organische Sexualprobleme M		
Sexualprobleme auf Basis von *Behinderungen*	M1	8
Sexualprobleme auf Basis von *Erkrankungen*	M2	1
Sexualprobleme auf Basis von *Medikamenten*	M3	1
Probleme im Bereich Familienplanung FP		
Probleme im Zusammenhang mit *Empfängnisverhütung*	FP1	4
Probleme im Zusammenhang mit *Sterilisation*	FP2	
Probleme im Zusammenhang mit *Kinderwunsch*	FP3	2
Probleme im Zusammenhang mit *Schwangerschaft* und *Geburt*	FP4	9
Probleme im Zusammenhang mit *Schwangerschaftsabbruch*	FP5	
Andere Probleme AP		
Partnerprobleme allgemein	AP1	4
Familienprobleme allgemein	AP2	4
Individuelle Probleme allgemein	AP3	30
Diverses (Selbstdarstellung)	AP4	49

Der Ablauf der Sendungen: Höhen und Tiefen

Die erste Sendung

Meine Unsicherheit ist erkennbar. (Siehe die Kommentare im Transkript.) Mißtrauen und Unbeholfenheit überwiegen. So ist es überhaupt nicht üblich, Fachfrauen mit „gnädige Frau" anzusprechen. Feministinnen könnten da versteckten Sexismus – den Versuch, einen weiblichen Experten abzuqualifizieren – heraushören. Und eine Beratungsstelle ist kein Büro.

Aber um das zu wissen, muß man sich in der Psycho-Szene auskennen; *Robert Reumann* umschifft diese Klippe mit seinem legendären Charme elegant. Indem er sich „naiv" gibt, kratzt er dann aber doch recht frech am Berufsbild beratender Dienstleistungen.

Er fordert heraus („Was können Sie mir raten?"– „Da gibt es doch keine allgemeinen Regeln!") und beginnt eine Art Ballspiel. Ich reagiere – Parallelprozeß läuft ab: „...deuten ja darauf hin, daß in der Beziehung zwischen dem Paar ein Machtkampf ausgetragen wird..." Darauf wieder er: „...daß sich Männer verdrängt fühlen?" Dann wieder ich – fühle mich bereits überlastet und assoziiere „Frauen überlastet", bis ich andeute, daß ich mich unter medialem Druck fühle (oder auch: „von den Medien bedrängt").

Hier reagiert *Reumann* das erste Mal akzeptierend und schenkt mir ein geschmeicheltes Lächeln: Wir haben unsere Positionen gefunden.

Die zweite Runde geht dann weniger positiv für mich aus:

Ich erkenne beim ersten Anrufer, G. (1.1.1), der Kärntner Dialekt spricht, nicht, daß er sehr jung sein dürfte, stelle mich auf einen Twen ein und... „schwimme". Als ich G. anbiete, gemeinsam mit seiner Freundin in eine Fachberatung zu gehen, scheine ich ihm eine neue Möglichkeit nahegebracht zu haben. Er reagiert annehmend, ich verabsäume aber nachzustoßen; das macht dann *Reumann*, der schneller mitbekommen hat, daß es da um eine Jugendliebe geht.

Ich flüchte mich in eine Lehrerinnenhaltung, die ich üblicherweise heftig ablehne, und kann mich Gott sei Dank beim zweiten Anrufer (1.1.2), der ohnehin monologisieren will, erholen. Relaxing brauche ich auch, denn der nächste Anrufer, A. (1.1.3), geht mich recht aggressiv an. Er scheint ein Autoritätsproblem zu haben oder vielleicht eine „unerledigte Rechnung" mit einer „mächtigen Frau – Mutter, Lehrerin, Amazone" begleichen zu wollen. Er wittert eine Chance, sie mir stellvertretend für die eine Frau – oder alle Frauen dieser Welt – zu präsentieren.

Ich antworte mit einem Pfauenrad, betone erst recht meinen Expertenstatus. Er reagiert, indem er mich auf die Position der Normalfrau herabholen will, aber ich weiche mit Humor und Selbstkritik aus. Ein Punkt für mich. Nur: In männlicher Solidarität springt *Robert Reumann* dem Anrufer bei und versucht ebenfalls, „mir in die Bluse zu schauen". Ich lasse mich aber nicht auf das alte Mann-Frau-Spiel ein, sondern reagiere ruhig und bestimmt, weiche auch nicht aus. Ich sage die Wahrheit – aber distanziert.

Bei den Anrufen der zweiten Stunde gibt es Schwierigkeiten: G. (1.1.4) fliegt aus der Leitung, E. (1.1.5) ist Ausländerin und nicht so leicht zu verstehen. Dasselbe trifft auch auf A. (1.2.2) zu, der ebenfalls mit starkem fremdländischen Akzent spricht. A. ist hörbar in einer Krise, unkonzentriert und labil, sucht Halt und eine Perspektive. Zu diesem Zeitpunkt bin ich aber schon ganz ruhig und ausschließlich auf meine GesprächspartnerInnen eingestellt, denke nicht mehr an mögliche Fehler, die mir unterlaufen könnten – die beste Methode, viele Fehler zu vermeiden. So kann ich auch dem letzten Anrufer (1.2.4), der sich vermutlich als sexueller Außenseiter definiert, meine offene Einstellung vermitteln; er braucht daher nicht mehr aggressiv zu sein.

Herr F. (2.1.1) scheint seine „eiaculatio praecox" einem Beziehungsproblem zu verdanken. Aus meinen Aufzeichnungen geht hervor, daß ich ihm empfohlen habe, „Die Wahrheit beginnt zu zweit"[1] zu lesen. Daraus schließe ich rückblickend, daß wohl unausgesprochene Konflikte zwischen ihm und seiner Partnerin erkennbar waren. Ich rate gerne zu diesem Buch, wenn Paare in der Illusion leben, eine „glückliche Beziehung" müsse immer und dauernd in himmlischer Harmonie ruhen, dürfe keine Kritik, keinen Widerspruch und daher auch keine Differenzen beinhalten.

Moeller propagiert in seinem Buch, daß Paare sich mindestens einmal in der Woche anderthalb Stunden füreinander Zeit nehmen sollten, um ausführlich miteinander zu reden. Nicht über notwendige Anschaffungen oder Schulerfolge der Kinder, sondern über sich: über die eigenen Wünsche und Ängste, über Erfreuliches oder Unangenehmes, über die Gefühle zueinander und was in der Partnerschaft gut getan hat und was nicht.

Das Gespräch mit Herrn P. (2.1.2) ist mir noch gut in Erinnerung. Er bezieht sich auf Zeitungsmeldungen, wonach 74% der Frauen am Arbeitsplatz sexuell belästigt wurden.[2] Sein Bericht, daß er sich unwohl fühle an seinem Arbeitsplatz, an dem er in leitender Stellung ausschließlich mit Frauen zu tun habe, die sich schon fast einen Sport draus machten, ihn „anzumachen" (im Doppelsinn des Wortes), gibt gute Gelegenheit, an die Zuhörer zu appellieren: Erstens sollten sie zum Nachdenken angeregt werden, weshalb Frauen so oft männliche Chefs vorgesetzt werden, welche Rollenklischees dann nachgespielt werden. Zweitens möchte ich ihr Verständnis wecken, wie sich Frauen fühlen, wenn sie gegen ihren Willen mit

---

1) Michael Lukas Moeller, Die Wahrheit beginnt zu zweit. Das Paar im Gespräch. Reinbek bei Hamburg 1988.

2) vgl. Forschungsbericht aus Sozial- und Arbeitsmarktpolitik Nr. 20: Sexuelle Belästigung am Arbeitsplatz. 1988 hg. vom Bundesministerium für Arbeit und Soziales, S. 14.

männlicher „Aufmerksamkeit" verfolgt werden. Mich hat es sehr gefreut, daß ein Mann, eben P., den Mut aufbrachte oder auch die Sensibilität, in der Öffentlichkeit zu bekennen, daß er sich als „Objekt" fühle und daß dies ein scheußliches Gefühl sei.

Bei Frau A. (2.1.3) beschränke ich mich auf Sachinformation: Bei Analverkehr sei darauf zu achten, daß keine Darmbakterien in die Scheide gelangen und daher entweder der Partner für das Eindringen in den After ein Kondom überstreifen oder vor einem nochmaligen Eindringen in die Scheide sein Glied gründlich waschen sollte.

Ich pflege bei derartigen Gelegenheiten auch immer im Sinne einer allgemeinen AIDS-Prävention darauf hinzuweisen, daß bei Analverkehr „grundsätzlich" immer Präservative verwendet werden sollten. Ich weiß noch aus meiner Praxis in der allgemeinen Familien- und Partnerberatung, daß viele Ehepaare Analverkehr praktizieren, weil er ihnen als geeignete Form der Empfängnisverhütung erscheint (vor allem, wenn frau hormonelle Antikonzeptiva oder Intrauterinpessare ablehnt), die keine Kosten verursacht. Und weil er von vielen Männern als besonders lustvoll empfunden wird (vor allem von denen, die das Gefühl verfolgt, sich in der warmen, saftigen Scheide ihrer Partnerin zu „verlieren"!).

Da ich die Ergebnisse empirischer Sozialforschung durchaus bestätigen kann, daß nämlich rund 40% der Männer nicht nur pubertäre homosexuelle Kontakte haben/hatten und frau daher nie sicher sein kann, ob nicht der liebe Mann auf dicse Weise mit dem HIV-Virus in Kontakt kam oder durch Geschlechtsverkehr mit einer Drogenabhängigen, die der Beschaffungsprostitution nachgeht, bin ich eine prinzipielle Befürworterin der „Liebe MIT" (Kondom) und erinnere mich mit Respekt wie auch dem Wunsch nach Wiederholung an die deutsche Inseratenkampagne, an der etwa auch *Christine Kaufmann* mittat: „Ich liebe MIT!"

Leider kann ich nicht mehr entschlüsseln, was Herr S. (2.1.4) wissen wollte. Ich nehme an, daß es um die Atemlaute während des Geschlechtsverkehrs ging, da ich in meinen Aufzeichnungen finde: „Luft anhalten beim Orgasmus".

Manche Menschen „lassen nicht fließen", sondern „pressen", holen sich so das Gefühl der „schönen Explosion". Andere verströmen sich, „geben sich hin". Wie während der Geschlechtsvereinigung geatmet wird, hat wesentliche Bedeutung für die Sensationen (im Sinne von Empfindungen), die wir erleben (können). In der Sexualberatung können wir konkrete Anleitung vermitteln, vormachen, korrigieren, Übungen erklären. Im Radio oder in einem Buch können wir nur Anregung geben: den Atem beachten – miteinander atmen – gegeneinander atmen – einander einatmen...

In der Frage, wieweit Frauen durch Alkohol (2.1.5) stimulierbar sind, spüre ich den Hintergedanken, wieweit frau durch Drogen gefügig gemacht werden kann. Nun reagieren wir alle unterschiedlich auf „Informationen", und Alkohol ist eine chemische Information, die über den Verdauungstrakt, aber auch über die Nase, die Haut aufgenommen werden kann. Ein Mensch wird munter, ein anderer müde: Die toxische Grenze liegt bei Frauen niedriger als bei Männern. Wir vergessen nur zu oft, daß das „Schwipserl" der erste Ansatz und das „Räuscherl" oder der „Rausch" eine ausgewachsene Alkoholvergiftung ist. Jemanden zum Trinken zu animieren kann auch als Vergiftungsversuch, als Anschlag auf Gesundheit und Leben verstanden werden. Ich versuche, bei derartigen Fragen recht „cool" zu bleiben – distanziert –, um nicht unnötige Widerstände zu wecken, sondern den von mir beabsichtigten Denkanstoß „'rüberzubringen".

Nach der Pause will ein Mann (2.2.1) wissen, ob *Bornemans* Aussage in der AZ vom Tage richtig war, daß man *„bis zur Vollendung des 19. Lebensjahres als unmündig"* gilt, und: *„Ihr Partner unterliegt einer Freiheitsstrafe von einem bis zehn Jahren, wenn er mit Ihnen schläft."*

Der Producer will die Frage gar nicht auf Sendung schalten, „weil der will was Juristisches!". Ich muß ihn daran erinnern, daß ich Juristin bin und daher korrekt antworten kann: *Borneman* irrte – die „Sexualmündigkeit" für heterosexuelle Geschlechtsakte liegt in Österreich bei vierzehn Jahren.

Anschließend meldet sich ein Mann (2.2.2), der unter verzögertem Samenerguß leidet, ich betone: leidet. Wie oft höre ich in meiner Praxis oder in der Sexualberatungsstelle die Klage: „Meine Freundin ist begeistert, daß ich sooo lange kann – aber mir kommt's einfach nicht!"

Hier wäre jeder Tip oder Kommentar unseriös, nicht hilfreich; dementsprechend beschränke ich mich auf den Hinweis, daß die „eiaculatio retardata" durchaus häufig vorkommt. Herr R. soll sich nicht als Außenseiter vorkommen. In diesem Fall, in dem zu vermuten ist, daß man(n) Schwierigkeiten hat, etwas „herzugeben", ist Therapie indiziert. Ich biete ihm an, in die Sexualberatungsstelle zu kommen.

Nach ihm meldet sich ein Mann (2.2.3), der wissen will, ob Selbstbefriedigung schädlich ist – eine Frage, die wir auch in der Sexualberatungsstelle immer wieder zu hören bekommen. Ich beschränke mich auf „Entängstigung".

Dann wieder eine Erholungspause: Herr P. (2.2.4) hält eine Lobrede auf Zärtlichkeit, distanziert sich deutlich von Sex à la Pornofilm.

Auch die nachfolgende Anruferin (2.2.5) berichtet Ähnliches: wie sie zu ihrer Orgasmusfähigkeit gefunden habe und wie sehr das damit zusammenhänge, den eigenen Stil zu finden, „selbst"bewußt zu werden, sich nicht an Film-Vorbildern zu orientieren. Sie bietet anderen Frauen Erfahrungsaustausch an und hinterläßt ihre Telefonnummer. Wochen später lerne ich sie persönlich kennen, eine dynamische junge Frau voll Herzenswärme und Humor. Sie besucht mich in der Sexualberatungsstelle, um mir ihre Anerkennung für meine Arbeit auszusprechen.

Gleich darauf meldet sich Frau M. (2.2.6) und beschwert sich über die ungelenken Versuche ihres Partners, sie zum Orgasmus zu „bringen". *Robert Reumann* schaltet sich ein und schlägt ihr vor, den Liebhaber zu wechseln – eine „typisch männliche" Reaktion: Wenn das Auto nicht spurt – kein Problem: Umtausch! Um ihm gegenüber nicht illoyal zu sein, halte ich mich mit weiterer Annäherung an die Hörerin zurück. Die Sendezeit geht zu Ende, ich möchte nicht tiefer in die von mir vermutete Beziehungsproblematik eindringen (Parallelprozeß: Frau M. nicht bedrängen, wie es ja ihr Partner tut), biete ihr daher die Sexualberatungsstelle an. Das Klima im Studio ist frostiger geworden – *Reumann* ist durchaus sensibel und hat gemerkt, daß ich seinen lieb gemeinten „Scherz" nicht goutiert habe. Eisige Betroffenheit macht sich aber nach dem letzten Anrufer breit: Herr C. (2.2.7) ruft aus München an – damals wurde die zweite Sendestunde noch europaweit übertragen – und deklariert sich sogleich als HIV-positiv. Er erzählt, wie er unter der Diskriminierung als „AIDS-Kranker" leide, wieviel Gewalt er tagtäglich erfahre und schließt mit den berührenden Worten: „Die Menschen sollen doch nicht vergessen, daß wir auch Menschen sind , die LIEBEN!"

Die dritte Sendung

Eine recht muntere Plauderei. Weniger professionelle Beratungsarbeit. Sie liegt ebenfalls im kommentierten Transkript vor. Die letzten zwei Anrufer fehlen – offensichtlich hat einer meiner Söhne die Rückseite dieses Bandes gelöscht; statt der erwarteten beiden Anrufe dudelt mich *Rick Astley* an, das ganze Band lang.

Diese schwül-heiße Augustnacht wird mir wohl immer in Erinnerung bleiben, nicht nur, weil *Walter Gröbchen* barfuß umherlief und *Robert Reumann* Niemandsland zwischen Shirt und Slacks blitzen ließ! So gehe ich z. B. auf die Frage der Sittlichkeitsattentate nicht weiter ein, bewußt nicht. Obwohl ich dazu einiges zu sagen hätte. Ich will vermeiden, daß Phantasien zu sehr angeregt werden, will aber auch nicht feministisches Gedankengut (Kritik an der taktilen Unbeherrschtheit der Männer, die Frauen als Freiwild ansehen) verbreiten, um nicht Aggressionen zu schüren. Aus meiner Tätigkeit als Bezirksrätin weiß ich noch aus zahlreichen Gesprächen mit Polizisten, daß ihnen sehr geläufig ist, daß bei extrem heißen Temperaturen – wie auch bei Vollmond – Gewalttaten ansteigen! Da aber das Ansprechen von Gewalt erfahrungsgemäß häufig Parallelprozesse verbaler Gewalttätigkeit auslöst, will ich mir das in dieser Nacht ersparen.

Auch beim ersten Anrufer (3.1.1) reagiere ich zurückhaltend – damals waren alle Zeitungen voll mit Berichten über die SKAT(Schwellkörperautoinjektionstherapie)-Methode mit Papaverin. *Dr. Schramek* von der Wiener Poliklinik, der in den Interviews als DER Experte zitiert wurde, ist einer der Ärzte, denen wir in der Sexualberatungsstelle auf Grund unserer guten Erfahrungen immer wieder Patienten zuweisen: Wir erleben aber sehr häufig, wie Männer – vor allem ältere Männer –, die bereits medizinisch untersucht wurden und bei denen Arzt/Ärztin psychische Ursachen bei Erektionsstörungen vermuteten und an die Sexualberatungsstelle verwiesen, von ihrer Illusion oder Forderung: „Her mit dem Wundermittel, das den Zauberstab wieder steif macht!" nicht abrücken wollen. Wenn dann unsere ÄrztInnen, die ja gleichzeitig PsychotherapeutInnen sind, auch die Möglichkeit der SKAT erwähnen, scheuen viele denn doch zurück. Wer sticht schon gerne in sein bestes Stück?

Ich versuche also einerseits die Sichtweise meiner unmittelbaren KollegInnen von der Medizin zu vertreten, andererseits aber auch die Gegenposition zuzulassen – ein Slalom!

Die nächsten zwei Anrufer sind Selbstdarsteller (3.1.2 und 3.1.3), eigentlich habe ich dazu nichts zu sagen. Wären wir nicht im Medium Hörfunk, würde ich schweigen: „chacun à son goût"– jeder nach seinem Geschmack. Weil ich mich aber verpflichtet fühle, dem „unausgesprochenen" Arbeitsvertrag zu entsprechen – dem, was ich mir vorstelle, das die Rundfunkmacher von mir erwarten, denn konkrete Absprachen gab es noch keine; auf Sendung ist keine Zeit, Rollenkonfusion zu klären, und die Entscheidung, einen meiner Werte-Konflikte an die „Regie" heranzutragen, habe ich erst nach der 22. Sendung entschieden, da war dann meine Schmerzgrenze erreicht –, krame ich in meiner langjährigen Erfahrung aus Familien- und Partnerberatung und finde nur Erinnerungen an frustrierte Ehefrauen, deren Männer beim Joggen, beim Golfen, beim Tennis, beim Fischen, beim Jagen Lebenslust tankten, während das liebe Weib allein daheim sitzen bleiben mußte. Dort, wo frau mittat, war sie meist nicht frustriert, sondern „ein Herz und eine Seele".

Bei C. (3.1.4) erlebe ich mich sehr mütterlich, wie eine gute Mutter, die dem naiv fragenden Kind etwas erklärt, worauf das Kindlein erschrickt und von der Mutter dann lieb beruhigt wird. Das wäre positiv gesehen. Negativ gesehen könnte man sagen: Ich infantilisiere den Anrufer. Eine andere Art der Beantwortung wäre eine konfrontative: Schockieren, Vergraulen. Da läge dann bereits eine deutliche Bewertung zugrunde, daß also eine bestimmte Praxis abgewertet wird: „Laß die Finger von solchen Praktiken, die sind nicht o.k.", oder geheimnisvoll hochstilisiert: „Solche Praktiken sind nur was für Kenner! Laß die Finger davon, Du bist keiner!" Beide Geisteshaltungen sind mir fremd, ich finde sie unprofessionell, weil sie direktiv sind, eingrenzend. Es soll schon jeder selbst herausfinden, was er oder sie will.

Den nächsten Anrufer (3.1.5) scheint *Robert Reumann* mit seinen munteren Sprüchen verschreckt zu haben, und die Botschaft der nächsten Anruferin (3.1.6) animiert ihn nicht, auf das Thema einzusteigen – auch die fortgeschrittene Zeit erspart mir, auf das extrem schwierig zu bearbeitende Thema „Hörigkeit" näher eingehen zu müssen.

Nach der Ein-Uhr-Pause geht es dann los mit„ Pro und Contra Reizwäsche", und es gelingt den beiden Männern – *Robert Reumann* und G. (3.2.1) – doch, mich aus meiner Berufsrolle herauszuholen!

Interessant ist, daß wir bei diesem Gespräch überhaupt nicht geklärt haben, was G. unter Reizwäsche versteht. Wir sind alle bei unseren individuellen Phantasien geblieben. Wenn ich heute das Transkript nachlese, fällt mir auf, daß ich möglicherweise mit „Ich find's gut" etwas ganz anderes gemeint, also vorschnell zugestimmt habe. Ich hätte zuerst nachfragen sollen. Denn Spitze, Seide, Satin – Materialien, die ich edel finde und an die ich gedacht habe, daher auch der Hinweis auf die Finanzen –, waren wahrscheinlich nicht das, was G. und später auch H. (3.2.3) im Versandhandel bestellten. Ich war, daran kann ich mich noch genau erinnern, sehr froh, daß Frau S. (3.2.4) die Gegenposition vertrat. Ich hatte schon ein bißchen schlechtes Gewissen meinen feministischen Freundinnen gegenüber, denn wie sie weiß ich – und gebe dieser anderen Sichtweise auch recht –, wieviele Frauen Reizwäsche nur ihren Partnern zuliebe anlegen, damit „Bubi seinen Willen bekommt", also aus Konfliktscheu, ohne sich damit identifizieren zu können, ja sogar unter körperlichen Unlustgefühlen, denn so angenehm ist es den meisten auch wieder nicht, „geschnürt" dem Tagewerk nachzugehen. Immerhin stammt die Schnürmode aus einer Zeit, in der „Damen" nicht berufstätig waren. Arbeiterfrauen und Bäuerinnen stellte sich diese Frage ohnedies nicht. Die waren froh, wenn sie überleben konnten! – Ich frage mich oft, ob nicht der besondere „Reiz" eben in der Botschaft der Untätigkeit, ja permanenten „Verfügbarkeit" liegt (daher auch die Verbindung zu den „Nutten")!

Herrn G. (3.2.5) biete ich wieder die Sexualberatungsstelle an wie schon bei 2.2.2: Es geht wiederum um verzögerten Samenerguß. Die Stimmung im Studio sinkt ab, da ruft als letzte Frau U. (3.2.6) an: Sie sei in den Fünfzigern, plaudert sie munter. Sie habe Gäste gehabt und höre jetzt unsere Sendung, während sie das Schmutzgeschirr abwasche. Sie hätte auf einmal so Lust bekommen, wieder Reizwäsche zu tragen – sie hätte noch alte Bestände, und die werde sie jetzt wieder aktivieren: „Mein Mann wird sich freuen!"

Die Euphorie ist gerettet, *Gröbchen* und *Reumann* strahlen. Eine Sendung nach ihrem Geschmack. Immerhin hat *Gröbchen*, als er begann, das Ö 3-Nachtradio zu designen, versprochen: „Mehr Sex und Erotik ins Programm!"

Sie entspricht eher meiner Vorstellung von einer sinnvollen Sendung.

Frau S. (4.1.1) kann, seitdem sie vergewaltigt wurde, keine Orgasmen erleben. Kein Wunder! Wie soll sie sich hingeben können, wenn Mißtrauen und Trauer, Wut und Schmerz ihre Liebesbeziehung überschatten. Wenige Männer verstehen, was es für eine Frau bedeutet, nicht nur in der körperlichen Integrität schwer verletzt, sondern auch seelisch gedemütigt zu werden, Gewalt zu erfahren, die durchaus Folterungen in Konzentrationslagern gleichkommt. Da es in Innsbruck eine Beratungsstelle[1] gibt, von der ich weiß, daß Frau S. dort sowohl individuell betreut werden als auch in einer Frauengruppe die wesentliche solidarische Unterstützung finden kann – denn nichts ist ärger, als wenn zur Schmach, Opfer sexualisierter Gewalt geworden zu sein, noch die Ablehnung oder Verharmlosung durch die Umwelt kommt! –, bitte ich sie, sich dorthin zu wenden. Relativ geschmacklos fragt der nächste Anrufer (4.1.2), ob auch Männer mehrfache Orgasmen haben können. Ich antworte knapp mit Ja. Manche können, manche nicht. Auf den sich hinter dieser Frage abzeichnenden Hang zur Perfektion – oder was immer Herr T. für sich erzielen will – mag ich nicht eingehen.

Bei Frau G. (4.1.3) finde ich eines der häufigsten Beziehungsprobleme – wenn nicht überhaupt DAS Problem schlechthin – angedeutet. Hochtrabend formuliert: den Kampf der Geschlechter. Trivial ausgesprochen: Eine/r will etwas, was der/die andere nicht will. Frau G. will den Samen ihres Mannes nicht schlucken und ist sich ihrer selbst nicht sicher, kann sich nicht behaupten gegenüber einem Partner, der ihre Abwehr nicht respektiert, sie vielleicht gar tyrannisiert.

Wiederum ein Mann, der das „haben" will (wie ein Ba-

---

1) 6020 Innsbruck, Leopoldstraße 31 a, Tel. 0512/33 798 (Trägerverein Arbeitskreis Emanzipation und Partnerschaft) und Notruf für vergewaltigte Frauen: Innsbruck, Tel. 0512/57 44 16.

by), was er im Pornofilm gesehen hat? Oder ein Anhänger der Baruya (die im Hochland von Papua-Neuguinea leben), bei denen gilt: *„Lebensspendende Kraft und einzig nährender Saft ist die Samenflüssigkeit...Wenn das Kind geboren ist, wird es von der Mutter gestillt, aber Frauen besitzen keine nährenden Kräfte. So muß die Mutter durch regelmäßige Fellatio Sperma trinken, um ihre Milch zur nährenden Flüssigkeit zu machen...“*[2] Oder ist ihr Mann einfach ein Haustyrann, der eine geeignete Methode gefunden hat, seine Frau zu demütigen?

Oder ist Frau G. prüde, gehemmt, konservativ, abnormal, weil sie ihren Mann nicht „vernaschen" will? Vor der „sexuellen Revolution" galt jedes Sexualverhalten, das nicht auf Fortpflanzung gerichtet war, als „pervers". Kein (Ehe-)Mann hätte derartige Wünsche an eine „anständige" (Ehe-)Frau herangetragen – außer um sie zu beleidigen (oder vielleicht die „großen Liebespaare" im Geschlechterrausch, die durften auch). Dafür waren die „anderen Frauen", die, die man offiziell nicht kannte, zuständig. Heutzutage werden diese Liebesspiele zum „Standardrepertoire" perfekter Liebhaberinnen gezählt – oder nicht?

Nur das Paar selbst kann herausfinden, was in seiner Zweierbeziehung Platz finden soll: Spiele ohne Sieger oder Spiele mit.

Wenn Frau G. gegen ihren Willen Praktiken duldet, die ihr widerlich sind, verrät sie ihr Selbst, gehört vielleicht zu denjenigen, die *Robin Norwood* in ihrem Buch „Wenn Frauen zu sehr lieben"[3] beschrieb: Frauen, die immer wieder Beziehungen zu Männern eingehen, bei denen sie nur verlieren können; Frauen, die sich so nahe anklammern, daß sie Destruktivität nicht mehr wahrnehmen können und daher Trennung keine Lösung bietet (wenn etwas zu nahe ist, sehen wir es genauso wenig, wie wenn

2) Eva Ptak-Wiesauer, „Vor dem Kind ausspucken oder es in die Arme nehmen? Sexualerziehung in anderen Gesellschaften." In: Rotraud A. Perner (Hg.), Zuliebe zu Leibe. Bad Sauerbrunn 1991, S. 116.

3) Robin Norwood, Wenn Frauen zu sehr lieben. Die heimliche Sucht, gebraucht zu werden. Reinbek bei Hamburg 1986.

es zu fern ist. Wenn wir verschmolzen sind, unsere Eigenständigkeit aufgegeben haben, ist Loslösung mit Amputation vergleichbar, ein schmerzhafter, langandauernder Veränderungsprozeß, der besondere Betreuung braucht).

Samentrinken kommt als „Problemverhalten" noch in einigen anderen Sendungen, ebenso wie Fragen nach Analverkehr. Ich versuche dann immer, nur die Antworten zu geben, die konkret nachgefragt werden, und mich weitgehend jeder Stellungnahme zu enthalten, keine Moralpredigt zu halten, aber auch nicht so wie *Erika Berger* „fortschrittliches" Sexualverhalten einzureden. Machtkämpfe in Beziehungen hingegen versuche ich anzusprechen, wenn sie als Hintergrund derartiger Anfragen spürbar werden.

In dieser Sendung folgt allerdings die Moralpredigt vom nächsten Anrufer: Dr. D. (4.1.4) aus den USA, der sich mit vollem Namen vorstellt, weilt anläßlich eines internationalen Familien-Kongresses in Wien und verdammt in einem langen Monolog all die verwerflichen Einflüsse, die seiner Meinung nach das heile Familienleben, besonders die eheliche Treue gefährden: das Fernsehen, die Videospiele, die Pornoindustrie, Drogen... Daß er selbst vielleicht auch an diesem einsamen Abend in der fremden Stadt, fernab seiner eigenen Familie, ein paar Gläschen zuviel getrunken hat – zumindest hört sich's so an und alle im Studio vermuten es –, mag an seiner Verbitterung auch Anteil haben. *Reumann* verzweifelt, weil Dr. D. kein Ende findet, schließlich beendet er das Gespräch elegant mit der Redewendung: „Ja! – Da können wir nur ABSCHLIESSEND sagen..."

Wieder etwas ganz anderes: Herr O. (4.1.5) hat Probleme mit vorzeitigem Samenerguß; ich empfehle *Zilbergeld*, „Männliche Sexualität"[4] – Die erste Sendestunde neigt sich ihrem Ende zu, ich will mich kurz fassen.

In der Pause meldet sich *Mag. Franz Altrichter*, der in der Wiener Arbeiterkammer *Bornemans* sexualwissenschaftliche Bibliothek betreut: Jahrelang versuchte *Ernest*

---

4) B. Zilbergeld, Männliche Sexualität. Tübingen 1983.

Borneman vergebens, seine umfangreiche Literatursammlung der Stadt Wien zu schenken, aber die Kommune wollte sie nicht (oder zumindest nicht zu *Bornemans* Bedingungen). Die Arbeiterkammer erkannte sofort den immensen sozialhistorischen und kulturgeschichtlichen Wert und griff mit Handkuß zu; *Altrichter* hat es übernommen, die portionsweise eintreffenden Sendungen zu sichten, katalogisieren etc.

Altrichter ist Oberösterreicher und Mitbegründer der Linzer Familienberatungsstelle der Vereins „Bily" (für: Beratung - Information – Lebensplanung)[5], die sich auch als Sexualberatungsstelle versteht. Er gibt mir die genaue Adresse und Telefonnummer durch.

Dadurch kann ich nach den Ein-Uhr-Nachrichten (und der mittlerweile auch eliminierten Kultursendung „Après", die völlig unpassend die *Sexhotline* teilte) Herrn O., der sich aus Linz gemeldet hatte, ein konkretes Hilfsangebot machen.

Herrn K. (4.2.1), der wieder einmal wegen Analverkehr nachfragt, gebe ich ähnliche Antworten wie Frau A. (2.1.3). Frau D. (4.2.2) ist ihrer sexuellen Phantasien wegen besorgt. Ich kann sie beruhigen: Sexuelle Phantasien sind normal, *Nancy Friday*[6] hat ausführlich darüber publiziert. Wenn sie sich eingehender mit ihrem Unterbewußten bekanntmachen möchte, bietet sich Psychotherapie an. Wenn sie mag, kann sie zu uns in die Sexualberatungsstelle kommen.

Herrn W. (4.2.3) widme ich mich dafür wieder länger: Er ruft aus Graz an und kann mit seiner Frau nicht über Sex reden. Diesmal frage ich genau nach: Geht es ihm darum, intime Gefühle mitzuteilen, Wünsche zu äußern, oder will er schweinigeln? Nein, letzteres also nicht. Er möchte einfach sein Herz ausschütten dürfen und hat sich eine Schweigerin ausgesucht.

Offene Kommunikation kann man lernen, z. B. in einer Paartherapie. Man kann sie fast in jeder vom Bundesmini-

---

5) „Bily": 4020 Linz, Weissenwolffstraße 17a, Tel. 0732/27 04 97.

6) Nancy Friday, Die sexuellen Phantasien der Frauen. Reinbek bei Hamburg 1980.

sterium für Umwelt, Jugend und Familie geförderten Familien- und Partnerberatungsstelle[7] kostenlos (und auf Wunsch anonym) erhalten, überall dort, wo systemisch ausgebildete Familienberater tätig sind. Also z. B. in den Beratungsstellen, deren Träger die Erzdiözesen sind. Aber auch bei uns in der Sexualberatungsstelle. Ohne die Mithilfe seiner Frau wird Herr W. das Problem allerdings nicht lösen können. Es wird daher auch davon abhängen, ob Herr W. seiner Frau deutlich machen kann, wie wichtig ihm Aussprache ist. Und wie wichtig sie ihm als Gesprächspartnerin ist. Andernfalls wird er wohl dieses Bedürfnis bei – oder mit – anderen Menschen befriedigen müssen (z. B. bei einem Seelsorger oder einem/einer Berater/in).

In diesem Zusammenhang erinnere ich mich an einen Klienten aus der Sexualberatungsstelle. Dieser Mann, Ing. I., wollte eigentlich zu mir in die Privatpraxis kommen, nachdem er mich in der *Sexhotline* gehört und zu mir Vertrauen gefaßt hatte. Irgendwie erschien er mir aber zu zudringlich. Daher bot ich ihm einen Termin in der Sexualberatungsstelle an. Dann kommt er und klagt über sein mangelndes Geschlechtsleben mit seiner Frau. Seine Äuglein glitzern. Seine Zunge fährt über die Lippen. Ich vereinbare mit ihm, daß er das nächste Mal mit seiner Gattin kommt. Er kommt allein. Ich war mir nicht sicher, ob er nicht vielleicht in einer manischen Phase steckte, und bat eine Kollegin, vom Ursprungsberuf Psychiaterin, dem Gespräch beizuwohnen. Dies dürfte Herrn Ing. I. noch mehr angeregt haben. Noch freudiger erzählt er, was er alles bei und mit seiner Ehefrau NICHT tun darf. Er erzählt... und erzählt... Bis ich ihm folgendes Angebot mache: Er möge sich doch „in Ruhe" überlegen, ob er „an der Behebung seiner Schwierigkeiten, MIT SEINER GATTIN ein BEFRIEDIGENDES Geschlechtsleben zu führen, ARBEITEN wolle" oder ob er „MIT UNS" über „seine Sexualität, seine sexuellen WÜNSCHE sprechen wolle". Er

---

7) Die Adresse der nächstgelegenen Beratungsstelle erfährt man über das Familienservice des Bundesministeriums für Umwelt, Jugend und Familie, 1013 Wien, Franz Josefs-Kai 51, Tel. 0660/201 (zum Ortstarif aus ganz Österreich).

stutzt, denkt kurz nach. Sein Gesichtsausdruck verändert sich wie bei jemandem, der sich amüsiert, wenn man ihm auf die Schliche kommt, und meint dann: „Das werde ich mir noch genau überlegen."

Herr W. (4.2.3) macht auf mich einen traurigen Eindruck. Er ist sicher keiner, der Telefon-Sex anpeilt. Er hatte sicher große Schwierigkeiten, sich seiner Frau mitzuteilen. Aber das ist auch nicht so leicht, wenn man es ernst nimmt. Es ist SEINE Entscheidung, ob er diese Schwierigkeiten auf sich nehmen will.

Herzeigen, wie mann/frau wirklich ist – darum geht es in dieser Sendung dann auch bei den beiden letzten Anrufern: Herr A. (4.2.4) glaubt fest an den Triebüberschuß des Mannes und ist den Frauen gram, daß sie seiner Unersättlichkeit Grenzen setzen, Frau I. (4.2.5) hingegen will nicht immer passiv auf männliche Aktivität warten, sondern ihre eigene ausleben. „Wie kann ich einen Mann verführen?", lautet ihre Frage. Nun, Tips dazu hat sie von mir nicht bekommen. Dafür sind *Erika Berger* oder *Gerti Senger* zuständig. Ich finde es viel wichtiger, darüber nachzudenken, was mann/frau konkret will, und den Mut aufzubringen, der/dem anderen zu sagen, anzuvertrauen, was das eigene Herz begehrt. Auch wenn es droht, in die Hose zu plumpsen – was ja nur natürlich wäre, denn wo denn, außer im Herzen, spüren wir, wenn wir begehren...

Und wenn uns die/der andere wirklich wichtig ist, werden wir wohl die Geduld aufbringen, zu warten, bis sie/er mit uns synchron ist...

Die fünfte Sendung

Zu Beginn will Frau E. (5.1.1), die betont, „glücklich" verheiratet zu sein, wissen, woran es liegt, daß sie mit ihrem Mann nicht schlafen will. Ich kann mich erinnern, daß ich ihr den Besuch einer Familien- und Partnerberatungsstelle empfohlen habe. Mein Eindruck: Sie will von mir Bestätigung, sich verweigern zu dürfen. Ich bin aber am

Beginn der Sendung noch nicht hinreichend „da", um mich auf sie einzustellen, taste daher vorsichtig in die Richtung, ob es in ihrer Lebenssicht notwendig sei, „glücklich sein" und „miteinander schlafen" zu verbinden. Immerhin kenne ich doch etliche Ehepaare in jungen Jahren, die zölibatär leben oder eher selten – aber dann wirklich – Hoch-Zeit machen. Ich höre von ihr, daß ihr Mann sie sehr bedrängt. Nun gilt es, gemeinsam herauszufinden, ob unaufgearbeitete Konflikte (zum Beispiel eben Differenzen über Häufigkeit des Geschlechtsverkehrs oder aber ganz andere, die drei anderen K: Kassa, Kinder, Konsum), zwischen dem Paar stehen. – Die Betonung „glücklich" läßt mich dies vermuten. Möglich wäre auch, daß das Werbeverhalten des Ehemannes zu wünschen übrig läßt oder Frau E. unbewußte Ängste plagen... Das alles würde lange Zeit in Anspruch nehmen und recht intim werden; ich entscheide mich dafür, die Paarberatung zu propagieren. Immerhin betrifft es ja beide. Und ich möchte nicht ein winziges Teilchen mehr dazu beitragen, daß sich beide noch mehr voneinander entfernen (trotz des „Glücks")!

Der nächsten Anruferin, Frau M. (5.1.2) aus Niederösterreich, widme ich mich außergewöhnlich ausführlich. Ihr Freund hätte sie zu einer „Schwarzen Messe" mitgenommen. Unwissend, was sie erwartete, wäre sie mitgegangen und nun plage sie Entsetzen, Ekel, Angst. Im Gespräch können wir präzise herausarbeiten, wie sehr die junge Frau durch diese Konfrontation überfordert wurde. Religiös orientiert, hat sie diese „Umkehr" der Heiligen Messe ins Satanistische zutiefst verstört. Die aufgeheizte Stimmung hat sie geängstigt. Vor allem auch zu erleben, wie wild sich die Zuseher aufführten, daß Menschen sich als Gruppe in Ekstase steigerten, war ihr unheimlich (auf Fußballplätzen sind wir Ähnliches durchaus gewöhnt). Ganz arg aber empfand sie es, daß ihr Freund das Geschehen offensichtlich anregend fand. Das war nicht der Mann, der ihr vertraut war, das war nicht der Mann, den sie zum Freund haben wollte.

Wie ihm aber sagen, daß hier eine Grenze überschritten wurde, die sie nie überschreiten wollte, nie überschritten hätte, wenn sie geahnt hätte, wobei sie Augenzeugin werden würde? Ich kann mich ziemlich gut erinnern, daß ich den Eindruck hatte, daß zu Ende unseres Gesprächs Frau M. klar war, wie sie sich künftig ihrem Freund gegenüber verhalten wolle: daß er sie mit dieser Seite seiner Interessen nicht mehr ängstigen solle. Daß sie ihm bei dieser Neugierde nicht folgen wolle und ihn bitte, auf ihre Ablehnung Rücksicht zu nehmen.

Wie ein Pendelschlag in die andere Richtung folgt unmittelbar darauf der Anruf von Frau M. (5.1.3), zwanzig Jahre alt. Fest liiert mit einem „fixen" Freund, aber voll Verlangen, mit möglichst vielen anderen Männern zu schlafen. Auch hier kann ich mich gut erinnern, daß ich mich recht geärgert habe, weil *Robert Reumann* frech drauflos fragt: *„Könnte man sagen, Sie sind nymphoman?"* Ich protestiere recht heftig gegen dieses Wort: Es stammt aus der Zeit der beginnenden Sexualforschung eines *Krafft-Ebing*[1], also Ende des vorigen Jahrhunderts, als das Rollenbild der Frau „Ein-Mann-Treue" möglichst das ganze Leben lang als selbstverständlich ansah. Daß frau Begehren, Lust empfinden könne, war weitgehend unbekannt und jedenfalls unerwünscht! Ich entscheide mich, im Gespräch mit M. den Konflikt zwischen dem ethischen Gebot, dem festen Freund treu zu sein, und der „verbotenen" Lust, untreu zu sein, anzusprechen, und merke an ihrer Reaktion, daß ich den Nagel auf den Kopf getroffen habe. Wir einigen uns darauf, daß sie eben diesen Zwiespalt hat und daß es schwer ist und Zeit braucht, die für sie richtige Lösung zu finden. Ich lasse offen, ob sie mit ihrem Freund oder mit einem „Professional" in einer Familien- und Partnerberatungsstelle über diesen Widerspruch sprechen mag: Es wird auf jeden Fall sicher keine „geschwinde" Rezeptur geben!

In meinen Aufzeichnungen heißt es weiter „Penis-

---

1) vgl. Richard Krafft-Ebing, Psychopathia sexualis. München 1984 (Reprint der 14. Auflage von 1912).

größe" und „Triebtäter". Ich kann mich leider nicht mehr erinnern, ob ich im Zusammenhang mit Bedeutungswandel von Fachausdrücken auf diese beiden Begriffe zu sprechen kam, ob mich *Robert Reumann* dazu etwas fragte oder ob Anrufer etwas wissen wollten. Möglicherweise waren es Fragen, die mir M. abschließend noch stellte. Ich mag daher dazu nichts phantasieren; falls jemand diese Sendung mitgeschnitten hat, wäre ich dankbar, wenn er/sie mir diese zur Verfügung stellen würde.

Der letze Anrufer dieser ersten Hotlinestunde ist dann A. (5.1.5). Er hat eine besondere Vorliebe für Gummi und sucht eine Partnerin, die diese Präferenz teilt. Er beklagt sich, daß es keine seriöse Partnervermittlung gibt. Sendungen später gibt es eine solche (11.1.4), weitere Sendungen später ist sie wieder eingegangen: Niemand will Unkostenbeiträge bezahlen. Herrn A. lerne ich übrigens einige Wochen später in der Sexualberatungsstelle kennen: ein attraktiver Endzwanziger, gebildet, mit einem anspruchsvollen Beruf. – Das sei nur deshalb erwähnt, damit die Legendenbildung aufhört, Menschen mit bizarren Sehnsüchten seien Monster!

In der zweiten Stunde will Frau U. aus der Steiermark (5.2.1) wissen, wie sie von einem Kollegen aus der Firma loskommen kann, dem sie sexuell hörig ist. Auf die Problematik der Hörigkeit mag ich mich telefonisch nicht einlassen, ist doch zu vermuten, daß wir bei erfolgreicher Gesprächsführung zu schmerzhaften Gefühlen der Einsamkeit, des verletzten Selbstwerts kommen würden. In solchen Fällen empfehle ich entweder Langzeitarbeit in Psychotherapie oder Beratung oder „Wenn Frauen zu sehr lieben" von *Robin Norwood.* (Nach meiner Erfahrung motiviert dieses Buch viele Frauen, ernsthaft an ihrem selbstschädigenden Beziehungsverhalten zu arbeiten und sich passende Gesprächspartnerinnen zu suchen.)

Herr A. (5.2.2), den wir als nächsten in der Leitung haben, macht mich ärgerlich: Er will wissen, wie er zu „schnellen" sexuellen Kontakten kommen kann. Genauso „schnell" fertige ich ihn ab: Soll er doch ein Inserat aufgeben, er wird ja merken, ob es „anspricht". Er kann auch eine Art Selbsthilfegruppe zu gründen versuchen. Offensichtlich will er keine ernsthaften Beziehungen. Ich will auch keine am Telefon.

Mich fasziniert immer wieder, wie synchron ich oft reagiere, daß ich mich unter Zeitdruck anstecken lasse, „flott" zu antworten anstatt so, wie ich es im Regelfall der Beratungsstelle täte: herauszufinden, wieso Herr A. schnelle sexuelle Kontakte dem langsamen Wachsen einer Beziehung vorzieht, wovor er Angst hat. – Daß er etwas versäumt? Daß ihm wer zuvorkommt? Daß ihm wer zu nahe kommt? Dazu hätte ich mehr von ihm spüren müssen, ich habe mich aber von seiner „flotten" Art zu einer ebensolchen „verführen" lassen. Eindeutig ein Fehler.

Dafür brauche ich der nächsten Anruferin, Frau D. (5.2.3) aus Niederösterreich, nur zuzuhören: Sie schildert ihre Freude, eine Frau zu sein. Ich unterdrücke alles Mißtrauen – so rosig ist die Situation „Frau in patriarchaler Gesellschaft" denn doch wieder nicht! – und freue mich über den Lichtblick.

Der nächste Blick ins Dunkel folgt sogleich: Herr R. (5.2.4) ist wieder einer der Männer, die Analverkehr wollen, die Frau aber nicht. Machtkampf. Ich frage ihn, ob er von mir ein Rezept erwartet, wie er seine Frau dazu bringen könnte. Freudig bejaht er. Ich verweigere – wie seine Frau (schon wieder ein Parallelprozeß!)

Und gleich drauf der nächste: Herr R. (5.2.5) will wissen, ob Analverkehr schädlich ist. Irgendwann einmal werde ich eine breite Umfrage initiieren, um herauszufinden, weshalb so viele Männer von Analverkehr so fasziniert sind: alles latente Homosexuelle, die das spezifisch Weibliche wegphantasieren wollen? Oder Männer, die Angst haben, sich in einer saftig-weichen Scheide zu verlieren? Oder Männer, die Angst haben, gegen ihren Willen ein Kind zu zeugen, für das sie dann Mitverantwortung tragen? Vielleicht aber auch nur eine Folge der Broschüren zur AIDS-Aufklärung. Nun, zumindest ein Erfolg: Man(n) denkt über Folgen nach!

Zu Beginn ausnahmsweise ein kleiner „Seitensprung" ins Private: Stefan Weber, den wir zu Beginn mit „Greif da nicht her" hören, war jahrelang der Zeichenlehrer meines älteren Sohnes. Dann ein komplexes Problem, H. (6.1.1) aus der Steiermark ist erst ein halbes Jahr verheiratet, und seine Frau geht fremd. Er meint, die Untreue seiner Gefährtin könnte mit seinen Erektionsschwierigkeiten zusammenhängen. Hier die Ursachen herauszufinden braucht wieder Zeit. Veränderungsmöglichkeiten zu erarbeiten nochmals. Ich beschränke mich daher darauf, ihn zu „entängstigen". Immerhin ist einer der möglichen „Auslöser" von Erektionsschwierigkeiten Angst vor der Frau – vor ihrem als „verschlingend" phantasierten Geschlechtsorgan. Ich vergleiche unser Seelenleben manchmal gerne mit Ildefonso-Schokolade: lichter Nougat, dunkler Nougat, lichter Nougat... In diesem Falle hieße das übersetzt etwa: Angst, der Frau wehzutun. Wut und Lust, der Frau weh zu tun. Abwehr dieser Wut und Lust. Widerstand gegen diese Abwehr... Nun, Anlaß zur Wut hätte H. wohl genug! Ich empfehle und erkläre ihm Psychotherapie (bzw. Therapie sexueller Funktionsstörungen).

Recht intensiv befasse ich mich dann mit dem nächsten Anrufer. Er spricht von Salzburg aus. A. (6.1.2), der seit zwei Jahren verwitwet ist und mit seiner 16jährigen Tochter allein lebt, hat das Mädchen – angeblich beim Nachhausekommen – bei der Selbstbefriedigung überrascht. Die Tochter sei, so sagt er, auf dem Küchentisch gelegen und habe ihn nicht hereinkommen gehört. Seitdem sei sie böse mit ihm und spreche kein Wort mehr. Er klingt sehr verzweifelt. Es täte ihm aufrichtig leid, versichert er, aber er sähe keine Chance, wie er mit seiner Tochter wieder zu der guten Beziehung kommen könne, die sie früher hatten. Ich gebe ihm meine Zweifel an seiner Diskretion zu verstehen und merke an seiner Reaktion, daß er sich wohl etwas unbeteiligter ausgegeben haben mag, als er es tatsächlich war. Wir überlegen gemeinsam, ob es nicht auch andere Formen der Mitteilung gibt als Gespräche. Auf die Idee, seiner Tochter zu schreiben, ist er noch nicht gekommen. Größere Distanz fällt ihm offensichtlich schwer. Vielleicht liegt darin eine Hilfe? Ich gebe ihm auf jeden Fall die Adresse der Salzburger Sexualberatungsstelle[1]. Vielleicht kann er mit Hilfe Dritter den verfahrenen Karren wieder losbekommen.

Frau E. (6.1.3) fragt, was sie tun soll, wenn sie beim Geschlechtsverkehr nicht feucht genug ist. Ich mag nicht vorschnell eine Gleitcreme[2], wie frau sie in jeder Apotheke bekommt, anraten. Da frage ich sie doch lieber zuerst, ob sie eine Idee hat, womit dieses Trockenbleiben zu tun haben könne: Oh ja, kommt ihre Antwort, ihr neuer Freund, mit dem sie seit eineinhalb Monaten zusammen sei, wolle jeden Tag zwei-, dreimal Geschlechtsverkehr. Sie fühle sich da überfordert und bemühe sich, wie viele (zu viele?) Frauen, „brav" zu funktionieren!

Wieder einmal das beliebte Herr-Sklavin-Spiel: frau nimmt von vornherein an, daß man(n) schon weiß, was und wie es richtig ist, schenkt ihm den „Experten"status – und wie *Ernest Borneman* einmal so treffend formuliert hat, *„daß jeder Mensch, der auch nur ein einziges Mal im Leben Geschlechtsverkehr gehabt hat, sich prompt als Experte auf allen Gebieten des Geschlechtslebens wähnt."*[3]

Ich erinnere sie an den Ablauf der geschlechtlichen Erregung bei der Frau: Paarungsbereit ist frau, wenn es zur Lubrikation sowie zum Anschwellen der gesamten Genitalregion kommt. Wie beim Mann ist auch bei der Frau ein Anschwellen durch verstärkte Durchblutung erfahrbar, beobachtbar, spürbar. Und letzlich sagt das Empfinden, ob frau sich dem Manne öffnen will oder nicht! Da kann es dann allerdings wieder Konflikte geben: Den Konflikt zwischen „Dem-Mann-gefallen-zu-Wollen" und „Im-

---

1) 5020 Salzburg, Auerspergstraße 10, Tel. 0662/70 870.

2) z. B. Gleitgelen von Montavit.

3) Ernest Borneman, Rot-weiß-rote Herzen. Das Liebes-, Ehe- und Geschlechtsleben der Alpenrepublik. Wien (ohne Jahresangabe, vermutlich 1984), S. 189.

Moment-NICHT-beischlafen-zu-Wollen". Konflikte kann man vermeiden. Oder austragen. Oder ansprechen...

Über seine große Sorge spricht dann der siebzehnjährige W. (6.1.4) aus Graz: seine Penisverkrümmung. Er wähnt sich als einzigen, der „damit" von der Norm abweicht. Die Befürchtung, der einzige zu sein, kann ich ihm nehmen. Darüberhinaus gehört er aber zum Facharzt, der mit ihm die möglichen Therapieansätze durchspricht. An der Wiener Universitätsklinik wird dazu geforscht. Wieweit Operationen oder Bestrahlungen Veränderungen bringen, ist ungewiß. Er kann durchaus „normal" Geschlechtsverkehr ausüben, Spannungsschmerzen beschreibt er keine. Er hat vor allem Angst vor verletzenden Bemerkungen. Ich glaube, ich konnte sie ihm ein bißchen nehmen. Monate später finde ich übrigens in einer „Medical Tribune" den Tip eines Arztes, das „Problem" mit einer Polaroidkamera zu knipsen und dem Arzt zum Erstgespräch gleich das Foto mitzubringen!

Um Angst geht es dann auch nach der Pause. Herr R. (6.2.1) ist 28 Jahre alt und seine Freundin erst vierzehn. Er hat Bedenken vor „dem letzten Schritt", wohl mit gutem Grund. Ihre Eltern, meint er, wären wohl einverstanden. In diesem Fall versuche ich herauszufinden, weshalb er glaubt, sein Gefühl – „es ist noch nicht die richtige Zeit für Geschlechtsverkehr" – nicht ernst nehmen zu sollen. Vielleicht hat er sich ja gerade deshalb eine Freundin angelacht, die soviel jünger, fast noch ein Kind ist – „Jugendliche" und damit sexualmündig ist man/frau in Österreich mit vierzehn –, damit er nicht etwas tun muß, wozu ER sich noch nicht reif fühlt!

Auf Fragen, welche Geisteshaltung die Eltern verteten, welcher Sozialschicht sie angehören, verzichte ich. Ich weiß zu genau, wieviele Eltern recht locker ihre minderjährigen Töchter anpreisen, verkuppeln, ja verkaufen. Es sollen weder entrüstungsfreudige Moralapostel noch phantasiebegabte Pädophile Grund zur „Erregung" haben.

Bei Frau A. aus Salzburg (6.2.2) kenne ich mich nicht aus: Sie sei 20 Jahre verheiratet, erzählt sie, ihr Mann 45 Jahre alt, und er wolle keinen Sex mehr, interessiere sich nur mehr für seine Vereine und den Alkohol, wie sich im weiteren Gespräch herausstellt. Ich erlebe sie recht verbittert, vermute, daß sie sich wohl links liegen gelassen fühlt, vom Alkohol abgestoßen? – Das wohl wieder nicht, dem sei sie auch recht zugetan... Ich kann mich noch erinnern, daß es mir sehr schwer fiel, mich in der Fülle einander widersprechender Informationen zu orientieren. Ich bitte Frau A., die Dienste einer Familien- und Partnerberatungsstelle in Anspruch zu nehmen: Keine Chance, daß ihr Mann mitgeht, wirft sie sofort ein. Schade. Offensichtlich gehört er auch zu den Männern, die kein Interesse haben, ihre Ehe zu verbessern.

W. (6.2.3) verkündet mir (und allen Zuhörerinnen), daß er „ES" sechsmal täglich brauche. In Hinblick auf die fortgeschrittene Stunde nehme ich an, daß er sich mit dieser Verbalexhibition seine Befriedigung holt. Ich passe.

C. (6.2.4) ist wieder ein „Machtkämpfer": Seine Gattin läßt ihn nicht auf ihren Busen ejakulieren. Stereotyp erkläre ich ihm wie vielen anderen so liebevoll wie möglich, daß er also „an eine Grenze stößt, die ihm seine Gattin setzt, und die er wohl werde respektieren müssen, wenn er zu den Menschen gehöre, die Gewalt als menschenunwürdig ablehnen, auch wenn er damit auf die Erfüllung eines Wunsches verzichten müsse."

Was den letzen Anrufer dieser Sendung, R. (6.2.6), betrifft, bin ich recht unschlüssig. Nach der Sendung bekam ich für dieses Gespräch viel Anerkennung von KollegInnen der ÖAPS[4)], ich wäre vorbildhaft auf seine Phantasien eingegangen.

Heute sehe ich diese Sendungspassage überhaupt nicht positiv, auch wenn ich rückblickend recht zufrieden mit mir bin. Ich denke, dieser Anrufer hat mich für seinen Te-

4) ÖAPS: Österreichische Arbeitsgemeinschaft für Psychoanalyse und Sozialtherapie. 1030 Wien, Apostelgasse 25-27, Tel. 0222/71 28 288.

lefon-Sex mißbraucht. Diese Vermutung habe ich erst viel später entwickelt, nachdem wir in der Sexualberatungsstelle einige Zeit hindurch einen Anrufer mit eben diesem Problem erleben (und daran lernen konnten). R. macht mir ein paar Komplimente über die Art und Weise, wie sensibel ich auf die Anrufer eingehe, und fragt mich dann, wie ich aussehe. Ich frage zurück, wie er sich das wohl denke (wie ich es in meiner Ausbildung gelernt habe). Heute würde mich die gedehnte Art der Antworten hellhörig machen. Damals war ich zu sehr darauf konzentriert, „methodisch" keinen Fehler zu machen (was bekanntlich nicht zielführend zu sein pflegt). Er schwenkt dann um und fragt mich, wie wohl mein Traum-Mann aussehe. Ich frage wieder zurück, weshalb das für ihn wichtig sei – und er anwortet, weil er dann träumen könne, daß er Chancen hätte.

Gott sei Dank kann ich mich auf mein Unbewußtes verlassen. So antworte ich: Wie mein Traummann aussieht, ist für mich nicht so wichtig, wichtig ist für mich, daß er MEINE GRENZEN RESPEKTIERT! Robert Reumann – genial intuitiv wie so oft – verabschiedet sich auf seine Weise: Er spielt ein Lied von Stephan Remmler: „Daß das nicht die große Liebe war, war klar!"

Die siebente Sendung

Frau A. (7.1.1) fragt nach Tantra[1], dem indischen Weg zur Erfüllung in Liebe, und schafft somit eine gute Gelegenheit, irreführende Informationen zu bereinigen. Vielfach wird unter Tantra nur die Geschlechtsvereinigung unter besonderer Berücksichtigung von Konzentration des Atems, der Körperbewegungen und Kontrolle der Energieentladung verstanden. Korrekt steckt aber viel mehr hinter dem Begriff: eine Philosophie der Kraft oder Energie, die unser Universum durchdringt und sich als Aktivität, als

1) Ashley Thirleby, Das Tantra der Liebe. Frankfurt 1982.
Ashley Thirleby, Tantra – Reigen der vollkommenen Lust. Frankfurt 1986.

Trägheit und als harmonische Vereinigung dieser beiden aufeinander einwirkenden Gegensätze darstellt. Durch mystische Riten versucht der Yogi sich mit der Frau, die alle Kräfte, die das Universum bestimmen, in sich vereinigt, auf die „richtige" Weise zu verbinden. Die Parallele zum Sakrament der Ehe, das sich die Eheleute gegenseitig spenden, ist auffallend. Nur bekommt der Tantriker eine – wenn auch als Geheimlehre verpackte – Anleitung, wie er diesen besonderen Heilsweg bewältigen kann. Der christliche Ehewillige bekommt heutzutage außer ein paar Verboten und Moralappellen keine Hilfestellung.

Warum so wenige Männer Tantra praktizieren, fragt Frau A. weiter. Nun, weil es anstrengend ist, weil die östliche Denkweise nicht unbedingt dem Durchschnittseuropäer naheliegt – und weil auch viele Frauen gar nicht so interessiert sind, sehr viel Zeit, Gedanken und Körperenergie der Geschlechtsvereinigung zu widmen. Viele sind ganz froh, die außer- oder ehelichen „Pflichten" schnell hinter sich zu bringen.

Herr R. (7.1.2) klagt über eine Krampfader am Penis. Im Gespräch finden wir heraus, daß sein Problem in der Furcht vor der Reaktion der Partnerin besteht, wenn sie sieht, was ihm „unakzeptabel" erscheint. Er kommt zu dem Entschluß, diese Sorgen seiner Partnerin (wenn er sich wieder einer annähert) vorher zu gestehen.

Wieder ein Mann, F. (7.1.3). Er hat Hemmungen. Ich verstärke sein Bedürfnis, sich Zeit zu lassen. H. (7.1.4) hingegen hat ein Verhältnis mit seiner Stiefmutter angefangen. Vielleicht ein wenig vorschnell. Jedenfalls ist ihm nun recht mulmig zumute. Die Forderungen der jungen Frau, die altersmäßig ihm näher ist als dem Ehemann, machen ihm Angst. Angst vor dem Vater, dem er sich wohl zu Beginn der Liaison überlegen fühlen durfte... Rivalität mit dem gleichgeschlechtlichen Elternteil – die ödipale Verstrickung! Nur diesmal nicht durch kindliche Unzulänglichkeit und die Inzestschranke gemildert.

Ich spüre sein Schwanken zwischen Stolz – immerhin hat er seinen Vater besiegt – und Angst, dem Gewissen, das ihn fühlen läßt, daß sein Verhalten gegen Moralvorschriften verstößt. Ich suche eine dementsprechende „Balance" anzudeuten: diese schwierige Situation ernstzunehmen ohne zu dramatisieren UND eine Perspektive, einen lebbaren Zustand herstellen zu können, aufzuzeigen ohne zu bagatellisieren. Im übrigen lege ich die Inanspruchnahme einer Beratungsstelle nahe, in der Hoffnung, ihm durch meine Art der Gesprächsführung einen Vorgeschmack vermittelt zu haben, wie dort gearbeitet wird.

Frau B. (7.1.5) findet den Samengeschmack ihres Mannes unangenehm, ganz anders als sie gewohnt war. Ich spüre in gewohnter Weise nach, ob hinter *dieser* Ablehnung nicht die umfassendere, nämlich Samen nicht im Mund aufnehmen zu wollen, steht. Das verneint sie aber vehement. Nein, das möge sie sogar, nur in diesem Falle gäbe es Ekel. Ich bin überfragt, sage ihr dies auch; vermute, daß analog der Veränderung der chemischen Zusammensetzung anderer Körpersekrete hier chemische Informationen weitergeleitet würden, die sie eben ablehne. Ich denke dabei an die Veränderung der Zusammensetzung von Speichel, etwa bei Depressionen, wobei herausgefunden wurde, daß dieser dann den Zahnschmelz angreift, oder von Schweiß, was wir ja sogar über den Geruchssinn wahrnehmen können, z. B. bei Diabetes oder erhöhtem Cholesterinspiegel.

Daß meine Vermutung richtig gewesen sein dürfte, bestätigt mir eine Woche später ein Gespräch mit einem Arzt in der Sexualberatungsstelle: Der Kollege, von mir auf diese Frage angesprochen, hat Erfahrungen aus einem Selbstversuch mit unterschiedlichen Flüssigkeiten und bestätigt mir, daß je nach Flüssigkeitsmenge bzw. -zusammensetzung der eingenommenen Getränke Geschmacksveränderungen feststellbar sind.

Nach der Pause wieder eine Frau, K. (7.2.1), die ihren früheren Partner nicht vergessen kann (will?). Das sind die schwierigsten Gesprächspartnerinnen – sie fühlen sich so hilflos, so abhängig von diesen Männern, an die sie ihr Herz verschenkt hatten, und vermitteln doch gleichzeitig einen Machtanspruch, eine Kraft, mit der sie festhalten, nicht loslassen, ihren Willen durchsetzen wollen. Ich sehe keine Möglichkeit, durch diese Mauer an Willen zu ihr durchzudringen, brauche erst wieder Zeit nach der Nachrichtenunterbrechung, um die Studioatmosphäre vergessen zu können, mich nur auf die AnruferInnen einzustellen.

Den nächsten Anruf halte ich für einen, bei dem möglicherweise die Leute recht haben, die manche Anrufe für „erfundene" Probleme halten: W. (7.2.2) stellt sich als praktischer Arzt vor, der von seinen Patientinnen so in Erregung versetzt werde, daß er ins Nebenzimmer seiner Ordination eilen müsse, um sich selbst zu befriedigen.

Eine interessante Phantasie, möglicherweise aber doch ein reales Problem. Immerhin ist ein Arzt ja auch kein geschlechtsloses Wesen, und aus zahlreichen Supervisionen kenne ich sehr wohl die Gewissensnöte, wenn ein Arzt oder Lehrer, aber auch Ärztinnen oder Lehrerinnen, mehr als nur Sympathie gegenüber den ihnen Anvertrauten empfinden. Ich nehme also grundsätzlich das dargestellte Problem ernst; hätte der Anrufer dazu keinen Bezug, würde er es nicht so schildern. Wesentlich ist wohl, daß er mich mit dem Inhalt konfrontiert „Ich werde erregt, wo ich vielleicht besser nicht erregt werden sollte". Ob es nun die Arzt-Patientin-Beziehung ist oder umgekehrt die Ärztin-Patient-Beziehung (in der der Mann vielleicht eine Ärztin erregend empfindet und ins Gegenteil verkehrt, eine häufige Abwehrform) oder es um die Rundfunkberaterinnen oder konkret um mich geht, ist egal. Wesentlich erscheint mir, daß wir halt manchmal mit Erregung reagieren, wo uns das gar nicht so recht ist, wir vielleicht verwirrt werden, hilflos und vielleicht in Frechheit ausweichen, um unsere Hilflosigkeit zu überspielen. In diesem Sinne komme ich ihm mit Verständnis entgegen und scheine gefühlsmäßig den richtigen Ansatz getroffen zu haben, denn er reagiert hörbar erleichtert. Abschließend propagiere ich für solche Konflikte (was sehr wohl für die unsichtbaren ZuhörerInnen gedacht ist) Supervision mit der Formulierung „Sollten sie aber WIKLICH in Ihrer BERUFSTÄTIGKEIT durch solche Phantasien BEHINDERT werden, dann..." und deute damit an, daß mir auch durchaus der Gedanke gekommen ist, es handle sich um Phantasien.

Im Gegensatz dazu äußert Frau M. (7.2.3), daß sie seit der Geburt ihres jetzt zweijährigen Sohnes keine Lust zum Geschlechtsverkehr habe – ein häufiges Erscheinungsbild. Wieder muß ich mich vorsichtig in die Tiefe ihrer Seele vortasten – oberflächliche Ferndiagnosen verwerfen, wie etwa die beliebte pseudopsychoanalytische Sichtweise, der ersehnte Sohn als Phallusersatz verdränge den Ehemann als ersten Phallusträger – und stoße auf simple Überforderung: Einem Zweijährigen hinterherzurennen macht ganz schön müde, und nicht jede Frau ist eine bärenstarke Riesin, die Haushalt, Gattenbetreuung und Kindererziehung „mit links" schaukelt. Viele Frauen fühlen sich dann von ihren Partnern unverstanden, im Stich gelassen, nicht wahrgenommen in ihrem speziellen Bemühen, ihren eigenen Idealen zu entsprechen, in denen rangiert Mutter und Hausfrau sehr oft weit über Ehefrau und Geliebter.

Wieder der klassische Fall, wo Paarberatung durch eine/n neutralen Dritte/n helfen kann, zwischen den unterschiedlichen Wünschen und Erwartungen zu dolmetschen.

Herr R. aus Graz (7.2.4) fragt an, ob Selbstbefriedigung schädlich sei. Wie er darauf komme, frage ich. Er habe so Informationen im Ohr, gesteht er, von Rückenmarksschwindsucht und geistiger Verblödung...

Ich kann ihn beruhigen.

„Nicht die Selbstbefriedigung macht krank, sondern die Gesellschaft, die den Menschen isoliert", heißt es bei *Volker Elis Pilgrim.*[2)]

Was die letzte Anruferin, die 19jährige M. (7.2.5), mit ihrem 28jährigem Ehemann für Probleme hat, kann ich

---

2) Volker Elis Pilgrim, Der selbstbefriedigte Mensch. Reinbek bei Hamburg 1985, S. 129.

meinen Notizen leider nicht mehr entnehmen, es wird wohl ein Beziehungsproblem gewesen sein. Anscheinend war ich schon zu müde, um mitzuschreiben.

Die achte Sendung

Als Premiere geht es um eine Premiere: Herr K. (8.1.1), 18 Jahre alt, hat eine 19jährige Freundin, die unberührt ist und Angst vor dem „ersten" Mal hat. Ich denke, er benützt die Gelegenheit, sich über den „heißen Draht" von seiner Angst freizureden – und übt auch, mit seiner Freundin über dieses heikle Thema zu reden. Wir reden über die Ängste, die auftreten, wenn einem jemand wichtig ist, wenn man(n) nichts falsch machen will, und von der Verlockung, den „starken Mann" zu spielen und damit vieles kaputtzumachen.

Vom nächsten Anrufer – oder besser: Anruferin –, denn A. (8.1.2) bezeichnet sich als transsexuell –, habe ich vermerkt: Provokationsbedürfnis. Rückblickend muß ich rätseln: Was war damit wohl gemeint? Die Umwelt zu provozieren, indem man keine klare Geschlechtsidentität herzeigt? Oder die ZuhörerInnen? Oder mich? Ich weiß es nicht mehr.

An G. (8.1.3) kann ich mich hingegen erinnern. Er beklagt sich, daß ihm seine Frau immer vorwerfe: „Du willst ja nur Sex von mir!", wo er sie doch innig liebe. Offenbar gelang es ihm nicht, ihr sein Empfinden mitzuteilen. Ich hoffe, daß er seine Erwartung, verstanden zu werden, ohne selber reden zu müssen, korrigieren kann und lernt, sich auch verbal mit seiner Frau auszutauschen, ihr zu zeigen, daß er auch das Gespräch mit ihr will.

Auch der nächste Anruf kommt, wie jener von G. (8.1.3), aus Oberösterreich: Frau E. (8.1.4), 26 Jahre alt, verheiratet, hat eine „negative sexuelle Vergangenheit", wie sie sagt und Ekel vor Berührungen. Derartige „Berührungsphobien" kenne ich als häufige Spätfolgen von Gewalt- oder Mißbrauchserfahrungen. Der Körper schützt sich so gleichsam mit einem spontanen Signal gegen die Gefahr einer Wiederholung einer solchen Verletzung.

Natürlich kann solch ein Automatismus recht belastend werden, wenn frau späterhin mit einem Liebespartner Sexualität lustvoll erleben möchte und der Körper sein Eigenleben beweist (wie etwa beim Mann bei einer Erektionsstörung!). Besonders schmerzlich wird es für viele Frauen, wenn der Partner kein Verständnis aufbringt, sondern womöglich Druck ausübt, nörgelt, sie gar beschimpft.

Oft hilft es der betroffenen Frau bereits, wenn sie sich bewußt macht, daß dieses „Symptom" nur ihr Bestes will – verhindern, daß ihr nochmal so etwas „Negatives" zustößt. Ansonsten habe ich recht gute Erfolge mit Einsatz von NLP[1] in der Therapie – ich rate gerne in solchen Fällen, eine TherapeutIn zu suchen, denn NLP ist eine sehr *wirk*same Interventionsform und sollte, gerade wenn seelische Verletzungen von Männern zugefügt wurden, nicht von einem Mann angewendet werden.

Nach der Pause zeigt sich weiter, daß diese Sendung sehr ernsthafte Anfragen und Gespräche bringt.

H. (8.2.1) beschreibt sein Problem, daß er der zweite Ehemann seiner Frau sei und diese nicht „zum Orgasmus bringen" könne. Erst blitzt mir kurz eine Unterstellung von Rivalität und mangelndem Selbstwert durch den Kopf, ich verwerfe sie aber sogleich und versuche, seine Gefühle zu verstehen. Dabei tauchen eine Fülle weiterer Probleme auf: Die Frage der Empfängnisverhütung ist nicht gelöst, Medikamente gegen Epilepsie spielen mit eine Rolle, ein neun Monate altes Kind belastet die wenige Zeit, die das Paar miteinander, füreinander da sein könnte. In solch komplexen Situationen empfehle ich immer

---

1) NLP: Neurolinguistisches Programmieren ist ein Konzentrat aus Gestalt-, System- und Hypnotherapie. Auskünfte erteilt das ÖTZNLP: Österreichisches Trainingszentrum für Neurolinguistisches Programmieren, 1140 Wien, Teybergasse 1/19, Tel.0222/89 40 017.

den Besuch einer Familien- und Partnerberatungsstelle bzw. unserer Sexualberatungsstelle – es sollen keine überstürzten Schlüsse gezogen werden.

Auch bei I. aus Kärnten (8.2.2) spielt die Fortpflanzung mit: Sie ist im achten Monat schwanger, ihr Partner will nach wie vor drei-, viermal am Tag Geschlechtsverkehr. Ob das dem Kind nicht schaden könne, fragt sie kleinlaut. Ich berufe mich auf Fachliteratur: In jedem Sachbuch über Schwangerschaft und Geburt[2] ist nachzulesen, daß in den letzten Wochen vor der Entbindung auf Geschlechtsverkehr im Sinne von Eindringen in die Scheide verzichtet werden sollte: Der Geburtskanal ist meist schon geöffnet, die Infektionsgefahr erhöht, auch könnten vorzeitig Wehen und eine Frühgeburt ausgelöst werden. Ich frage I., ob sie nicht mit ihrem/ihrer Gynäkologen/in über dieses Problem sprechen könne, daß er/sie den unersättlichen Ehemann „aufklären" könne? Das würde ihr Mann nicht zur Kenntnis nehmen, gesteht sie traurig – und ich fühle mich genauso hilflos: Wie soll man mit jemandem umgehen, dem die Gesundheit (im Sinne der Gesundheitsdefinition der Weltgesundheitsorganisation, als körperliches, seelisches UND soziales Wohlbefinden!) der Partnerin offensichtlich unwichtig ist, wichtig nur die eigene Befriedigung? *Borneman* würde wahrscheinlich raten: Trennen Sie sich! Aber wie sich trennen in einer Situation, in der die Frau so „abhängig" ist?

M. (8.2.3) erklärt, er betreibe Selbstbefriedigung „quer durch den Naschmarkt" – offensichtlich ist er ein Obstfreund. Ziemlich ausführlich beschreibt er seine Praktiken.– Will er mich in Verlegenheit bringen? Ich werde eisig: „Wo ist das Problem?" Soll er doch machen, was ihm Spaß macht! Er sei Anhänger des Opus Dei, windet er sich daraufhin, und fühle sich „vom Trieb verfolgt". Seine Stimme klingt jetzt nicht mehr munter-verlegen, sondern

---

2) z. B. Hannah Uflacke, Mutter und Kind. Gütersloh 1969, S. 39.
Adelina Husslein, Jung sein – Erwachsen werden. Wien 1989, S. 117.

echt gequält. Nun, daß er sich vom Trieb verfolgt fühlt, kann ich mir denken, versucht er doch augenblicklich, mich mit seinen Berichten zu „verfolgen". Ein Scherzbold, der mich mit *Erika Berger* verwechselt? Sie würde wohl mit den Lidern klimpern und bayrisch-eifrig zustimmen, daß man(n) ruhig alles ausprobieren und sich nicht durch altmodisches Gewissen behindern lassen solle! Mir schießen Erinnerungen durchs Gedächtnis: an Klienten, die verzweifelt darzustellen bemüht waren, was sie alles an ausgefallenen Praktiken probierten, um sich von drängendem Triebdruck zu befreien! Und ich weiß noch aus meiner Zeit als Juristin, wieviele seltsame „Selbstmorde" mit mißglückten Selbstbefriedigungsversuchen – im Sinne von „sich selbst Frieden verschaffen" wollen – zusammenhängen! Ich höre denselben Unterton heraus. Auch wenn M. ein Dichter sein sollte (benennen wir es freundlich-wohlwollend), so zeigt seine Stimmodulation an, daß er unbefriedigt, unruhig, suchend ist. Ich lade ihn ein, in die Sexualberatungsstelle zu kommen (und möglicherweise kam er auch – zu mir kommt ja nur ein Bruchteil aller Ratsuchenden, wir sind ja mehrere KollegInnen).

Frau F. aus Salzburg (8.2.4) erlebt ebenso verletzende Bemerkungen wie die Männer W. (6.1.4) oder R. (7.1.2): Nach einer Krebsoperation fehlt ihr eine Brust. Wieder ein Gespräch über die Schwierigkeit, sich zu offenbaren, so wie man/frau ist, mit den Spuren der eigenen, höchstpersönlichen Biographie. Über die Scheu, nichts zu verstecken, die PartnerInnen rechtzeitig zu ent-täuschen: damit sich diese nicht täuschen. Die Konfrontation mit der entscheidenden Frage wagen: Bin ich es, der/die Dir wichtig ist – oder eine perfekte Fassade?

Zum Abschluß sehnt sich Frau M. (8.2.5) aus Saalbach noch immer nach ihrem Ex-Ehemann, auch wenn sie längst wieder einen Freund hat. Was sie dagegen machen soll? Gegenfrage: Warum etwas dagegen machen? – Trennungen brauchen auch ihre Zeit, bis sie bewältigt sind. Sich sofort in eine neue Partnerschaft zu stürzen oder in Arbeit, Hobby, Konsum – was auch immer –, bedeutet nur zu oft den unzulänglichen Versuch, Trauer zu vermeiden. Auch wenn TrivialpsychologInnen oft raten, sich abzulenken: Massive Veränderungen der Lebensumstände bedeuten Krisen, machen eine Anpassungsleistung notwendig, und diese Anpassung muß erst gefunden werden.

Die neunte Sendung

Es ist Hochsommer, und die erste Anruferin, A. (9.1.1), stellt die Frage in den Raum, wieso sich an FKK-Stränden so viele Voyeure tummeln und keine Voyeusen? Ich spüre zwar deutlich, daß sie sich darüber aufregen möchte und meine Unterstützung erwartet, gebe sie ihr aber nicht – und löse damit aus, daß sie sich jetzt über mich aufregt (sie wird ihre Wut also doch los!). Ich frage sie nämlich, ob sie die Spanner stören. Als sie explodiert und „na klar" antwortet und „was ich denn glaube", frage ich weiter, was sie dagegen tue. Da rastet sie aus: Es wäre ja wohl nicht ihre Aufgabe, sondern die der Allgemeinheit und so weiter und so fort. Sie fühlt sich von mir nicht verstanden, nicht unterstützt, erwartet weibliche Solidarität, während ich in die Richtung denke: Frau soll nicht nur von anderen Hilfe erwarten, sondern sich primär selbst verteidigen (eine Ansicht, die ich immer wieder öffentlich vertrete).

Was Frauen erwarten, das liefert dem nächsten Anrufer, dem 60jährigen E. (9.1.2), das Stichwort: „Die Frauen" erwarten sexuell mehr, als man(n) leisten könne, klagt er, führt dann aber aus, daß „die Frauen" – konkret seine Ehefrau, die ihn nach 26 Ehejahren und drei erwachsenen Söhnen verlassen hat – nicht bereit seien, den Mann bei der Bewältigung des Alltagslebens zu unterstützen, ein Haus zu bauen, eine Firma zu gründen... Es ergibt sich, daß er eigentlich eine neue Partnerin sucht, eine, die ihm Beistand leistet bei all den Alltagsmühen, die er sich aufgelastet hat, und daß er Sorge hat, eine solche nicht zu finden – weil eben die Mühen so groß sind. Ich rate ihm, an *Gerti*

Senger zu schreiben; daß ihre TV- Sendung „Gemeinsam statt einsam", in der sie einsamen Menschen bei der Partnersuche half, mittlerweile eingestellt wurde, weiß ich zu dem Zeitpunkt entweder nicht – oder ich habe diese Einstellung kritisiert, das weiß ich nicht mehr genau; jedenfalls bin ich auch heute der Ansicht, daß diese Sendung sehr hilfreich war und wieder eingeführt werden sollte.

Der nächste Anrufer (9.1.3) meldet sich mit vollem Namen – *Daniel Müller* – und stellt sich als Journalist, der für eine große Zeitschrift in Deutschland arbeitet, vor. Er kritisiert mich heftig wegen meiner Äußerungen zu den FKK-Voyeuren. Er arbeite mit Leuten, „die ihre Erfahrungen verkaufen", rotzt er mich an, und wisse daher, was für Typen diese Spanner seien. Nun, ich arbeite mit Menschen, die „neue" Erfahrungen machen wollen – weil sie vielleicht unter ihren bisherigen leiden –, und denke auch, daß ich weiß, wie diese Menschen denken, fühlen. Hast Du's nicht gesehen, befinden wir beide uns in einem richtigen Machtkampf, der erst endet, als ich genau DAS anspreche: Daß ich den Eindruck habe, er wolle mich verbal besiegen, und es imponiert mir, daß er mich bestätigt: Wir haben einander getroffen (nicht nur im aggressiven Sinn, sondern auch im kameradschaftlichen!).

Frau S. (9.1.4) hat Probleme mit ihrem sexuellen Appetit. Ihr Freund sitzt im Gefängnis, sie schwankt zwischen Treue und Sexualhunger, ein ethischer Konflikt wie bei M. (5.1.3). Ich empfehle Gespräche in der Beratungsstelle.

Nach der Pause will schon wieder einer wissen, ob Analverkehr gefährlich ist: A. (9.2.1). F. (9.2.2) aus Oberösterreich hat Schwierigkeiten, bei der Selbstbefriedigung zum Samenerguß zu kommen, bei Frauen aber nicht. Das ist doch ein deutliches Körpersignal, daß sein Unterbewußtes Masturbation nicht akzeptiert – die Frage ist, ob er diese seine Einstellung akzeptiert oder glaubt, unbedingt masturbieren zu müssen. Ich frage, ob er Schwierigkeiten hätte, eine Freundin zu finden. Nein, nein, wehrt er ab, er frage nur so, weil ihn das verwundere... Ich verzichte auf Nachforschungen, ob er sich selbst mag, sexualfeindlich erzogen wurde oder was mir sonst alles an „fortschrittlichen" Sichtweisen zu dieser Problematik einfällt. Vielleicht wurzelt meine Abwehr in meiner Ethik, die Beziehung über „splendid isolation"[1] stellt?

Herr G. (9.2.3) plagt sich mit seinen Seitensprüngen herum – die er allerdings nur in der Phantasie begeht. Verunsichert ist er, weil er seelische Nähe nur bei seinem homosexuellen Freund (mit dem ihn nur Kameradschaft verbindet) findet, seine Beziehung zu seiner Freundin – oder Frauen überhaupt – ist nur auf Sex beschränkt. Offenbar ist seine Freundin auf diesen Freund eifersüchtig, jedenfalls ist ihr diese Beziehung nicht recht, sie möchte, daß G. sie beeendet und setzt alles daran, ihren Willen durchzusetzten. Ein klassischer Fall für Paarberatung: Was will wer vom anderen, was ist das gemeinsame Ziel, welche Ziele sind nur in der Phantasie erlaubt, welche überhaupt nicht bewußtseinsfähig. – All diese Fragen zu klären braucht mehr Zeit, als mir auf Sendung zur Verfügung steht.

Die letzte Anruferin dieser Nacht, Frau A. (9.2.4) aus Tirol, klagt über ihren Mann, der wie ein Pascha befriedigt werden will, auf sie kaum eingeht, vor allem nicht auf Ihre Angst vor einer unerwünschten Schwangerschaft. Ich freue mich, daß die Sendung zu Ende ist und auch ich mir das Eingehen auf ihre Probleme erspare – wieder ein Parallelprozeß: Herauszuarbeiten, wie ihr Kommunikationsmuster verläuft, ob sie vielleicht immer ihre Bedürfnisse „fünf Minuten vor zwölf", also im letzten Moment anmeldet, braucht sicher länger als „fünf Minuten vor zwei". Das bleibt daher auch meine Botschaft – ich hoffe, sie löst bei ihr so viel Nachdenken aus, daß sie vielleicht etwas ändert.

---

1) Begriff aus dem Englischen, der ursprünglich die Bündnispolitik Englands im 19. Jh. bezeichnete. Jetzt wird er verwendet, um eine Form des selbstzufriedenen Alleinseins zu umschreiben. (Dt. etwa: „fabelhafte Einsamkeit")

beginnt mit einem Monolog: Herr P. (10.1.1) kritisiert die Menschen, die in der *„Sexhotline"* anrufen, man müsse doch nur zu sich „stehen" können, dann hätte man auch keine Probleme. Sein selbstgefällig-autoritärer Sprechstil läßt es mir klüger erscheinen, nicht zu parieren, daß mit Menschen, die sich so verhalten, die anderen – vor allem die Partnerinnen – Probleme haben. Ich will nicht gleich zu Beginn der Sendung ein Streitklima schaffen – sollen doch AnruferInnen reagieren! Ich lasse ihm seine Autosuggestionen. Der nächste Pharisäer folgt sogleich: Herr H. (10.1.2) stimmt in P.s Ansichten ein: Die Anrufer seien doch alles nur Narzißten, die ihre Selbstdarstellung anbringen wollen, lautet seine verdeckte Selbstdarstellung. Auch bei ihm halte ich mich mit Kommentaren zurück. Ich sehe meine Aufgabe nicht im Diskutieren, ich will versuchen, hilfreich zu sein, wenn jemand wirkliche Probleme hat, vielleicht auch die Angst vor „Sexualberatung" nehmen, aber bei Wertedebatten oder Konkurrenzen um die „richtige" Weltsicht mag ich nicht mitspielen, wenn ich nicht konkret gefragt werde. Der nächste Anrufer, W. (10.1.3), ist einer, der unter seinen Freunden – offenbar auch Besserwisser – zu leiden hat: Die stänkern nämlich, daß seine Freundin zu „flach" sei. Ob ihn das stört, frage ich. Nein, antwortet er, er liebe seine Freundin, nicht den Busenumfang in Zentimetern. Es geht also um den Konflikt, den Freunden Grenzen zu setzen gegenüber seinem Intimbereich mit der Freundin. Das erkennt er im Laufe unseres Gesprächs und nimmt sich vor, eine Form zu finden, die Freunde darauf hinzuweisen, daß sie wohl zu weit gehen, wenn sie seine Partnerinnenwahl abwerten.

An M. (10.1.4), eine Frau, die Frauen liebt, kann ich mich noch gut erinnern: Sie möchte wissen, wie frau eine Frau „anmacht" – sprich: mit ihr in Kontakt kommt. Die Verlockung, Tips zu geben, ist groß. Es könnten aber nur Hinweise auf Verhaltensweisen sein, die anderen erfolgreich schienen – oder Hinweise, was ich mag und was nicht (unabhängig vom Geschlecht des/der anderen). Ich forsche also, wo M. Schwierigkeiten hat, und stoße auf ihre Befürchtungen, die Frau ihrer Wahl könnte empört reagieren, wenn sie von einer Frau umworben wird. Und diese Furcht besteht wohl sehr zu Recht, denn die meisten Menschen können eine/n anderen nicht aggressionsfrei ablehnen. Wir einigen uns auf Formulierungen wie „Ich finde Sie sehr attraktiv und würde Sie gerne näher kennenlernen", was der Angebeteten Spielraum läßt, freudig zu reagieren oder zögernd, hinhaltend oder mit einem deutlichen „Ich fürchte, das wird sich nicht machen lassen!" Wenn ein Mensch um einen anderen wirbt, besteht ja die Gefahr, daß zu stürmisch Nähe hergestellt wird und daher entweder Abwehrreaktionen nicht wahrgenommen werden (die Illusion vieler Vergewaltiger, die Frau hätte ohnedies eingewilligt!) oder die Abwehrreaktionen so massiv kommen müssen – damit sie eben wahrgenommen werden –, daß sie verletzen. All das kann vermieden werden, wenn man/frau so viel Respekt vor Mitmenschen aufbringt, daß der Weg nahe an andere heran so langsam beschritten wird, daß die anderen jederzeit Stop sagen können: "Jetzt kommst Du mir zu nahe!", „Jetzt gehst Du zu weit!"

Wir kommen im Gespräch zu einer ähnlichen Problematik wie beim Anrufer zuvor: Für mich wird deutlich spürbar, wie das vorhergegangene Gespräch bei M. Assoziationen ausgelöst haben muß, die dann Motiv zum Anruf waren.

Beim nächsten Anrufer (10.1.5) bin ich nicht so sicher, ob der Ernst in seiner Stimme und seine Sorge nicht vorgespielt waren – zu sehr erinnert mich der Inhalt seiner Anfrage an die Männer, die versuchen, *Erika Berger* in RTL Plus in peinliche Situationen zu bringen: Seinen Namen nennt er nicht, aber als Tiroler gibt er sich zu erkennen. Seine Freundin beiße beim Liebesspiel in seinen Penis, und er finde das überhaupt nicht angenehm: „Das tut doch weh!" Ich überlege, ob ich den Witz ‚Was ist französisches

Roulette? Liebesspiel mit sechs Damen, eine ist Kannibalin!', ansprechen soll, um anzudeuten, daß ich merke, daß er mich zum Besten halten will, dann fühle ich nach und entscheide mich, ihn doch ernst zu nehmen: Ich bleibe bei seiner Angst vor Verletzung. Er setzt dann fort, indem er bekennt, sich seiner Freundin „ausgeliefert" zu fühlen, gar nicht so überlegen, wie er sich gerne fühlen möchte – und auch glaubt, daß er sich fühlen sollte. Ich komme mir während des Gesprächs ähnlich ausgeliefert vor, gebe mir selbst die Bestätigung, daß es auch so ist (hier im Studio, ohne Möglichkeit, mich wegzuschwindeln, mit unzähligen anonymen Lauschern!) und verzichte leicht traurig auf die Überlegenheit, die ich halt auch gerne manchmal hätte. Ich hoffe, er hat diesen Parallelprozeß gespürt und Nutzen daraus gezogen – die Nachrichten zum Stundenwechsel erlösen mich aus weiteren Bemühungen.

Nach der Pause wieder ein Selbstdarsteller: G. (10.2.1) empfiehlt sich als „der gute Freund", dem nur das Wohl der Damen am Herzen liegt. Ich reagiere verhalten: wie schön.

M. (10.2.2) dagegen, die nächste Anruferin, hat Probleme mit ihrem Mann: Er „pfeift" beim Geschlechtsverkehr. Vor meinem geistigen Auge taucht eine Phantasie auf, in der ein Mann seiner Frau *Fred Bertelmanns* „Lustigen Vagabund" ins Ohr pfeift, während er sie feurig umarmt... Unvorstellbar? Ich frage nach: Wie konkret pfeift er, eine Melodie, einen einzigen Ton? Nein, präzisiert Frau M., er pfeift rhythmisch; sie macht es vor: ffffh-hhhhhu-ffffh-hhhhu... Sie habe ihm schon geraten, zum Arzt zu gehen... Aha, repliziere ich, bei mir heißt das nicht „pfeifen", sondern „schwer atmen"! Jaja, bestätigt Frau M., so könne man auch sagen. Ich informiere sie, daß forcierte Atmung ein Zeichen steigender sexueller Erregung und eine gute Voraussetzung, den Orgasmusreflex zu erreichen, sei. Wer die Luft anhält, z. B. um kein Geräusch von sich zu geben, damit die Nachbarn nichts hören, nimmt sich selbst ein Gutteil dieser Chancen. Sie schweigt betroffen. „Jetzt wird mir einiges klar" oder so ähnlich kommt dann eine neue Sichtweise zum Vorschein. Ein Dank, und schon ist der nächste Anrufer dran: H. (10.2.3) bezeichnet sich als Frauen gegenüber gehemmt. Er ist 39 Jahre alt, hat keine sexuellen Erfahrungen außer mit einer 12jährigen, das allerdings sei wirkliche Liebe gewesen. Ich bitte ihn, in die Sexualberatung zu kommen – er kam auch wirklich –, weil ich über Sendung dieses heikle Thema, das ja *„nach unserem Strafgesetzbuch mit Strafe bedroht ist"* (ich pointiere diese Information für die ZuhörerInnen) nicht bearbeiten möchte, damit ihm keine Schwierigkeiten erwachsen können.

Ich versuche mit dieser Aussage zu demonstrieren, daß ich mich für Folgen verantwortlich fühle. Das tue ich wirklich: Während er sprach, stellte ich mir vor, es könnte ein übereifriger Kriminalbeamter über Fangtaste orten wollen, von wo der Anruf kommt, und will ihm damit ein Vorbild geben, auch an Folgen zu denken und Verantwortung zu übernehmen.

Interessant, daß die nächste Anruferin, Ch. (10.2.4) von „Kind" aus weiter assoziiert hat: Sie klagt, daß ihr die kindlichen Ausdrücke auf die Nerven gehen, die verwendet werden, wenn über Sex gesprochen wird. Wir philosophieren eine Weile, was wohl die Ursache sein könnte, daß es keine *entsprechenden* Bezeichnungen gibt, nur medizinische Fachsprache, Bürokratensprache, blumige Umschreibungen, zotige Vulgärausdrücke (die zumeist extrem frauenfeindlich sind) und ein paar harmlose Alltagsworte wie etwa Hintern, Regel oder Pille.

Darauf reagiert die nächste und letzte Anruferin dieser Sendung: M. (10.2.5) fragt, ob frau durch Geschlechtsverkehr in der Badewanne schwanger werden könne. Ja, antworte ich trocken, wenn das Paar keine empfängnisverhütenden Vorkehrungen getroffen hat. Kleinlaut gesteht sie ihr Problem: Ihr Partner hat gesagt, im Wasser könne nichts passieren. War hier sein Wunsch der Vater des Gedankens? Oder hat ihm jemand dieses Märchen eingeredet? Oder wollte er sein Mädchen necken? Ich verweise auf die Informationsbroschüren von Familienministerium und Frauenstaatssekretariat (seit 1990 Frauenministerium), die dort direkt angefordert werden können und in den meisten Familienberatungsstellen aufliegen.

Die elfte Sendung – die Jubiläumssendung: ein Jahr Sexhotline und alle vier BeraterInnen sind im Studio versammelt!

Die Sendung 6 bringt für mich eine Überraschung: *Martina Rupp* moderiert. Der rasende *Robert (Reumann)* hat zunehmend Terminprobleme, zwischen „Seitenblicken" auf „Leute" in der „ganzen Woche" noch die Freitagnächte freizuhalten. *Walter Gröbchen* läßt Sorge anklingen: Ihr Debut hatte *Martina Rupp* vor vierzehn Tagen mit *Gerti Senger* und das verlief nicht recht harmonisch, deutet er an, Konkurrenz war stark spürbar. Kein Problem für mich, ich komme aus der Frauenbewegung, und es war mir immer Herausforderung, zu demonstrieren, daß Frauen kooperieren können ohne die suggerierte Eifersucht. Auch bin ich durch meine tiefe Stimme deutlich von *Martinas* Silberglockenstimme zu unterscheiden, *Gerti* hat's da sicher schwerer – auch dadurch, daß ja beide Journalistinnen sind.

Erfreulicherweise nimmt sich *Martina Rupp* Zeit, mich über die Sorgen der Menschen zu interviewen, die die Wiener Sexualberatungsstelle aufsuchen – das gibt mir Zeit, mich an alles zu gewöhnen (und wohl auch umgekehrt!).

Dann die erste Anruferin: H. (11.1.1) vergeht die Lust, wenn ein Mann von ihr bedient werden will. Meint sie das im Sinne von „durch Liebespraktiken"? Nein, durch Hausarbeit! *Martina, Gerti* und ich nicken uns verständnisvoll zu: Kennen wir auch! Muß frau abstellen! In lockerer Dreifachkonference überlegen wir, wie frau mehr Gleichheit und Gerechtigkeit herstellen kann, damit die Lust nicht vergeht.

Die nächste Frau am Telefon, J. (11.1.2), berichtet stolz,

daß sie in ihrem Bekanntenkreis eine Gesprächsrunde à la *Sexhotline* initiiert habe und bietet Interessierten Einstiegsmöglichkeiten an. Da der folgende Anrufer, K. (11.1.3), seine Schüchternheit als sein Problem bezeichnet und *Martina* J. noch in der Leitung hat, koppelt sie beide – und ich staune über diese Wunderleistung moderner Telefonanlagen, auch wenn ich mir im Augenblick recht unnötig vorkomme!

Ich habe später nachgedacht, wieso mich diese Koppelung – „Kuppelei" – gestört hat. War ich doch eifersüchtig? Auf die lockere Nonchalance, mit der *Martina Rupp* Kommunikation herstellte? Fühlte ich mich vernachlässigt? Bekam ich Über-Ich-Ängste („*Prof. Strotzka* schaut immer über die Schulter zu, ob ich korrekt arbeite"), daß die Sendung in eine Richtung geht, die zu „unterhaltsam", zu wenig seriös – „ernsthaft"– ist? Darf Sexualität nicht auch unterhaltsam sein? Muß immer alles ernsthaft sein?

Um das Herstellen von Kommunikation geht es jedenfalls auch der nächsten Anruferin: Frau G. (11.1.4) hat eine seriöse Partnervermittlung für Menschen mit abweichendem Sexualverhalten (Fetischisten, Sadisten, Masochisten etc.) gegründet und will die Information weitergeben. Monate später erfahre ich, daß diese Selbsthilfeaktivität (weg vom fixierten „bizarren Sex" hin zu Partnerschaft) leider gescheitert ist: Es kamen vorwiegend Männer, die nicht bereit waren, aktiv (durch Arbeitseinsatz oder finanzielle Unterstützung) am Gelingen des Projekts mitzuarbeiten, sondern erwarteten, sich die gewohnten Geldausgaben (Honorare für Prostituierte, die bereit waren, auf ihre Wünsche einzugehen) ersparen zu können. Schade.

Nach der Pause meldet sich H. aus Salzburg (11.2.1), der schwankt, ob er hetero- oder homosexuell ist. Ein „Coming Out"? Dabei helfen die Beratungseinrichtungen der Homosexuellen-Initiative oder die Salzburger Sexualberatungsstelle, je nachdem. Frau M. (11.2.2) hat einen 17 Jahre jüngeren Freund, der nur oral befriedigt werden will. Auch ihr empfehlen wir den Besuch einer Familien- und

Partnerberatungsstelle: Ich kenne aus der Praxis zu viele ähnliche Fälle, wo aus materiellen Gründen (Wohnung, Unterhalt usw.) Männer mit einer ungeliebten Frau zusammenlebten, daher weder Lust noch genügend Zuneigung verspürten, die Frau „glücklich" zu machen, aber der liebenden Frau „erlaubten", sie glücklich zu machen. Ich befürchte, daß so eine Paardynamik herauskommen könnte, wenn ich beginne, nach ihren Gefühlen zu forschen. Ich möchte aber nicht, daß sich Zuhörer an den schmerzhaften Gefühlen alternder Frauen weiden, dazu fallen mir die verletzenden Äußerungen jüngerer Partner ihren Frauen gegenüber ein, wie ich sie in der Sexualberatungsstelle zu hören bekomme.

Dennoch scheint sich ein Hauch von „Unzulänglichkeitsgefühlen" über den Äther verbreitet zu haben: Herr H. (11.2.3) klagt, sein Penis sei zu klein – wieder einer, der sich an der Trickfilmerei der Pornovideos orientiert (Kamerablickwinkel von unten etc.). Ihm fehlte die Information, daß der europäische Durchschnitt mit neun bis elf Zentimeter, Umfang 30 mm[1] im schlaffen Zustand angegeben wird – und wenn man(n) von oben herabblickt, scheint alles kleiner! Bei Erektion vergrößert sich ein im Ruhestand kleineres Glied im allgemeinen stärker als ein großes. Ch. (11.2.4), der gleich darauf anruft, sagt, er habe das umgekehrte Problem: Seiner sei zu groß, alle Freundinnen liefen ihm weg, weil sie sich fürchteten. Ihn bitte ich in die Sexualberatungsstelle – hat er wirklich das Problem (und ich kenne Parallelfälle), so soll er das mit einem Kollegen bearbeiten. Will er aber Telefonsex – so laufe ich ihm davon: Das ist *mir* „zu groß".

Nicht zu groß ist mir das Problem der letzten Anruferin: B. (11.2.5) hat seit zweieinhalb Jahren keinen Geschlechtsverkehr mehr. Wir kommen im Gespräch darauf, daß das mit ihrer dritten Entbindung zusammenhängen könnte. Damals kam es zu einer Uterusperforation.

Massive Ängste, was „da unten" passiert sei, mangelnde

1) Mann + Frau. Eine Sexualkunde. Für Erwachsene. Band 5. Hamburg 1977, S. 46.

Aufklärung durch die behandelnde MedizinerInnen (dazu zähle ich auch die Pflegepersonen), Scheu der Eheleute, über ihre Ängste zu sprechen, scheinen mitgewirkt zu haben, daß Frau B. Trost im Alkohol gesucht hat, wie sie zaghaft gesteht. Ich hoffe, es ist mir gelungen, ihr Mut zu machen, diese unerledigten Aussprachen nachzuholen – und damit einen Schritt in Richtung mehr Nähe zu machen (und heraus aus der Entfremdung, die sich entwickelt hat).

Trotz großer Bedenken meinerseits, haben es die vier „Sexperten" geschafft, jede/r seinen/ihren Senf anzubringen und nicht in Rivalitäten hängenzubleiben. Sogar *Borneman* war nicht so „patriarchal" wie üblich!

Die zwölfte Sendung

Martina Rupp ist diesmal euphorisiert: Sie hat den Film „Harry & Sally" gesehen und schildert allen mit viel Gekicher die Szene, in der Sally ihrem Freund im Restaurant einen Orgasmus vorspielt, worauf alle Gäste staunen und eine alte Dame den Ober bittet: „Bringen Sie mir doch das, was die junge Frau dort gegessen hat!" Das ist es dann auch, womit sie die Sendung anmoderiert – und löst damit auch die einschlägigen Assoziationsketten aus: Herr W. (12.1.1) hat eine Freundin, die „zuerst kommt", was bei ihm enormen Leistungsdruck auslöst. Der Mythos vom absolut notwendigen gleichzeitigen Orgasmus steht im Raum. Der wird ihm nunmehr auch bewußt. Er beschließt, seine Freundin zu fragen, ob sie wirklich so ungeduldig mit ihm ist, wie er es sich ausdenkt. Herr W. (12.1.2) gleich darauf ist überzeugt, daß ihn seine Frau nur verlassen hat, weil ein anderer Mann ihr einen besseren Orgasmus „verschafft". Wieder das leidige Leistungsdenken, wieder das mechanische Modell von Sexualität: Wenn ich es „richtig" mache, folgt der „richtige" Höhepunkt – keine Frage danach, wie bin ich, wie bist du in meiner/deiner höchstpersönlichen Individualität! Ich erlebe W. „zu“: Ich habe nicht den Eindruck, daß er bereit ist, von seiner Sichtweise, DAS sei die einzige Trennungsursache, nur einen Fingerbreit abzuweichen. Ich denke, daß diese „Verschlossenheit“ wohl die Trennungsursache war. Ich bin froh, daß uns *Martina Rupp* trennt.

Frau M. (12.1.3) fragt, was sie tun könne, damit ihr Mann keine Erektionstörungen mehr habe. – Ihn in Ruhe lassen! Sagt das doch der Körper auch recht deutlich.

Fairerweise informiere ich sie aber auch über die klassische Sexualtherapie bei fehlender Erektion: Kein Versuch, Geschlechtsverkehr auszuüben, darf zugelassen werden, stattdessen soll man(n) sich darauf konzentrieren, welche Gefühle er empfindet, wenn er seine Partnerin liebkost – und welche Gefühle, wenn er liebkost, z. B. gestreichelt wird. So kann genau erfahren werden, was ihm, was ihr angenehm ist, was nicht – und es ist wichtig, genau zu wissen, woran gefühlt werden kann, wenn etwas unangenehm ist – die leisen Signale werden ja oft gar nicht wahrgenommen, nur die lauten wie Ekel oder Wut.

Gleich darauf das Pendant: Herr H. aus Salzburg (12.1.4) bekommt immer Erektionen, wenn er tanzt und die Partnerin spürt. Während er spricht, höre ich deutlich seine „freudige Erregung“, aber auch, daß er sich deretwegen geniert. Ich frage nach. Ja, bestätigt er mir, aber er wolle nicht „unanständig“ wirken. Ich antworte mit einem Wortspiel, daß wohl im „Abstand der Anstand liegt“ – und bekomme Lob von *Martina*: Mit erhobenem Daumen signalisiert sie mir Anerkennung. Danke, *Martina*, solches Feedback brauche ich, um mich sicher zu fühlen.

Frau R. aus der Steiermark, (12.1.5.) unsere letzte Anruferin vor der Pause, beschwert sich über die Unersättlichkeit ihres Ehemannes: Er kann nie genug kriegen. Nimmt ihre Wünsche nicht zur Kenntnis. Wieder diese Machtkämpfe: Eine/r nimmt sich selbst als Maß und ignoriert, daß der/die andere anders ist, will seinen/ihren Willen durchsetzen. Ich predige wie so oft, daß es keine Norm gibt, das Paar muß sich zu „einigen“ versuchen, die Wahrheit liegt in der Mitte... Ich kann nur zurückspiegeln: Wenn eine Frau klagt: Mein Mann nimmt auf mich keine Rücksicht!, repliziere ich: Sie erkennen, daß Ihr Mann rücksichtslos ist? Frau R. bestätigt – kann sich selber nicht mehr täuschen, ist ent-täuscht. Ein wichtiger Schritt auf dem Weg zu mehr Wahrheit.

Nach der Pause: V. (12.2.1) hat in zwölf Jahren Ehe noch nie einen Orgasmus erlebt. Ich empfehle die Standardliteratur, *Barbach*[1], wenn auch der Ehemann lesen mag: *Gerti Senger*[2]. Ich halte mich bei diesem Thema von Mal zu Mal mehr zurück: Erstens will ich den Mythos vom Orgas„muß" nicht zusätzlich fördern, zweitens will ich nicht in einer Art Parallelprozeß mich in ebensolchen Anstrengungen verlieren, wie so mancher Mann, der glaubt, er „muß" die Partnerin zum Höhepunkt bringen, und halte es drittens mit *Bert Brecht*: „Ja lauf nur nach dem Glück – doch laufe nicht zu sehr – denn alle laufen nach dem Glück, das Glück – läuft hinterher!"

Als nächste meldet sich eine „anlassige" E. (12.2.2), die mit H. (12.1.4.) tanzen will. Ich verursache ein bißchen ein Kuddelmuddel, weil ich meine, man könne ihr ja H.s Telefonnummer geben, aber *Martina* klärt mich auf: Wenn H. will, kann er nochmal anrufen, dann bekommt er E.s Telefonnummer. P. (12.2.3) hat Fragen zur Empfängnisverhütung – welche, habe ich leider nicht aufgeschrieben. Dann kommt ein Anruf, der Medienecho auslöst: K. (12.2.4), der Stimme nach ein junges Mädchen, erzählt, daß ihr Freund nach Besuch des Filmes „9 1/2 Wochen" nur mehr SM-Spiele betreiben will. Ich habe den Film nicht gesehen und frage naiv nach der Art der Spiele. Na, sie mit Honig übergießen und das dann abschlecken, meint sie. Aha! Naja. *Ray Stubbs*[3] empfiehlt ähnliches bei erkalteten Ehebeziehungen, z. B. Obst aller Art und Schokolade und Schlagobers als *„Kunstwerk auf*

---

1) Lonnie Garfield Barbach, For Yourself. Die Erfüllung weiblicher Sexualität. Frankfurt 1975.

2) Gerti Senger, Was heißt schon frigid! Genf 1983.
Gerti Senger, Sinnenfreude, Lebenslust. Genf 1985.

3) Kenneth Ray Stubbs, Die Kunst der zärtlichen Verführung. Düsseldorf 1987.

der Haut Ihrer Geliebten erschaffen", aber „*Suchen Sie als erstes ein Bettlaken heraus, bei dem es nicht schlimm ist, wenn es vielleicht nie wieder ganz sauber wird*". Also was soll's? Honig geht wahrscheinlich leichter aus der Wäsche als Schokoladesoße. Dementsprechend reagiere ich lässig: Wo ist das Problem?

Im Extradienst 21/89 (Magazin für die Kommunikationsbranche) schildert *Ing. Kurt Wurscher* (wer das ist, weiß ich nicht) seine Sicht- oder besser: Hörweise: „*Nicht immer funktioniert die Vorselektion durch die aufmerksamen Telefonistinnen. Wer es geschickt anstellt, kann das Team gehörig ‚einfahren' lassen. So passiert am 27. Oktober, als sich eine achtzehnjährige Anruferin mit einem Chor von Gekicher (?) verabschiedete. Martina Rupp nach einer Plattenlänge Bedenkzeit: ‚Entweder das befreite Kichern von einigen jungen Mädchen, oder sie haben sich einen Scherz erlaubt.'*"

Also, ich kann mich nur erinnern, daß *Martina* und ich recht gekichert haben bei der „Vorstellung". Aber jede/r nimmt wohl das wahr und auf, was ihr/ihm angenehm erscheint...

Unangenehme Assoziationen jedenfalls scheinen den letzten Anruf motiviert zu haben: G. (12.2.5), 28 Jahre alt, will nicht akzeptieren, daß seine 34jährige Freundin nur oral befriedigt werden will. Er möchte endlich einmal „richtig" und so fort. Wieder einer, der auf den Zeugungsakt als einzig „normale" Form des Geschlechtsverkehrs fixiert ist. Ein Machtkonflikt – Penetration contra Zärtlichkeit? Ich beschränke mich auf Information über die sexuelle Reaktion der Frau, den Mythos vom vaginalen Orgasmus und feministische Sichtweisen.

Die dreizehnte Sendung

Martina Rupp hat einen Brief mitgebracht, den *Dominik Heinzl* (vom Treffpunkt Ö 3) erhalten hat: Eine 37jährige Mutter schreibt von ihrer 18jährigen Tochter P., die von ihrem Freund verlassen wurde, als sich herausstellte, daß sie von ihm schwanger wurde. Die Tochter hat sich entschlossen, das Kind zu bekommen, ist aber nun recht depressiv, weil der Freund nichts mehr von sich hören lasse. Die Mutter macht sich Sorgen und bittet *Dominik* um Kommunikationshilfe.

Für mich ist dieser Brief eine gute Gelegenheit, die Information zu vermitteln, daß die vielgeschmähte „Aktion Leben" – korrekter Name: „Rettet das Leben – Gemeinschaft zum Schutz menschlichen Lebens"1) genau die Stelle ist, die in solchen Krisen hilft, wirklich hilft, wie ich mich in zahlreichen Fällen aus meiner eigenen Beratungspraxis überzeugen konnte. Hier brauchen wohl beide, Tochter wie Mutter HelferInnen, die über einen längeren Zeitraum regelmäßig zur Verfügung stehen.

In der folgenden Musikpause bekomme ich einen wütenden Anruf: *Mag. Franz Altrichter* kritisiert mich heftig für meine Aussagen. Ich müsse doch wissen, daß alle Achtzehnjährigen sich völlig unreflektiert Kinder wünschen und könne doch nicht solche illusionären Wunschträume fördern, indem ich sie einfach akzeptiere... Meine Versuche, ihm zu erklären, daß ich nur ein Info multipliziere, nur auf ein Problem aus einem Brief antworte, also gar keine Live-Gesprächspartnerin hatte, kommen nicht an. Ich ärgere mich sehr – er hat mir meine Pause gestohlen, die ich ja auch brauche, um mich zu regenerieren, er hätte ja auch auf Sendung seine Kritik anbringen können, dann hätten die ZuhörerInnen auch seinen Blickwinkel kennengelernt. Aber das wollte er ebensowenig, wie er selbst an der Sendung mitwirken wollte – immerhin hatte ich ihn als möglichen „zweiten Mann" neben *Borneman* vorgeschlagen.

Dann der erste Anrufer: M. (13.1.1) hat nach zehnjähriger Ehe – sein Sohn ist neun Jahre alt – über den Betrieb seiner Gattin einen Mann kennen- und lieben gelernt. Ich versuche, sein Schwanken zwischen Treue und Untreue,

---

1) 1010, Dorotheer Gasse 6–8, Tel.: 0222/512 52 21 (513 21 63, 512 88 94, 513 29 04)

zwischen Hetero- und Homosexualität zu verstehen, sein Zögern, sich seiner Frau gegenüber zu bekennen. Ich denke, Zögern ist immer ein Hinweis aus dem Unbewußten, sich Zeit zu lassen. Das sage ich ihm. Er fühlt sich erleichtert, daß er nicht gleich alles sagen „muß" – offensichtlich gehört zu den Spielregeln, nach denen er erzogen wurde, auch die: „Du mußt der Mami immer alles sagen!".

Wenig hilfreich finde ich daher den folgenden Anrufer, H. (13.1.2), der heftig loslegt: M. (13.1.1) IST homosexuell – daran sei doch nicht zu zweifeln! Und wer einmal mit einem Mann geschlafen habe, wird immer nur mehr mit Männern schlafen wollen, nie wieder mit einer Frau! Nun, ich weiß aus meiner Arbeit mit homosexuell liebenden Männern, daß das nicht stimmt, daß es alle möglichen Kombinationen von Konflikten gibt, und setze H. daher eine deutliche Grenze: Bitte keine Suggestionen! M. soll selbst, in der Zeit, die *er* braucht, daraufkommen, was er will...

Die nächste Anruferin, A. (13.1.3), bezieht sich auf den Brief vom Beginn der Sendung und beschwört die Familie, alles daran zu setzen, daß Gespräche mit dem zukünftigen Kindesvater stattfinden können. Dann kritisiert sie die Wartezeiten bei Familienberatungsstellen. Da hat sie natürlich recht: Der Bedarf, die Nachfrage nach hilfreichen Aussprachemöglichkeiten mit geschulten BeraterInnen ist größer als das Angebot. Ich nütze die Gelegenheit, um über Beratungstechnik – nämlich: nicht Ratschläge, sondern Hilfestellung zum Selbstsicher-Werden geben – zu reden. Dann folgt der Anruf von R. (13.1.4). Sein Problem ist, daß er Frauen nicht „Nein" sagen kann, auch wenn er draufkommt, daß ihn ihr Geruch abstößt. Wir definieren das Problem neu: Wie sagt man „nein", denn draufzukommen, daß man einen Menschen „nicht riechen" kann, erfordert ja eine bestimmte Nähe! Wir haben im Laufe unserer zunehmenden Zivilisation den intakten Geruchssinn des Babys – neuere Untersuchungen haben nämlich ergeben, daß Babys ihre Mütter am Geruch erkennen! – verloren, merken oft nicht einmal mehr den Frischegrad von Speisen, „aromaveredelt" wie die meist sind! Gleichzeitig haben wir aber zunehmende Horrorvisionen vom „Stinken" – dafür sorgt schon die Werbung für Deosprays und Zahnpasten, erinnern wir uns nur an den „Muru"!

Es braucht aber gar nicht der Geruch von Diabetes oder erhöhtem Cholesterinspiegel sein, der oft als Unsauberkeit fehldiagnostiziert wird! Die einen mögen keinen Knoblauch, die anderen keinen Alkohol, wieder andere stoßen sich an bestimmten Seifendüften. Alles Hinweise, daß die optische Attraktivität, in der Nähe erlebt, nicht hält; logische Folge also: die richtige Distanz suchen, wo sich das Auge erfreut, das Ohr genießt – und die Nase nicht beleidigt wird!

Interessant wieder, wie dieses Thema vom nächsten Anrufer, J. (13.1.5), weitergesponnen wird: Er fragt, ob Urintrinken schädlich ist. Schädlich im Sinne von „ruiniert die Gesundheit" wohl nicht, kann ich ihn entängstigen und erinnere an den Skandal, der durch alle österreichischen Zeitungen ging, als ein junger Mann (wie sich später herausstellte: zu Unrecht) in einem Vorarlberger Gemeindekotter inhaftiert und vergessen wurde. Da das Wochende vor der Tür stand, hatte sich der diensthabende Beamte die Eintragung ins Dienstbuch ersparen wollen, und Montag drauf hatte er das Ereignis nicht mehr in Erinnerung. Erst nach drei Wochen kam man durch Zufall auf den „vergessenen" – oder besser „verdrängten"? – Häftling; der aber hatte nur überleben können, weil er seinen eigenen Urin trank. Diese wahre Begebenheit liegt übrigens dem Film „Eis" von Berthold Mittermayr zugrunde.

Nach der folgenden Ein-Uhr-Pause meldet sich E. (13.2.1) aus Vöklabruck. „Die Männer sind ja alle so primitiv!", ist seine Botschaft; ich lasse sie unbestätigt. Frau E. (13.2.2), folgt wohl unbewußt seinen Gedanken: Sie sei jungfäulich in die Ehe gegangen, habe keine Erfahrungen und komme nicht zum Orgasmus. Will sie Informationen? Ich gebe ihr einige Hinweise, wie es überhaupt zur „sexuellen Reaktion der Frau" kommt. Ihr Mann glaubt das alles nicht, wendet E. schüchtern ein, sein Credo sei: Wenn Du mich lieben würdest, brauchtest Du das alles nicht! Will sie ihm Anleitungen geben, schaltet er auf stur, berichtet sie, woher soll sie das auch wissen, wo er ihr Erster war! Je weiter das Gespräch fortschreitet, desto mehr kommt heraus, daß ihr Problem nicht darin liegt, daß ihr der Orgasmus abgeht, sondern darin, daß ihr Mann nicht auf sie hört, sie nicht ernst nimmt. Kein Wunder, daß sie sich ihm unbewußt verweigert! Vor der Ehe war er nicht so, fügt E. ergänzend hinzu, aber sobald er sich ihrer sicher war, sei er ein richtiger Pascha geworden; sie aber habe gehofft, daß er sich wieder ändere. Diesen ihren Hinweis greife ich auf: Wenn E. einen Weg findet, daß er draufkommt, daß er sie nicht sicher hat, könnte das etwas nützen. Wir einigen uns, daß das nicht ein primitives Eifersüchtig-Machen sein darf, das wäre kontraproduktiv. E. fällt ein, daß es schon Gelegenheiten gab, wo er verunsichert war, weil sie sich ihm sachlich gerechtfertigt widersetzt hatte, und wo er partnerschaftlicher reagierte – na also!

H. (13.2.3) berichtet, daß seine Freundin immer wieder den Liebesakt unterbreche, Hefterln lese, sich etwas zu essen mache. Ich vermute, daß das wieder ein Schmäh-Anruf war; ich hatte keine gefühlsmäßige Reaktion, spürte weder Sorge, Trauer oder Ärger, Wut beim Anrufer. Auch mit dem Verlauf des Gesprächs war ich gar nicht zufrieden. Ich versuchte herauszufinden, wie der Umgang der beiden miteinander sei, aber außer, daß sie sich erst vierzehn Tage kennen, daß sie jede Nacht bei ihm schlafe, erfuhr ich nicht viel, vor allem nichts über seine „Werbekünste". Auch für mich war dieses Gespräch eine fade Angelegenheit... Nachher macht mich *Martina* darauf aufmerksam, daß es vielleicht hilfreich gewesen wäre, nach dem Alter der Freundin zu fragen – wie recht sie hat!

Auch dem letzten Anrufer scheint mit seiner Freundin fad geworden zu sein. Drei Jahre hat M. (13.2.4) diese Beziehung und sorgt sich, daß sein dennoch bestehendes Bedürfnis nach Selbstbefriedigung zur Sucht ausarten könne.

Er hat nicht unrecht. Sexsucht als diagnostischer Begriff ist europäischen Sexuologen noch weitgehend fremd, ob es nun um zwanghafte Selbstbefriedigung, andauernden Partnertausch oder tagtägliche Besuche in „Massagesalons" oder Peep-Shows geht; *Patrick Carnes* beschäftigt sich in seinem Buch „Zerstörerische Lust" mit der Entschlüsselung sexueller Zwangshandlungen als Abhängigkeit oder Süchtigkeit und sieht eine der Ursachen in Defiziten von Vertrauen, Intimität, Sensibilität und sexueller Erfüllung in Partnerbeziehungen, zugedeckt durch *„Rationalisierungen, Lebenslügen und Meinungen über die eigene Person, die der Süchtige verborgen in sich trägt"*.[1]

Diese Defizite spürt M. offenkundig; daß er mich – eine Fremde – noch dazu wenige Minuten vor Sendeschluß in einem Setting, das zwar die Illusion von Intimität fördert, tatsächlich aber das Gegenteil bedeutet, kontaktiert, zeigt die Widersprüchlichkeit: Suche nach Nähe und Verständnis unter kontraproduktiven Bedingungen. Bei der Freundin ist es wohl zu gefährlich, oder er hat eine Partnerin gewählt, die Garant dafür ist, daß Intimität NICHT entstehen darf.

Ich beschränke mich darauf, ihn in seinem Spüren, Ahnen, was ihm fehlt, zu unterstützen. Und ihm meine guten Wünsche mitzugeben, daß es ihm gelingt, sich seiner Freundin mitzuteilen.

Die vierzehnte Sendung

Zu Beginn gibt es eine Rückmeldung: ein „Club Anal" aus Graz, Kaiserfeldgasse 15, gibt seine Adresse bekannt. Sicher eine Hilfe für die Menschen, die auf Grund ihrer

---

1) Patrick Carnes, Zerstörerische Lust. Sex als Sucht. München 1987, S.17.

besonderen Vorlieben kaum LebenspartnerInnen finden und meist auf professionelle Kontakte beschränkt sind.

Auch der erste Anrufer, der anonym bleiben will (14.1.1), spricht ein „extremes" Problem an: Er sei Lehrer, gibt er einen Teil seiner Identität preis, und in Beziehung zu einem Schüler. In solchen Augenblicken versuche ich immer, ganz ruhig zu werden. Sofort schwirren mir Gedanken durch den Kopf: Wie werden die ZuhörerInnen reagieren, welche Folgen hat seine Liebschaft für den Jungen, für die „Autoritätsperson" – immerhin sieht § 212(1) StGB Freiheitsstrafen bis zu drei Jahren für den „Mißbrauch eines Autoritätsverhältnisses" vor![1)]

Im Gespräch versuche ich, den Konflikt zu erspüren, unter dem der Anrufer leidet – das Schwanken zwischen (Dienst-)Pflicht und (Herzens-)Neigung – und ihm Mut zuzusprechen, diesen Konflikt zu ertragen. Ich vermeide bewußt, durch Hinweis auf mögliche Folgen Angst zu machen oder ihn durch Moralappelle einzuschüchtern. Wenn ich mit ihm über die Gefahr möglicher Folgen spreche, so spreche ich damit etwas an, das ihm ohnedies Angst macht, und will ihm damit sagen, daß ich verstehe, daß ihn diese „Drohung" bedrückt. Ich weiß aus meiner jahrelangen Beratungs- und Therapieerfahrung, daß ihn jedes Aussprechen solch eines „verbotenen" Wunsches – gleichsam wie ein Seufzen – einen Schritt von diesem Wunsch wegbringen wird, mehr Freiraum, mehr Distanz geben

---

1) Strafgesetzbuch § 212 (1) Wer sein minderjähriges Kind, Wahlkind, Stiefkind oder Mündel und wer unter Ausnutzung seiner Stellung gegenüber einer seiner Erziehung, Ausbildung oder Aufsicht unterstehenden minderjährigen Person diese zur Unzucht mißbraucht oder, um sich oder einen Dritten geschlechtlich zu erregen oder zu befriedigen, dazu verleitet, eine unzüchtige Handlung an sich selbst vorzunehmen, ist mit Freiheitsstrafe bis zu 3 Jahren zu bestrafen.
Strafgesetzbuch § 212 (2) Ebenso ist zu bestrafen, wer
1. als Arzt in einer Krankenanstalt oder Angestellter einer Erziehungsanstalt oder sonst als ein in einer Erziehungsanstalt Beschäftigter eine in der Anstalt betreute Person oder
2. als Beamter eine Person, die seiner amtlichen Obhut anvertraut ist, unter Ausnutzung seiner Stellung dieser Person gegenüber entweder zur Unzucht mißbraucht oder, um sich oder einen Dritten geschlechtlich zu erregen oder zu befriedigen, dazu verleitet, eine unzüchtige Handlung an sich selbst vorzunehmen.

wird, andere Lösungen zu finden als das „Enweder – Oder", unter dem er leidet.

Jede Empörung, jedes Vorhalten etwaiger „Verwerflichkeit" würde ihn hingegen in dieses „Entweder – Oder" einsperren, ihm Raum nehmen, in Ruhe, in Zeit nachzudenken, wie diese Liebe lebbar wäre, ohne daß sie ihn, ohne daß sie aber auch die geliebte Person gefährdet oder schädigt.

Wie zum Hohn auf diesen tiefen Wertekonflikt fragt H. (14.1.2) wieder einmal nach der „Serviceanleitung für Frauen": Vier Jahre ist er verheiratet, und seine Frau kommt beim „normalen" Geschlechtsverkehr nicht zum Orgasmus. Geduldig erkläre ich wieder einmal die „sexuelle Reaktion" der Frau, die Absurdität des Begriffes „normal" und das Geheimnis der Paradoxie: Je mehr Energie auf die Erreichung eines Ziels verwendet wird, desto eher wird es verfehlt.

Auch der nächste Anrufer, H. (14.1.3), stellt meine Geduld auf eine harte Probe: Wann wird Geschlechtsverkehr schädlich?, fragt er. Wie kommt er überhaupt zu der Frage, frage ich – hat er Sorgen, daß er überfordert wird? Das ist es dann auch. Unser Gespräch geht daher in die Richtung, wie wichtig – und wie schwer – es ist, „nein" zu sagen, wenn man(n) nicht will, aber Angst hat, den/die andere/n zu verletzen.

Die Angst, einen anderen Menschen zu verletzen, ist aber immer auch Hinweis darauf, daß unbewußte Aggressionen vorliegen, also Verletzungsimpulse. Habe ich die nämlich nicht, habe ich gar keine Angst zu verletzen, dann stellt sich das Problem überhaupt nicht. Die Lösung liegt wieder einmal im „Erkenne Dich selbst": spüren, daß man selber aggressiv ist, nachdenken, nachfühlen, ansprechen im Sinne von „Störungen haben Vorrang".

Das kann etwa so ausschauen: „Ich merke, daß ich mich ärgere, weil Du von mir willst, daß... Ich möchte nämlich ganz etwas anderes..."

Darauf wieder ein Mann, R. (14.1.4), der Angst hat. Er hat eine Hodenverletzung und macht sich Sorgen, zeugungsunfähig zu sein. Ich informiere ihn, daß dies auf der

Fertilitätsambulanz im AKH überprüft werden kann, und was dort geschieht: daß man ihn bitten wird, sich selbst zum Samenerguß zu bringen und dann sein Sperma untersuchen wird – auf Dichte und Beweglichkeit der Spermien in der Samenflüssigkeit – und daß er sich nicht schrecken soll, daß die Rahmenbedingungen klinisch-steril und daher nicht gerade fördernd sind. Das belastet auch die KollegInnen, die dort arbeiten. Aber bislang hat noch niemand gewagt, ein „stimulierendes" Kammerl à la Hotel Orient einzurichten...

Knapp vor der Pause ruft noch einmal ein Mann mit Angst an: Ch. (14.1.5) hat seit vier Wochen eine neue Freundin und den Samenerguß zu früh. Und weil gleich die Nachrichten kommen, muß ich auch hudeln, also wieder ein Parallelprozeß: zu wenig Zeit haben, zu wenig Entspannung!

In meinen Aufzeichnungen findet sich ausnahmsweise ein Hinweis auf einen Satz, der aus „Après" stammt – das waren ein paar Minuten Kulturberichterstattung, die damals noch den Ein-Uhr-Nachrichten folgten; heute findet dieser Einschub nicht mehr statt. Ich habe mich immer über ihn geärgert – ich empfand ihn als vertane Chance. So wichtig ich Premierenberichte finde, auch Interviews mit Besuchern von Aufführungen, aber wenn diese Reporte so überhaupt nichts mit dem Vorher und Nachher zu tun haben, finde ich sie wie ein Sardellenringerl im Pudding! Diesmal gab es ausnahmsweise einmal eine Entsprechung: Es ging um einen Bericht von Gernot Zimmermann aus dem Theater im Konzerthaus, „Vis à vis Godowsky" hieß wohl das Stück und da war eine Szene zu hören, Männerstimmen im Falsett: *„Ich bin vom Scheitel bis zum Schwanzel – der gute alte* Kafka Franzel.*"*

Dann wieder weiter *Sexhotline*:

K. (14.2.1) rühmt sich seiner Frau, die fremdgeht, und daß ihm das gar nichts mache. Er sei sogar stolz darauf, daß sie so fortschrittlich seien, und er höre ihre Berichte gerne... *Sándor Ferenczi* fällt mir ein, der „Über die Rolle der Homosexualität in der Pathogenese der Paranoia"[2] geschrieben hat. Sollte auch K. seine Frau als „Verbindungsglied" zu Männern als Liebespartnern nutzen? Oder will er seine Ohnmacht, seiner Frau als Partner nicht zu genügen, in einen Triumph umkehren? Hat er ein unbewußtes Bedürfnis, seine Frau öfffentlich bloßzustellen – an den „Ö 3 Pranger"? Vorsichtig taste ich in die erste Richtung – sein Interesse an anderen Männern. Die Bestätigung kommt. Nun ja, wer interessiert sich nicht für die Konkurrenz! Ich weiß aus zahlreichen Beratungen in der Sexualberatungsstelle, aber auch in meiner Privatpraxis, wie dankbar Klienten und Klientinnen mit Unsicherheiten über ihr Körperselbstbild sind, wenn sie Fotos von Genitalien ansehen dürfen, wie sie manche Fachliteratur[3] enthält, nicht aus Voyeurismus, nicht aus frustrierten frühkindlichen Bedürfnissen, zu wissen, wie Papi oder Mami „da unten" aussehen, sondern aus einem durchaus berechtigten Wissensdrang, sich im Vergleich orientieren zu können!

Ich lenke unser Gespräch auf die „ungefährlichen" Bereiche von Rivalität (erfahren, wie der andere ist), weil ich denke, daß echte Tiefenarbeit, wie sie hier wohl angebracht wäre, der Diskretion des therapeutischen Settings vorbehalten bleiben muß.

Dann folgen noch vier Anrufe; leider sind meine Aufzeichnungen zu wenig ergiebig, um Genaueres aussagen zu können. Frau K. (14.2.2) bezog sich auf Orgasmus-Probleme von Frauen und „stützt Frauen", stenographierte ich. Wahrscheinlich war ich mit ihr so einer Meinung, daß ich nichts notierte: daß man(n) schon den Frauen

---

2) Sándor Ferenczi, Über die Rolle der Homosexualität in der Pathogenese der Paranoia (1911). In: Schriften zur Psychoanalyse, Band I. Frankfurt/Main 1970, S. 73 ff.

3) Mehrere „Ansichten" vermitteln z. B.:
E.J. Haeberle, Die Sexualität des Menschen. Handbuch und Atlas. Berlin – New York 1985.
Patricia E. Raley, Making Love. Mit 200 Fotos von Alan Winston (Wichtig: Die fehlen in der Taschenbuchausgabe!) Berlin 1978, z.B. S. 97 ff.
Anja Meulenbelt, Für uns selbst. Körper und Sexualität aus der Sicht von Frauen. München 1980, S. 48 ff.

überlassen sollte, wann sie wie reagieren und sich nicht auch noch im Bett zu ihren Herren aufspielen. Bei Herrn R. (14.2.3) heißt es in meinem Heftchen nur: 21 Jahre, Freundin 30 Jahre älter. Dunkel kann ich mich erinnern, daß es um das Unverständnis der Umwelt ging. Umgekehrt findet ja kaum jemand an solchem Altersungleichgewicht etwas Anstößiges! Höchstens wird der glückliche Senior um sein Geld, seine Macht oder seine Persönlichkeit beneidet (auf die Idee, daß er einfach „liebenswert" sein könnte, kommt selten wer!). Ich nehme an, daß ich in diesem Sinn reagiert habe; ich kenne viele Partnerschaften, in denen die Frau wesentlich älter ist als der Mann. Sie sind um nichts glücklicher oder unglücklicher als andere auch. – Nur müssen sich die Männer mehr dumme Bemerkungen von Männern anhören!

Frau K. (14.2.4) sprach davon, daß sie seit ihrer Scheidung vor sechs Jahren nur mehr aggressiv auf Männer reagiere, selbst wenn sie in einen verliebt sei. Und Herr G. (14.2.5) reagierte auf den allerersten Anrufer dieser Nacht (14.1.1), ob allerdings positiv oder negativ, habe ich nicht vermerkt. Schade.

Die fünfzehnte Sendung

Zur Anmoderation bekomme ich Gratulationen zu meiner Wahl in den Vorstand der ÖGS, der Österreichischen Gesellschaft für Sexualforschung, in der ich für Ausbildungsfragen zuständig bin. Ich benütze die Gelegenheit, etwas persönlicher sprechen zu können, um für das Theaterstück „Gewalt im Spiel" Reklame zu machen, das zu dieser Zeit von drei jungen Schauspielern (*Mercedes Echerer, Thomas Gratzer, Janine Wegener*; Regie: *Harald Posch*) im Theater im Konzerthaus gespielt wird. Dreimal hatte ich mich nach der Vorstellung den BesucherInnen zur Diskussion über den Inhalt des Stückes gestellt; dazu gehörten auch Szenen sexueller Gewalt.

Das Stück hatte mich sehr berührt und in mir die Idee

wachsen lassen, daß es eigentlich mehr solche Kunstwerke geben sollte, die helfen, mitzufühlen und Fehler zu vermeiden. Ich hatte daher zu diesem Zeitpunkt begonnen, Sponsoren für einen „*Hans Czermak*[1] Preis für Verdienste um gewaltlose Beziehungen" zu suchen.

Wenn ich diese Zeilen schreibe, liegt das ein Jahr zurück – ein Jahr Odyssee. Meine Bemühungen, den Ärztekammerpräsidenten dafür zu interessieren, scheiterten bereits im Versuch, mit ihm in Kontakt zu treten – da könnte ja jede/r kommen! Vorstellungen bei PolitikerInnen endeten im Leerlauf; Nationalratswahlen und Demonstrationsveranstaltungen wie das Riesenspektakel „Wider die Gewalt" im Theater an der Wien, wo zur Krönung Bundeskanzler *Dr. Vranitzky* den Erlös der Veranstaltung Österreichs Medien-Psychiater *Dr. Erwin Ringel* für ein Forschungsprojekt (und ein Resterl dem Sohn *Hans Czermaks* für den Verein für gewaltlose Erziehung/Kinderschutzbund) überreichte, waren wichtiger.

Erst Wiens Bürgermeister *Dr. Helmut Zilk*, den ich in letzter Verzweiflung wenige Tage vor dem ersten Todestag *Hans Czermaks* angeschrieben hatte, reagierte prompt und positiv: Zum zweiten Todestag wird der Preis erstmals vergeben werden!

Dann die erste Anruferin: E. (15.1.1), Mutter zweier Kinder, bedauert, daß die „Spannung" zwischen ihr und ihrem Ehemann weg sei. Wir sprechen über die Auslösereize, Werbeverhalten und wie wichtig es ist, negative Spannungen zu bearbeiten. Im falschen Harmonieverständnis vermeiden viele Paare Konfliktgespräche, vermeiden Spannung – und damit auch die positive! Wieder einmal empfehle ich *Michael Lukas Moellers* „Die Wahrheit beginnt zu zweit"[2].

Dann ist ein Mann am heißen Draht: K. (15.1.2) wird in

---

1) Univ. Prof. Dr. Hans Czermak war als Kinderarzt und langjähriger Vorstand des Preyerschen Kinderspitals um die Abschaffung der „g'sunden Watschen" bemüht. Er war Mitgleid der ÖGS.

2) Michael Lukas Moeller, Die Wahrheit beginnt zu zweit. Das Paar im Gespräch. Reinbek bei Hamburg 1988.

Kürze heiraten – aber er kann nur im Auto! Wie bringt er das seiner Bald-Ehefrau bei, die sich drauf freut, endlich zu ihm zu ziehen, endlich im Doppelbett... Ich schiebe den Gedanken, daß mich wieder einmal einer mit *Erika Berger* verwechselt und draufhinzielt, mich stellvertretend für alle Frauen dieser Welt „sprachlos" zu machen, weg und nehme ihn sehr, sehr ernst: Was ist denn das, was ihn im Auto so antörnt? Wir kommen auf den Geruch – und diese Vorliebe kenne ich von den Leder- oder Gummifetischisten, die in die Sexualberatungsstelle kommen. Also doch „ein Echter". Ich frage nach seinem Ziel: Will er diese Vorliebe weghaben? Dann müßte er in die Beratungsstelle kommen, und wir könnten mit NLP versuchen, aus einer Besessenheit einen „Besitz unter anderen" zu machen. Oder will er nur nicht unter ihr leiden? Dann sollte er einen Weg suchen, diese Vorliebe zu integrieren, z. B. mit einem Leder-Bett. Vielleicht meldet sich ein Designer, der so was macht?

Und während die nächste Anruferin, M. (15.1.3), eine alte Dame, die gute Ratschläge zum Aufbau sexueller Spannung gibt – früher einmal mußten die Männer viel mehr um eine Frau werben und dadurch waren Liebesbeziehungen viel spannender –, monologisiert, ist der Designer schon dran: *Peter Pink* (oder *Bing*) könnte sich auch ein Bett in Autoform vorstellen, schwärmt von Stromlinienform und Karosserieteilen... und verstummt erst, als die Frage auftaucht, was das alles kosten könne. Hängt vom Materialaufwand ab, eh klar. Aber so um die 50.000 Schilling könne er sich schon ein passables Kunstwerk vorstellen...

Nach der Pause kritisiert mich G. (15.2.1) dafür, daß ich Frau E. (15.1.1) nicht die Alternative eines Liebhabers nahegelegt hätte. Er hält ein flammendes Plädoyer für Beziehungsfreiheit und sieht in der Zweierbeziehung den Tod jeglicher Spannung. Wohl seine Erfahrung! Ich weiß halt, daß es auch anders geht, mag mich aber mit ihm in keinen Machtkampf „Wer weiß es besser" einlassen. Ich erkläre ihm meine Reaktion in der Hinsicht, daß ich aus E.s

Worten ihr Bedürfnis nach Verbesserung der Paarbeziehung herausgehört habe, nicht ihr Bedürfnis nach Fremdgehen. Und im übrigen möchte ich mich dagegen verwahren, daß man(n) mir Prüderie oder Konservativität unterstellt. Ich würde mich aber genauso wehren, wenn ich als „permissiv" (= alles zulassend) oder amoralisch etikettiert würde. Ich gehöre nicht zu den BefürworterInnen „wertfreier" Beratung. Ich schließe mich nur weder dem Lager „christlich-konservativ" noch dem „marxistisch-progressiv" an. Ich bekenne mich zu dem „Wert", daß es mir wichtig ist, zu erfahren, was jemand anderem wichtig ist. Das will ich respektieren. Erst wenn ich mich bedroht fühle, will ich meine Grenzen zeigen – und auch das in der Bereitschaft, diese zu ändern.

Ich glaube nicht, daß G. meine Position akzeptiert hat. Er wollte wohl den „Sieg" seiner Weltsicht und in mir entweder eine Verbündete oder eine Feindin. Ich aber mag keine Kriegsspiele.

Dann meldet sich Frau U. aus Graz (15.2.2): Sie steht auf Knoblauchduft, findet aber keine Männer, die bereit wären, entsprechend viel Knoblauch zu essen, ganz im Gegenteil. Ihre bisherigen Partner waren sorgsam bemüht, nicht nach Knoblauch zu riechen. Ich biete ihr an, in der Sexualberatungsstelle den Ursachen dieser Vorliebe auf den Grund zu gehen und – falls sie es wünscht – „umzuprogrammieren". Sie kommt nicht. Dafür haben wir am nächsten Beratungstag mehrere Anrufer, die gerne Knoblauch essen und U. kennenlernen wollen.

Ich kann Ihnen nicht behilflich sein: Die Telefonnummern der AnruferInnen in der *Sexhotline* werden nach den Sendungen vernichtet, soferne nichts anderes vereinbart wurde.

Der nächste Anrufer, D. (15.2.3), ist Orientale, jung verheiratet und verzweifelt: Er kann den Geschlechtsakt nicht vollziehen, da seine junge Frau auf seine Versuche des Eindringens mit Vaginismus (Scheidenkrampf) reagiert. *Dr. Middendorp*, meine Ausbildnerin in Sexualtherapie, berichtete, daß in der Schweiz, wo sie praktiziert, diese Reaktion vor allem bei den italienischen Gastarbeiterinnen häufig sei. Sie ortet die Ursachen in mangelnder Sexualaufklärung und daher Angst, Ungeschick (und ebenso Angst!) bei den Partnern und Erwartungsdruck von seiten der Eltern und Schwiegereltern, die Monat für Monat nachfragen, wann endlich mit Nachwuchs zu rechnen sei.

Ich bitte D., mit seiner Frau in die Sexualberatungsstelle zu kommen, informiere ihn nur oberflächlich, daß es wichtig ist, „sich Zeit zu nehmen" – der körpersprachliche Widerstand der jungen Frau ist meiner Ansicht nach unbedingt zu respektieren! – und mit ihr gemeinsam herauszufinden, wovor konkret sie sich „sperrt" und wie sie sprachlich Ausdruck geben könnte, was sie will bzw. nicht will (Die beiden sind dann auch tatsächlich gekommen).

Die letzte Anruferin, S. aus Mödling (15.2.4), greift das Thema vom Beginn der Sendung wieder auf: Auch sie erlebt keine sexuelle Spannung mehr, nur befindet sie sich sehr wohl im Konflikt mit ihrem Treueanspruch. Was sich im Verlauf unseres Gesprächs dann heraustellt, ist, daß sie ihren Partner als „stur" erlebt und die Beziehung dadurch verhärtet ist; ihre Überlegungen fremdzugehen sind die Vorstufe zum Weggehen.

Die sechzehnte Sendung

Wieder einmal eine Sendung, von der ich nur wenige Aufzeichnungen habe!

Der erste Anruf war von M. (16.1.1), einem Tiroler, der nach siebenjähriger Ehe vor vierzehn Tagen geschieden wurde. Seine Frau hatte sich ihm verweigert. Seit fünf Monaten gibt es allerdings schon eine neue Freundin, nur: Die Angst vor erneuter Ablehnung macht sich breit. Wir sprechen über seine Gefühle, über die Auswirkungen von Angst auf den sexuellen Appetit, über die Schwierigkeit, so etwas der Frau gegenüber, der man(n) imponieren will, zuzugeben – und die Schwierigkeit, sich als Mann zu verweigern, wenn die Frau will, er aber müde oder nicht in Stimmung ist. Darf er ja auch einmal sein – oder?

I. (16.1.2) hat Fragen zu Bisexualität und Transsexualität. Was ist was? Ich erkläre: Bisexualität kann aus verschiedenen Blickwinkeln interpretiert werden. Populär gesprochen heißt es, daß jemand mit Frauen wie mit Männern Geschlechtsverkehr hat; es gibt bisexuelle Frauen wie bisexuelle Männer. Im Sinne *Sigmund Freuds* sind wir alle von unserer Anlage her bisexuell, und unsere Erziehung, unsere Identifikation prägen uns in die eine oder andere Richtung – ob wir eben heterosexuelle Männer oder Frauen werden oder nicht. Zu den Variationen des „Oder eben nicht" gehört neben der gleichgeschlechtlichen Partnerwahl, der Homosexualität, auch das „Leben im falschen Körper", die Transsexualität. Anders formuliert, ein Mensch blickt in den Spiegel und stellt fest: Meine Geschlechtsmerkmale stimmen nicht, ich bin doch das andere Geschlecht.

Über die Ursachen gibt es je nach Forschungsrichtung unterschiedliche Aussagen. Außer der bereits angeführten Vermutung, daß Familienstruktur und Elternbeziehungen Erklärungsmöglichkeiten bieten, gibt es Untersuchungen, die Transsexualität auf hormonelle Störungen zurückführen. Manche Forscher fanden bei einem Drittel der untersuchten Transsexuellen pathologische EEG-Befunde und vermuten daher, daß auch die zentralnervöse Sexualsteuerung eine wesentliche Rolle spielt. Andere suchen organische Ursachen, wieder andere denken an den Einfluß von Umweltfaktoren. Den Betroffenen hilft meiner Ansicht nach das alles nichts, sondern eher die Möglichkeit, ihre psychische Identiät als soziale Identität leben zu dürfen und nicht an die physischen Identitätsmerkmale gebunden zu sein. Das würde heißen, daß nicht mehr der Arzt oder der Jurist bestimmt, ob das Kreuzerl im Personenstandbogen bei „männlich" oder „weiblich" gemacht werden soll, darf oder muß, sondern der/die Betreffende selbst.

In Deutschland gibt es seit 10. 9. 1980 das Transsexuellen-Gesetz[1] mit der „kleinen" (Vornamensänderung) und „großen" (Personenstandsänderung) Lösung. Ich finde das fairer als Versuche, durch Psychotherapie die Seele dem Körper anzugleichen oder durch Chirurgie den Körper der Seele (und damit Selbstverstümmelungstendenzen zu fördern).

Dann ruft eine Frau an (16.1.3), die anonym bleiben will und mit leiser, stockender Stimme vom Horror vieler Frauen spricht: Sie ist vergewaltigt worden, fühlt sich beschmutzt. Im Studio erstarren alle. Ich öffne mich ganz. Bin nur mehr für sie da, sehe, höre nichts mehr rund um mich, fühle nur mit: ihren Schmerz, ihre Verzweiflung, ihre Hoffnungslosigkeit. Versuche sie aufzufangen, zu halten, ganz zart ein bißchen Mut zu machen: Du kannst das überleben. Aber Du wirst Begleitung brauchen, spätestens, wenn die Wut hochkommt. (Auf Sendung habe ich per Sie gesprochen, weil ich grundsätzlich die Distanz des Sie schätze und heuchlerisches Duzen hasse. Ich schreibe jetzt im Du, weil ich versuchen möchte, die Stimmung wiederzugeben.)

Ich bitte sie, Kontakt zu den Notruf-Frauen[2] aufzunehmen. Sie hat auch vor denen Angst, hält sie für Politaktivistinnen. Die Angst kann ich ihr nehmen: Ich kenne einige der Kolleginnen und kenne auch ihre Sensibilität. Aber natürlich, wenn sie öffentliche Mißstände anprangern, können sie schon recht unangenehm werden.

Abschließend erlebe ich selbst eine Art Vergewaltigung: Herr J. (16.1.4) erzählt mir eine launige Geschichte von sich und einer Freundin und einem Freund und noch einem Freund – und Problemen, die sie mit der Treue haben. Er will mich verlocken, mich zu empören ob des „Vierer-Zügels". Die Stimme kenne ich doch, denke ich, das ist der junge Mann, der immer für die HOSI fotografiert. Den habe ich tags zuvor gesprochen, und er hat die Sendung gelobt, da habe ich so dahingesagt, er könne ja

---

1) vgl. Götz Kockott, Sexuelle Variationen. Stuttgart 1988, S. 77.
2) Notruf für vergewaltigte Frauen, Wien 0222/93 22 22.

auch einmal anrufen! Von wo sprechen Sie denn?, frage ich, um das Bundesland zu orten. Von einer Telefonzelle, kommt die launige Antwort, da stehen wir alle vier jetzt drin! Nun ja, meine ich trocken, wenn Sie wirklich so viele Probleme haben, kommen Sie am besten in die Sexualberatungsstelle! Nach diesem Anruf geht es mir ganz schlecht; jetzt fühle *ich* mich beschmutzt.

Gewalt ist auch beim nächsten Anruf im Spiel: Frau D. (16.1.5) liebt es, ausgepeitscht zu werden, ihr Freund will ihr aber diesen „Gefallen" nicht tun. Wie kann ich ihn dazu bringen?, fragt sie mich. – Sie wollen also wissen, wie Sie Ihren Freund dazu bringen, zu tun, was Sie wollen?, frage ich . – Ja?!, seufzt sie hoffnungsfroh. – Das werde ich nicht beantworten, grenze ich mich schroff ab, ich gebe keine Tips für Manipulationstricks. Ich halte viel davon, ehrlich zu sagen, was man/frau sich wünscht, obwohl ich weiß, daß das auch das Zugeben von Schwächen bedeuten kann. Ich weiß auch, daß es schmerzlich ist, aushalten zu müssen, wenn der/die andere nicht will. Aber jede andere Form der Kommunikation beinhaltet nach meinem Dafürhalten direkte oder indirekte Gewalt – und da mag ich nicht mitspielen.

Von F. (16.1.6) habe ich nur verzeichnet: seit drei Jahren Freundin, Kind ein halbes Jahr alt, Männerbeziehungen. Fragezeichen. Ich nehme an, daß die junge Frau Fluchttendenzen auslebte und er die Welt nicht mehr verstand – eine junge Mutter tut doch so was nicht! Aber deutlicher kann ich mich eigentlich nicht mehr erinnern. Genau kann ich mich dafür an G. (16.2.1) erinnern, den ersten Anrufer nach der Pause, der klagte, seine Freundin sei „zu weit". Zuerst spürte ich schrilles Entsetzen: zu weit – wie frauenfeindlich! Ich überlegte, ob ich männerfeindlich kontern soll: Sie meinen, Sie sind zu klein? Fasse mich aber und reagiere vornehm: Sie meinen, Sie spüren zu wenig? – Jaja, stimmt er mir erleichtert zu. Also doch kein Böser! Wir sprechen dann über den Mangel an Information, wie Frauen ihre Scheidenmuskulatur trainieren können – sich zur Lust und dem Mann zur Freude. Für Asiatinnen ist das eine Selbstverständlichkeit. Immerhin könnte er ja seine Freundin bitten, sein Glied mit ihrer Scheide fest zu umschließen, wenn er in ihr ruht! Und wieder. Und wieder. Und immer wieder! Er darf sich nur nicht wundern, wenn seine Freundin auf den Geschmack kommt. Da fällt mir eine Klientin ein, die häufig zwischen Wien und Graz pendeln mußte, und die, durch das Schaukeln des Zuges animiert, sich mit eben diesen „*Kegel*"-Übungen (so benannt nach dem Gynäkologen, der sie seinen Patientinnen zur Linderung von Harn-Inkontinenz empfahl, und von ihnen erfuhr, daß gleichzeitig ihr Orgasmusleben zunahm) zu jeder Station nur durch Muskelkontaktionen einen netten kleinen Orgasmus zauberte.

Herr O. (16.2.2) deklarierte sich als Schuhfetischist, Mehr kann ich meinen Notizen nicht entnehmen. Wahrscheinlich habe ich ihn in die Sexualberatungsstelle eingeladen.

Frau M. (16.2.3) erzählte, daß sie in der Missionarsstellung leicht zum Orgasmus gelange, nicht aber in anderen Stellungen. Was sei da zu tun? Wieder einmal erkläre ich den Orgasmus-Reflex als Folge des Zusammenspiels von Erregung, forcierter Atmung und willkürlichen Muskelbewegungen. Je mehr Willkür-Planung dazukommt, desto mehr Energie wird im Kopf fürs Zuschauen, Kontrollieren, Er-Warten gespeichert und fehlt im Unterleib. Wenn also Experimentieren nicht Verlust von Spontanität bedeuten soll, müssen Experimente „zelebriert" werden, damit genug Zeit für Spontanreflexe zur Verfügung steht.

Unser Gespräch scheint den nächsten Anrufer sehr angeregt zu haben: K. (16.2.4), der Stimme nach ein älterer Herr, stellt sich als einer, der in der Nacht arbeitet, vor (später sagt er, er sei Pensionist) und der tagsüber viel Freizeit und Lust hätte, die Frauenwelt mit seiner unerschöpflichen Männlichkeit zu beglücken. Er schildert sich und seine Vorzüge in den leuchtendsten Farben – nur: Wo findet er interessierte Frauen? Obwohl er auch von einer Dauerbeziehung spricht, kann ich mich des Eindrucks nicht erwehren, daß da ein einsamer alter Mann träumt und die Gelegenheit nutzt, sich selbst und all den unsichtbaren Zuhörern Illusionen aufzutischen. Da er sehr lange spricht, kann ich es wagen, ihn in Hinblick auf die fortgeschrittene Zeit zu bitten, mir das alles zu schreiben, Adresse ORF Nachtradio, *Sexhotline*. Er verspricht es. Brief habe ich keinen erhalten.

Noch zwei Anrufe: Herr H. aus Salzburg (16.2.5) hat eine Freundin, die ihn drängt, seine Freunde zum Gruppensex einzuladen – wieder das alte Problem, wie sagt man(n) „nein". Und zu Frau G. (16.2.6) habe ich nur notiert: Strahleglück. Wahrscheinlich eine derjenigen, die dafür sorgen, daß der Eindruck nicht überwiegt, es gäbe nur Frust im Bett.

Die siebzehnte Sendung

Zum Einstieg bitte ich *Robert Reumann*, auf die neu eingerichtete Zweite Wiener Sexualberatungsstelle hinzuweisen, da meldet sich auch schon der erste Anrufer, O. (17.1.1), ein Mann, der wissen will, wie Selbstbefriedigung „geht". Wie immer bittet ihn *Robert Reumann*, in der Leitung zu bleiben. Wenn die Musik aus sei, käme er gleich dran und könne mich direkt ansprechen. Die Musik endet, *Robert* begrüßt O., doch: „Er ist weg – wir müssen plaudern!" Hat ihn die Angst gepackt? Oder wollte er sich einen Scherz erlauben? In der Sexualberatungsstelle rufen gelegentlich Jugendliche mit eben dieser Frage an. Denen sagen wir dann immer, daß sie gerne zu einem persönlichen Aufklärungsgespräch kommen dürfen, aber bitte nicht die Telefonleitung blockieren sollen, immerhin wollen auch Leute durchkommen, die sehr schwerwiegende Probleme haben.

Auch die Ecouteure, die nur eine Stimme brauchen, um sich besser stimulieren zu können, laden wir zur persönlichen „Konfrontation". Vielleicht gehört O. zu ihnen?

B. (17.1.2), der als nächster anruft, macht sich Sorgen, weil seine Freundin nicht zum Orgasmus kommt. Erfreulicherweise fragt er aber nicht wie so viele: „Wie bring' ich Sie dahin?", sondern „Was ist da eigentlich los?" Ich habe also Gelegenheit, von Hingabe und Grenzverlust zu sprechen, von den Tücken der Technisierung sexuellen Verhaltens, von den Unterschiedlichkeiten von Frau zu Frau, von Mann zu Mann. Von Störungen und Hemmungen – und wie sehr es vielen Frauen auf die Nerven geht, wenn Männer sie unbedingt zwangsbeglücken wollen, nicht Ruhe geben, wenn frau auch noch so oft beteuert: Für mich ist es so o.k., ich bin glücklich, bitte dräng mich nicht! Zu Ende des Gesprächs sagt B., er werde wohl wieder einmal ein „einfühlsames Gespräch" führen. Der gute Vorsatz rührt mich, ich wünsche ihm viel Erfolg.

Recht verwirrend ist der nächste Anruf: Ein Mann, der wiederum anonym bleiben möchte, gehört zu einer Runde von acht Leuten, die sich dem Partnertausch verschrieben haben. – Nur: Jetzt toben die Konflikte. Damit hat niemand gerechnet, gesteht er verstört. Anleitung zur Konfliktlösung will er. Ich kann nur auf seine Gefühle eingehen: „...die ich rief, die Geister, werd ich nun nicht los!", heißt es bei Goethe im „Zauberlehrling". Daß er einen Retter in der Not bräuchte, spüre ich. Aber wo ihn hernehmen? Sich in der Gruppe zusammensetzen und reden, was jede/r denkt, wünscht, auf keinen Fall will, könnte ein erster Beginn sein, einander ernst zu nehmen, kommt er schließlich zu einem Ansatz, auch wenn ein paar in der Runde das albern finden könnten.

Um die Schwierigkeit, heikle Dinge anzusprechen, geht es auch Frau Ch. (17.1.4), die ihren Verlobten nicht zu kritisieren wagt. Wie so oft empfehle ich wieder einmal das Buch von *Michael Lukas Moeller*[1]. Nach der Pause ruft der nächste Gruppensex-Geschädigte an: A. (17.2.1) hat sich, obwohl verheiratet, einer zehnköpfigen Sauna- und Gruppensexpartie angeschlossen, sich in eine der Frauen verliebt und – sie geschwängert. An Empfängnisverhütung, gesteht er mir verschämt auf meine Frage, hat er noch nie

1) Michael Lukas Moeller: Die Wahrheit beginnt zu zweit. Das Paar im Gespräch. Reinbeck bei Hamburg 1988

gedacht. Zu spät. Damit er nicht noch tiefer ins Schlamassel der Unwissenheit gerät, informiere ich ihn juristisch: daß er die Vaterschaft anerkennen oder bestreiten könne, je nachdem, wie sicher er sich sei; daß ein Vaterschaftsprozeß hohe Kosten verursache, wenn er ihn verliere, und daß die technischen Möglichkeiten, die Abstammung nachzuweisen, ziemlich perfekt geworden seien in den letzten Jahren; daß er sich daher wohl primär klar werden müsse, wie er mit dieser ungeplanten Verantwortung umgehen wolle. Seine Angst vor der Ehefrau kommt zutage. Die Angst vor ihrer Kritik, die Angst vor ihrer Reaktion (weniger der möglichen Scheidung, als daß sie seiner „Zweitfrau" Übles antun werde!). Ich versuche, ihn nicht zu beeinflussen, stelle die Frage: Das Problem sei wohl, die Ehefrau zu informieren. – Ja, stimmt er zu, daß er wenig nachgedacht habe, wisse er, aber er wolle jetzt wenigstens fair sein, um auch selber fair behandelt zu werden. Hat er Angst, daß seine Frau sehr unfair sein werde? Eigentlich nicht, wird er ganz ruhig, wenn er „ruhig" mit ihr spräche... Wenn unser Gespräch geholfen hat, ihm „Unruhe" zu nehmen, soll es mir recht sein, denke ich.

Dann ruft eine Kellnerin an, G. (17.2.2), und erzählt von ihren sexuellen Schwierigkeiten infolge der Alkoholbelastung in ihrem Beruf. Wenn sie heimkommt, ist sie nicht nur müde und ausgelaugt, sondern auch benommen. Wenn ihr Partner dann oft noch ein Glaserl mit ihr trinken wolle, damit sie's gemütlich miteinander hätten, werde ihr beim Gedanken schon übel. Ich finde ihren Mut beeindruckend, in unserem Land, wo der tägliche Suff zu den üblichen Familiengeheimnissen gehört, so offen zu sprechen. Sie will auch wirklich etwas tun, um sich zu entgiften. Unter Beibehaltung dieses Berufs wird das schwierig werden, meine ich, Begleitung und Stützung durch die Spezialisten des *Anton Proksch*-Institutes[1] wä-

---

1) Anton Proksch- Institut
Beratungsstelle: 1050 Wien, Wiedner Hauptstraße 105, Tel. 0222/55 43 76
1030 Wien, Radetzkystraße 31/6, Tel. 0222/713 37 88.
Anonyme Alkoholiker, 1170 Wien, Geblergasse 45/3, Tel. 0222/43 81 64, täglich 18–21 Uhr.

re wohl sinnvoll. Daran habe sie auch schon gedacht, vertraut sie mir an, es habe bisher nur der letzte Anstoß gefehlt...

Die beiden letzten Anrufer sind wieder Männer: Bei A. (17.2.3) geht es um die Rivalität zwischen Erstehemann und Zweitehemann, mehr kann ich den unleserlichen Kürzeln nicht entnehmen. Der Fluch des Stenographen hat wieder einmal zugeschlagen!

Bei T. (17.2.4), dem letzten Anrufer, dessen Sorge sein verzögerter Samenerguß ist, kann ich hingegen nachlesen, daß unser Gespräch ergeben hat, daß er sich abmüht, ein Kind zu zeugen. Wieder einmal der paradoxe Effekt: Der Wille sagt ja, der Körper sagt nein. In der Wiener Sexualberatungsstelle würde wohl ein Therapeutenpaar mit ihm und seiner Gattin gemeinsam herauszufinden versuchen, wie beide wirklich zu dem Kinderwunsch stehen, was Kinder zu haben für sie bedeuten würde, was sich alles verändern würde, wenn Kinder da sind. So aber habe ich nur ihn am Telefon, einen Kärntner, kann ihm nicht einmal Kärntner KollegInnen nennen, die Erfahrung mit sexuellen Dysfunktionen haben. Ich deute daher nur vorsichtig an, daß er sich wohl „zu sehr" abmühe, und wage mich erst einen Schritt weiter, als er mir bestätigt, daß er schon ganz verspannt sei vor lauter Anspannung. Ob er es vielleicht mit Autogenem Training versuchen wolle, zur Ent-Spannung. Im Gegensatz zur Versorgung der Bevölkerung mit PsychotherapeutInnen finden sich in den Bundesländern doch etliche ÄrztInnen und PsychologInnen, die berechtigt (oder zumindest erfahren) sind, Autogenes Training zu lehren. Als Alternative biete ich ihm noch die Möglichkeit einer Brieftherapie, die wir von der Sexualberatungsstelle aus im Team führen könnten. Autogenes Training sagt ihm zu. Ich hoffe, daß keine tieferliegenden Hemmungen seine Zeugungskraft beeinträchtigen.

An diesem Tag stand im Kurier, daß nach einer Hamburger Untersuchung die Österreicher die fleißigsten Liebhaber Europas seien – ein Viertel habe täglich Geschlechtsverkehr. Ich äußere mich kritisch. Wenn ich nicht weiß, welches Institut mit welchen Methoden, nach welchem Fragenkatalog zu welchen konkreten Ergebnissen gekommen ist, mag ich keine Stellungnahme abgeben. Das wäre genauso unseriös, wie wenn diese zugegebenermaßen für viele Männer schmeichelhafte Aussage von eifrigen Österreichurlauberinnen stammte, die ihre Erfahrungen mit Tiroler Schi- und Kärntner Tennislehrern zu Protokoll gegeben hätten.

In dieser Sendung dominieren extreme Wünsche: Zuerst meldet sich M. (18.1.1), dessen Freundin ihn mit ihrer Lust auf Kotspiele nervt. Machtkämpfe? Oder „nur" eine frühkindliche Fixierung? Ich verzichte auf Recherchen und lote nur seine Gefühle aus: Ekel, Angst, Unverständnis werden laut. *Borneman* würde wohl zur Trennung raten. *Erika Berger* würde munter meinen, „so ein bisserl Kotspiele" könnten „recht abwechslungsreich sein, ja? Probieren Sie's halt mal!", und mit den Augen zwinkern. Ich spreche wieder einmal den verdeckten Konflikt an: Eine/r will etwas, was der/die andere *nicht* will. Wenn ein Aushandeln zu zweit nicht gelingt, kann Paarberatung helfen, zu einer fairen Lösung – das kann auch Trennung sein – zu kommen. Ich empfehle die Beratungsstelle Puchsbaumgasse[1], weil ich weiß, daß der Leiter an Fällen, die in den Gewaltbereich tendieren, Interesse hat.

M. (18.1.2) bekommt keinen Samenerguß bei Fellatio (Mundverkehr). Haben Sie eine Ahnung, womit das zusammenhängen könnte?, frage ich ihn. Ihm vergeht die Lust, präzisiert er, weil er das Gefühl hat, seine Freundin „opfere" sich zu dieser Liebespraktik. Wird schon stim-

1) 1100 Wien 10, Puchsbaumgasse 30, Tel. 0222/ 604 87 76, Dienstag 17 - 20 Uhr.

men, meine ich. Wenn ihm die Lust vergeht, ist das doch ein sicheres Zeichen, daß etwas nicht sein soll – oder? Er stutzt und gibt dann zu, daß er das „so" noch nicht betrachtet hätte. Wir sprechen dann über die vielen Formen, Konflikte zu vermeiden, und daß Konfliktfähigkeit Voraussetzung dafür sei, einander ernst zu nehmen.

Genau dasselbe Grundproblem quält auch R. (18.1.3): Ihr Partner, mit dem sie seit drei Jahren zusammen ist, will „überall" – z. B. im Stadtpark –, und sie will aber nur in geschlossenen Räumen, wo sie sich sicher fühlt. Wenn sie sich weigert, übt er Psychoterror durch Beleidigtsein, Zermürbungstaktik: Wenn Du mich liebtest, tätest Du was ich will. *„Terrorismus des Leidens"* fällt mir dazu ein. Diese Bezeichnung wählte *Sándor Ferenczi* für die Ausbeutung von Kindern durch die Erzeugung von Schuldgefühlen: *„Kinder haben den Zwang, alle Art Unordnung in der Familie zu schlichten, sozusagen die Last aller anderen auf ihre zarten Schultern zu bürden; natürlich zu guter Letzt nicht aus reiner Selbstlosigkeit, sondern, um die verlorene Ruhe und die dazugehörige Zärtlichkeit wieder genießen zu können."*[2] Sollte R. zu diesen Kindern gehören? Bekommt sie wirklich ihre Ruhe und Zärtlichkeit, wenn sie tut, was er will? R. wird nachdenklich: Eigentlich nicht, überlegt sie und beschließt, sich nicht weiter terrorisieren zu lassen.

Der nächste Anrufer, A. (18.1.4), bezeichnet sich als viele Jahre glücklich verheiratet, aber „man möchte ja nach fünf Jahren auch mal über das Normale hinaus" Erfahrungen sammeln, was es da so gäbe...? Ich bin mir im Geheimen gar nicht so sicher, ob da wirklich beide so neu-gierig sind, ob nicht nur er „gierig" ist, vielleicht durch die bisherigen AnruferInnen auf die Idee gekommen, daß sein bisheriges Geschlechtsleben recht bieder ausgefallen sei. Ich jedenfalls habe vorerst genug von den Polaritäten normal – abnormal. Trocken empfehle ich ihm die Standard-

2) Sándor Ferenczi: Sprachverwirrung zwischen den Erwachsenen und dem Kind (1933). In: Schriften zur Psychoanalyse, Band II. Frankfurt/Main 1972, S. 312.

literatur: *Alex Comfort*, „Joy of Sex" und „More Joy of Sex"[3]. Und ich bin froh, daß die Pause beginnt.

Nach der Pause noch einmal Extremes. Herr M. (18.2.1), 22 Jahre alt, hat von seinen Freunden zum Geburtstag eine Gummipuppe geschenkt bekommen. Jetzt will er nur mehr mit ihr, behauptet er. Wieder einmal Schmäh? Wieso gerade solch ein Geschenk?, forsche ich behutsam. Weil er Probleme mit Mädchen habe, kommt nicht mehr so forsch die Antwort, eher kontaktarm sei. – Und da habe er gar keine Wut auf seine Freunde bekommen, frage ich weiter, wenn sie mit so einem Geschenk sich über seine Einsamkeit lustig machen? Eigentlich schon, preßt er jetzt hervor, und überhaupt seien seine Freunde gar keine Freunde. Ziemlich viel Kritik hat sich in seiner Seele aufgestaut, erfahre ich weiter, und mit Alkohol hat er auch ein Problem. Mich berührt seine Schilderung sehr. Ich spüre sein Ringen, wenigstens seine „Freunde" nicht zu vergraulen, und seine Bereitschaft, dafür seine Selbstachtung zu opfern. Ich würde gerne in Ruhe mit ihm arbeiten und biete ihm weiterführende Gespräche in der Sexualberatungsstelle an. Ob er zu uns gekommen ist, weiß ich nicht, wir haben sehr viele Klienten mit ähnlichen Problemen, und viele berufen sich auf Ö 3, wenn wir fragen, wer sie an uns verwiesen hat. Es ist also gut möglich, daß er da war.

Frau D. (18.2.2) kann ihren Freund nicht vergessen, habe ich vom nächsten Anruf festgehalten; drei Monate waren sie zusammen, ein halbes Jahr ist die Trennung vorbei. Wir sprechen über die Notwendigkeit von „Trauerarbeit" – Trennungen zu verwinden braucht Zeit. Nahtlos von einem auf den anderen umsteigen bringt's nicht. Zuviele Gefühle müssen da erst verarbeitet werden: Verwirrung, Wut, Gefühlsleere, ehe ein Neubeginn gestartet werden kann. Die üblichen Ratschläge zur Ablenkung helfen meiner Erfahrung nach überhaupt nicht, decken nur uner-

---

3) Alex Comfort, Joy of Sex – Freude am Sex. Fankfurt 1976.
Alex Comfort, More of Sex – Noch mehr Freude am Sex. Frankfurt 1978.

wünschte Gefühle zu: nämlich die Gefühle, die den Ratschlägern unerwünscht sind, weil sie sie vielleicht an eigene unausgelebte Wut erinnern könnten..

Der nächste Anruf kommt aus Linz: Herr K. (18.2.3) ist 35 Jahre alt und schläft mit seiner Lebensgefährtin nicht, dafür aber mit zwei anderen Frauen. Neuerdings gibt ihm das aber auch nichts mehr, und er frequentiert nur mehr Peep-Shows. Ich spüre seinen Frust – aber meinen auch: Ich mag nicht mehr für diese Nacht, schwinge nur mehr mit, höre ihm zu und wundere mich, daß er mir dafür so dankbar ist. Wahrscheinlich will er gar keine Frau zum Bumsen, sondern eine, die auf ihn eingeht, seine Unlust aushält und geduldig wartet, bis es ihm wieder besser geht. Ich gebe ihm Adresse und Telefonnummer der Linzer Schwesterberatungsstelle BILY[4)].

Der letzte Anrufer, Ch. (18.2.4), ist an den Rollstuhl gefesselt. Frauen, schildert er, wollen mit ihm nur gefahrlos flirten oder Behindertensex ausprobieren. Er aber wünsche sich eine Lebensgefährtin. Ich verstehe gut, wie er sich fühlen muß, denke aber wieder, hier wäre ein Gespräch in der Sexualberatungsstelle besser angebracht, wo wir mehr Zeit und mehr Intimität haben. Wieder einmal fühle ich mich für den Schutz der Intimsphäre der Ratsuchenden (und wahrscheinlich auch meiner) verantwortlich. Im Gegensatz zur Sexualberatungsstelle in der Lustkandlgasse, die nur über viele, viele Stufen zu erreichen ist, ist die Beratungsstelle Freytaggasse ebenerdig und behindertengerecht, daher kann ich sie ihm mit gutem Gewissen empfehlen.

Die neunzehnte Sendung

Ich kann mich noch gut erinnern, daß ich bei meinem Eintreffen im Studio zu *Robert Reumann* sagte, hoffentlich halte ich heute durch! Denn ich hatte ausnahmswei-

---

4) 4020 Linz, Weissenwolffstraße 17 a, Tel. 0732/ 27 04 97.

se einmal nicht vorgeschlafen, sondern mir *Dieter Schmutzer* in der Hauptrolle von „Das rosa Rössel" – einer Parodie aufs „Weiße Rössel" – angesehen. In der HOSI gibt es nämlich eine Theatergruppe, die Hosisters, die alljährlich die tollsten Kreationen auf die Bühne bringt. Die „Little Horror Picture Show" vergangenes Jahr hatte ich mir sogar mehrmals angesehen, so toll waren Buch, Text, Regie, Darstellung, Musik, Bühnenbild – ach, ich komme ins Schwärmen!

Daß mich *Robert* dann auf Sendung daraufhin anspricht, damit habe ich aber nicht gerechnet und bin einmal kurz sprachlos. Dafür habe ich diese Sendung aber ziemlich ausführlich dokumentiert. Zuerst rief eine junge Frau (19.2.1) an, deren Partner darauf Wert legt, daß sie ihn „mit dem Mund befriedigt". Ihr ekele, und Sperma schlucken bringe sie nicht über sich, gestand sie und fragte „brav", was sie gegen ihren Ekel tun könne! Dabei, platzte sie noch heraus, halte er sie mit so einem „brutalen" Griff! Was sie an diesen Mann binde, frage ich. Eine richtige feste Bindung wolle sie eigentlich noch nicht, erklärt sie mir darauf, sie sei ja erst 19. Aber sie möchte halt öfter Geschlechtsverkehr mit diesem Mann. Sie brauche wohl mehr Mut, sagt sie, denn: „Was man mit der Hand kann, muß man auch mit dem Mund können!"

Also geht es um eine „Mut"-Probe?, frage ich listig, nicht um Befriedigung, Hingabe, Liebe? Es geht um ihre sexuelle „Freiheit", erklärt mir die junge Frau. Freiheit von Ekel oder Freiheit zur Verweigerung? Was ist das Leitbild zu „sexuell frei"? Der Mythos von der „geilen Frau"? Heißt sexuell frei zu sein, daß der Partner jedwede Freiheit hat? Je mehr wir sprechen, desto mehr habe ich das Gefühl, sie will mich jetzt zu etwas zwingen. Ich ziehe mich auf die Position der neutralen Beobachterin zurück, informiere sie über verhaltenstherapeutische Möglichkeiten der Desensibilisierung oder die Möglichkeit, mittels NLP den Teil ihres Seelengebildes, der will, mit dem Teil, der nicht will, zu versöhnen – was nicht heißt, daß unbedingt einer der beiden „Teile" Sieger wird!

Schließlich formuliere ich eine vage Botschaft, daß sie wohl irgendwann einmal herausfinden werde, was SIE wirklich wolle, nämlich, wovon SIE *frei* sein wolle (und hoffe, daß ihr Unbewußtes den brutalen Griff samt dazugehörigem Mann assoziiert).

Herr E. (19.1.2), den ich als Nächsten zu hören bekomme, hat nur einen Hoden. Ihm ist es peinlich, wenn eine Frau im Liebesakt spürt, was er ihr verborgen hatte – ob er es nicht doch vielleicht vorher sagen solle? Was hindert ihn, frage ich. – Daß er nicht wisse, wie er das ansprechen solle. Na so, wie er es gerade geübt habe, weise ich ihn auf seinen Erfolg hin. Na so was, nimmt er erleichtert zur Kenntnis, daß er sein Problem schon gelöst hat. – Aber was anderes, sage ich, ob er schon beim Arzt war? Nein, höre ich, auch da geniert er sich. Ich gebe ihm die Information, daß es gar nicht so selten ist, daß ein Hoden im Körperinneren bleibe und durch die Kunst des Arztes herausgeholt werden müsse. Die Information, daß es recht gefährlich ist, wenn dies nicht schon im Kindesalter geschieht, gebe ich bewußt nicht, behalte dies seinem behandelnden Arzt vor. Ich will nicht unnötig Krebsängste schüren.

Wir sprechen noch über die Ängste, durch unbedachte Äußerungen verletzt zu werden. Ich erinnere mich an F. (8.2.4) und erwähne, daß es Frauen nach Brustamputationen ähnlich geht. Mir ist wichtig, daß Zuhörern die Gleichheit der Gefühle bewußt wird. Gerade Männer phantasieren sich ja oft eine Unverletzlichkeit, die Unerbittlichkeit Verletzten gegenüber und tiefe Depression, wenn sie selber verletzt werden, bewirkt.

F. (19.1.3) drückt herum: Er wohne seit drei Jahren mit Freundin und gemeinsamem Kind zusammen und habe ihr das „Zugeständnis herausgelockt", daß sie von einer Beziehung zu einer Frau träume. Seitdem verfolgen ihn Phantasien, und er werde immer eifersüchtiger... Selber schuld, denke ich innerlich und brauche einige Zeit, bis ich meinen Ärger über seine Neugier auf ihre geheimen Phantasien bewältigt habe (denn die dürfen nur wir haben, die Seelenforscher, nicht wahr?!). Dann bin ich offen für seine Empfindungen: Verlustängste tauchen da auf, Selbstwertprobleme... War sie vielleicht immer schon lesbisch, fragt er sich, oder wollte sie ihn nur ärgern, weil er sie bedrängte mit seiner Neugier? Wir sind in einer richtigen Beziehungskrise, konstatiert er sogar. Wir? – Oder nur er? Was belastet die Beziehung denn, nehme ich seine Formulierung auf. Das Kind, erwidert er spontan, die Frau ist zu Hause eingesperrt. Babysitter hätten sie bis jetzt noch keinen gefunden, die Frau müsse doch Freiheitsbedürfnisse haben... Da also liegt seine Angst verborgen. Er werde sich jetzt um einen Babysitter kümmern, findet er letztlich eine Strategie gegen seine Angst vor Ausbruchsversuchen der Freundin.

Dann kommt ein Anruf aus Tirol, der meiner Ansicht nach getürkt war: G. (19.1.4) behauptet, seine Freundin K. (kaum eine/r nennt Namen, das stimmt mich schon mißtrauisch) wolle beim Verkehr immer rote Stiefel anhaben, „die hat sie sich am Flohmarkt gekauft!" Wo ist das Problem, frage ich distanziert. „Das geht doch nicht!", sucht G. mich zu Empörung zu animieren. Ob ihn das denn störe, stoße ich weiter nach. Ich spüre keine Gefühlsregung bei ihm, keinen Ärger, keine Angst. Er versteift sich immer mehr auf die Farbe Rot – inspiriert ihn mein Vorname? –, „wenn's wenigstens braune Stiefel wären!" Ich werde ärgerlich und breche ab: Es gibt offensichtlich kein Problem, da quietscht er: „Jetzt kommt's schon wieder mit den roten Stiefeln!"

Ich denke dann sogar noch in der Pause nach: Was wollte er? Wenn er scherzen wollte, war das Beispiel wirklich nicht witzig. Hätte ich scherzen sollen, etwa: „Reden's keinen – roten – Stiefel!?" Ich hatte mich auf Geduld eingestellt, den Begriff „Geduld" auch einige Male suggestiv angesprochen, hätte ich deutlicher werden sollen, etwa: „Daß ich sehr geduldig bin, merken Sie daran, wie geduldig ich mit Ihnen bin!" Denn vielleicht gehört er zu den Menschen, die Wahnvorstellungen haben, deshalb auch die verspürte Gefühllosigkeit?

Auf jeden Fall scheinen solche Anrufe eher zu kommen, wenn *Robert Reumann* moderiert, und nicht, wenn *Martina Rupp* am Mischpult sitzt.

Nach der Pause ruft wieder eine Frau (19.2.1) an, die anonym bleiben will. Vermutlich Ausländerin, 21 Jahre alt, verheiratet mit einem 23jährigen. Ihr vergeht oft während des Geschlechtsaktes die Lust, woran könne das liegen? Wieder einmal informiere ich über die sexuellen Reize, Aufladung, Erregung. Interessiert hört sie zu und hat dann ein Aha-Erlebnis: Dieser Lustverlust passiert ihr nie, wenn die Initiative von ihr ausgeht! Nona, da will sie ja! Und wie reagiert ihr Mann, wenn sie aktiv ist? Nicht so erfreut, ärgert sie sich. Also keiner, den die Amazone reizt, ihr nachzujagen? Sie werden also beide herausfinden müssen, wie sie am besten aufeinander reagieren, welche Reize fördernd sind – und welche nicht.

Dann wird es wieder kompliziert: Mit P. (19.2.2) ruft wieder einer aus Tirol an: „Wir haben da eine Party, und da ist ein Mädchen, auf die stehe ich schon lange, die ist jetzt schlafen gegangen – und ich trau mich ihr nicht nach, weil ihr Bruder ist gekommen. Der paßt auf sie auf, und der schlägt einen jeden gleich zusammen – was soll ich tun?" – Mach, was du willst!, würde ich am liebsten einen Schlußstrich ziehen und blicke verzweifelt zu *Robert Reumann*. Der schwätzt sogleich genialisch drauflos, was das denn für eine Party sei? Wohl nicht die richtige Gelegenheit, sich dem Mädchen nun zu nähern! Ich versuche, herauszufinden, wieweit der junge Mann mit dem Mädchen überhaupt abgeklärt hat, daß sein Typ erwünscht sei, und beiße auf Granit. Ihm geht es offenbar nur darum, die gute Gelegenheit, mit der Angebeteten unter einem Dach zu sein, nicht ungenützt verstreichen zu lassen. Weil er aber immer wieder auch darauf zurückkommt, daß der Bruder so eifersüchtig ist, bin ich mir nicht mehr so sicher, daß der Anruf nicht doch ein Party-Gag ist. *Robert Reumann* erweist sich da sehr hilfreich; er gibt dem Anrufer „von Mann zu Mann" den Rat, auf diese Chance zu verzichten.

Dann kommt eine ganz neue Frage: „Wo kann man(n) sich sexuell fortbilden?", fragt M. (19.2.3) vorwitzig. Ob er Tantra meint, frage ich im Wohlgefühl meiner eingespeicherten Literaturempfehlungen. Kennt er alles schon, winkt er müde ab, auch Transzendentalen Sex hat er bereits ausprobiert, er wolle sich jetzt „körperlich verbessern". – Ob er eine Partnerin hat, frage ich vorsichtig. Ja ja, bestätigt er eifrig. Dann soll er doch mit ihr üben, sie wird ihm schon sagen, wenn er sich verbessert hat, schlage ich hinterlistig vor. Ach, wie gehen mir diese Perfektionisten ohne Herz auf die Nerven! Er aber insistiert. – Soll ich ihn fragen, ob er seiner Freundin auf die Nerven geht? Er wird mir bestimmt versichern, daß sie ganz seiner Meinung ist. Kühl schalte ich meine Bereitschaft, mich ernsthaft mit den Ursachen seines Leistungszwanges auseinanderzusetzten, ab. Weise ihn darauf hin, daß im Stadtzentrum *Focus*[1)] gelegentlich einschlägige Seminare stattfinden, er solle das Programm anfordern. Oder an MEIGA schreiben. Die Adressen könne er haben, wenn er mir seine Telefonnummer daließe. Geht schlecht, er spricht von einer Telefonzelle. Dann muß er halt schreiben. Vielleicht war das auch wieder ein Blödler, wer weiß. Meine beiden Tips waren übrigens „heiß": Focus propagiert auch die Arbeit mit Mind Machines, den Einsatz von Biofeedback-Geräten zur Perfektion erwünschter körperlicher Reaktionen. Und das Projekt MEIGA – Sexpeace, Zentrum für experimentelle Gesellschaftsgestaltung, Projekt für ein Transformatorisches Bordell, Experiment für eine humane Erde und wie all die zugehörigen Modellversuche heißen[2)] – hat vielleicht Interesse an solchen Mitarbeitern, wer weiß.

Während ich noch darüber grüble, welche narzißtische Störung M. zu dieser Selbstdarstellung treibt, ruft H. (19.2.4) aus Oberösterreich an: 24 Jahre alt, drei Jahre ver-

---

1) Stadtzentrum Focus, 1070 Wien 7, Neubaugasse 44, Tel. 0222/93 11 82.

2) Projekt Meiga, D-7760 Radolfzell, Zeppelinstr. 7, Tel. 06 07732/569 32. Experiment für eine humane Erde 1190 Wien 19, Pyrkergasse 37/27, Tel. 0222/ 36 85 17.

heiratet, ein Kind hat er auch schon – und verzehrt sich in Sehnsucht nach seiner zwei Jahre älteren Schwester, die im selben Haus wohnt, seitdem er sie einmal im Bad überrascht hat. Bitte nehmen Sie mich ernst, das ist kein Spaß, fleht er immer wieder verzweifelt. Das spüre ich auch, nur die schnelle Befreiung von seiner Qual, die er sucht, kann ich ihm nicht bieten. Ich bitte ihn, doch Langzeitberatung in Anspruch zu nehmen, eventuell im Linzer BILY. Da ist er skeptisch, er hat schon mit dem Pfarrer gesprochen, doch der hat nur zur Triebunterdrückung geraten.

Ich suche nach einem Vergleich: Ein Drucktopf braucht auch ein Ventil, sonst explodiert er – vielleicht kann er sich freischreiben oder -malen? Um Zeit zu gewinnen, seinen Gefühlen Ausdruck zu verleihen. Die Schwester „von Herzen" zu lieben, auf eine genitale Vereinigung aber zu verzichten, heißt ja nicht, sich diese Liebe aus dem Sinn schlagen zu müssen. – Mit der Schwester habe er schon darüber gesprochen, gesteht er, und die habe eigentlich viel vernünftiger reagiert; sie spüre auch solche „verbotenen" Regungen, hätte sie zugegeben, sei aber nicht bereit, ihnen nachzugeben, erwäge, die Wohnnähe aufzugeben – aber das wolle er nicht. Während unseres Gesprächs wird er immer ruhiger, überlegter. Welche Kindheitsgefühle haben ihn da wohl über„mannt" und sich in den sexuellen Phantasien des Erwachsenen verborgen? Will er das nicht herausfinden? Doch, er werde wohl wirklich sich mehr Zeit nehmen. Ob er die Schwester ins BILY mitnehmen solle? Ich bitte ihn, der Schwester „schon die Verantwortung für IHR Leben zu lassen!", und merke an seiner Reaktion – ein leises Lachen: Sie meinen, ich will schon wieder, daß sie macht, was ich will! –, daß wir uns verstanden haben.

Als letzte Anruferin dieser anstrengenden Nacht meldet sich M. (19.2.5) aus Kärnten: Seit eineinhalb Jahren habe sie ein „wunderbares" Verhältnis mit ihrem Freund, nur – sein Sperma schmeckt ihr nicht. Ist der Geschmack beeinflußbar? Ich erinnere mich, was mir unser Arzt in der

Sexualberatungsstelle gesagt hat und gebe diese Information weiter, daß durch Menge und Art der Getränke nach Meinung eines von mir befragten Arztes sehr wohl eine Beeinflussung erzielt werden kann... Aha, jubelt sie, ihr ist ohnedies schon aufgefallen, daß der Geschmack besonders arg sei, wenn der Beste viel Weizenbier trinke! Prost!

Die zwanzigste Sendung

Diesmal hat *Walter Gröbchen* eine lustige Story in der Tagespresse entdeckt: US-Häftlinge wurden entdeckt, die die Telefonapparate manipuliert hatten, um stundenlang Telefon-Sex zu konsumieren – die monatlichen Telefonkosten waren in Viertelmillionenhöhe geschnellt! Für mich löst das Stichwort „Häftlinge" schlechtes Gewissen aus: Ich bekomme nach meinen Sendungen immer recht viel Post, unter anderem auch aus Strafanstalten. Und nicht immer komme ich gleich zum Antworten, manchmal verschlampe ich auch meinen Erinnerungszettel, auf dem ich alle unerledigten Arbeiten festhalte, wenn ich so zwischen meinem Wiener Büro und meiner steirischen Heimat hin- und herpendle.

Ich nütze also die Gelegenheit, mich bei den Männern zu entschuldigen, die auf meine Antworten warten.

Dann wird schon der erste Anruf durchgestellt: Herr oder Frau A. (20.1.1) fragt nach, wohin sich Transsexuelle wenden können, wenn sie Beratung wollten – eine gute Gelegenheit, die Postfachadresse der Transsexuellen-Initiative[1] bekannzugeben.

Dann ruft ein Mann an, Ch. (20.1.2), dessen Schicksal tagelang die ZuhörerInnen beschäftigt – und mich auch. Ch. beginnt recht unverfänglich, scheinbar cool, mit der Frage, wie prägend erste Sexualerlebnisse seien. Ich spüre seine Verhaltenheit und frage nach: Was konkret vermu-

---

1) Transsexuelle Initiative: 1011 Wien, Postfach 201,
8055 Graz, Postfach 95

tet er, könnte prägend sein? Er wurde „von einem Mann verführt", gesteht er, nicht mehr ganz so ruhig, und habe Angst, nun homosexuell zu werden. Ich fühle, wie beklommen er ist, frage daher nicht weiter in Richtung vermutete Homosexualität, sondern ob ihm eine Beziehung mit einer Frau lieber gewesen wäre. Jetzt beginnt er sich zu öffnen: Er sei nun mal nicht das, was man üblicherweise als „anziehend" bezeichne – ganz im Gegenteil. Seine Freunde nennen ihn „Zombie". Sind wohl keine Freunde, werfe ich ein. Er gibt mir recht. Aber der Kontakt mit ihnen sei ihm wichtig, er habe sonst keine, nur zu Prostituierten. Mir zerreißt es fast das Herz. Ich merke, wie ich von seiner Einsamkeit ergriffen werde, nehme mich ein wenig zurück und biete ihm an, zu mir in die Sexualberatungsstelle zu kommen, dort könnten wir „ungestört" daran arbeiten, seine Situation zu verbessern. Da bricht es aus ihm hervor: „Ich wollte das doch nicht!", weint er, verzweifelt. – Er sei gar nicht verführt, sondern vergewaltigt worden – von einem Homosexuellen, dem er vertraut habe, von dem er geglaubt habe, er sei ein Freund –, er habe nicht gemerkt, daß der etwas Sexuelles von ihm wollte. Im Studio sind alle wie elektrisiert – sollen sie trennen? Ich winke gelassen ab – bitte mich jetzt nicht stören – und verspreche mich in der Aufregung, sage Ch., wie aufgeregt ich bin, wie gut ich verstehe, wie es ihm geht nach solch einer Gewalterfahrung, wie sie Frauen so oft erleben! Meine Anteilnahme sprudelt nur so aus mir heraus, und er schluchzt: „Sie sind lieb!", und ich geniere mich, weil ich so wenig für ihn tun kann und so viel für ihn tun möchte.

Walter Gröbchen schaltet sich ein, sehr sensibel, und bittet ihn, das Angebot mit der Sexualberatungsstelle anzunehmen. Leider ist er nicht gekommen. Ich selbst denke noch lange an diesen Anrufer – schreibe mir ausnahmsweise seine Telefonnummer auf und überlege tagelang, ob ich ihn nicht anrufen soll, traue mich aber nicht. Ich denke, ich kann ihm nur das Gespräch anbieten. Alles, was mehr Aktivität von meiner Seite wäre, könnte schon ein Parallelprozeß des „Eindringens in seine Intimsphäre" sein. Möglicherweise hat er bei seinem Vergewaltiger ähnliche Phantasien, einem leidenden, einsamen Menschen etwas Gutes tun zu wollen, ausgelöst – wer weiß. Zumindest fallen mir etliche Männer dazu ein, die nicht verstehen konnten, wieso sich ihre Frauen über ihre Gewalttätigkeit, Brutalität beschwerten und stereotyp mit Sätzen kamen wie: „Das muß ihr doch guttun!" oder: „Das hat noch jeder gutgetan!"

E. (20.1.3) hat ein Problem, das ich als junge Ehefrau auch hatte: dünne Wände und Nachbarn, die kein Verständnis für Liebesglück haben. Den Terror des Besenstiels kennen wir beide. Er ist ganz glücklich, daß ich weiß, wie das ist. Ob er schon daran gedacht hat, die diesbezüglichen Wände abzudichten? Nein, anwortet er ganz verblüfft. Da kommt mir die jahrelange Erfahrung aus meiner Konsulentinnentätigkeit im Verein Jugendzentren der Stadt Wien[2] zugute, dort mußte ja besonders auf die Lärmempfindlichkeit der Anrainer Rücksicht genommen werden: Also phantasieren wir mal von Holzlamperien, Teppichen an Boden, Wand und Decke, Bücher-, Schallplatten- oder Videokassetten-Regalwänden, von Dämmplatten bis zu leeren Eierbehältern aus Pappe. Und wenn ihm und seiner Freundin überhaupt nichts von alledem gefällt, bleibt immer noch ein brieflicher Hilferuf an „Schöner Wohnen" oder eine andere derartige Fachzeitschrift! Überglücklich bedankt er sich und lobt unsere Sendung über den grünen Klee.

Weniger erfreulich verläuft dann das Gespräch mit M. (20.1.4) aus Linz, der seit einigen Jahren mit einer Frau zusammen ist, mit der er sich zwar gut versteht, nur ist die Beziehung „ein bisserl lethargisch" geworden, und als er vorschlug, nachzuahmen, was er im Video erregend fand – Natursektspiele –, hatte seine Partnerin kein Verständnis. Ganz im Gegenteil, seitdem hätten sie eine richtige Krise. Ich bleibe auch reserviert – die Studiouhr

2) Verein Jugendzentren der Stadt Wien, 1210 Wien, Pragerstraße 20, Tel. 0222/38 76 45 ... 49

zeigt knapp Eins an, will nicht nachforschen, wie das Paar mit seinen Aggressionen umgeht: Lustverlust hat viel mit unterdrückten Konflikten, verkniffenem Ärger und abgewehrten Haßgefühlen zu tun; daß er sich lustvoll vorstellt, anzupinkeln oder angepinkelt zu werden, bestätigt diese Sichtweise, Ich empfehle ihm und seiner Partnerin, die zugrundeliegenden Konflikte in einer Familienberatungsstelle aufzuarbeiten (und weiß, daß dann die angesprochenen Ermüdungserscheinungen verschwinden werden).

Nach der Pause gesteht M. (20.2.1), sie hätte immer nur dann Orgasmen, wenn sie sich vorstelle, sie sei ein Mann und vergewaltige eine Frau, nur dauere es immer länger, bis sie diesen gewünschten „Erfolg" herbeidenken könne. Nun, wer übersättigt ist, fastet am besten, versuche ich eine Perspektive zu zeigen. Direktiv sein darf offenbar nur sie: Sie wehrt sofort heftig ab, nein, das wolle sie auf gar keinen Fall. Wie könne sie ihr Ziel erreichen?! Es gelingt mir nicht, ihr zu vermitteln, daß sie versuche, sich selber zu vergewaltigen (und mich auch, indem sie glaubt, aus mir eine Antwort herauspressen zu können!). Ich flüchte mich in Passivität und warte, bis *Walter* zur nächsten Schallplatte überleitet.

W. (20.2.2) ist seit drei Wochen in eine 36jährige Frau „sehr verliebt", die aber Fesselungen verlangt, was ihm „zu steil" ist. Wenn er nicht so verliebt wäre, hätte er schon längst das Weite gesucht... Diesmal gelingt es mir recht gut, den Konflikt zwischen (Nähe) Wollen und (ein Detail in der Nähe) Nicht-Wollen fühlbar zu machen. Er wird nachdenken.

Auch mit der nächsten Beratung bin ich zufrieden (und bekomme in den nächsten Tagen viel Lob von meinen KollegInnen aus der Psychotherapieszene, die zugehört hatten, was mich wieder bestärkt, doch noch nicht mit der Sendung aufzuhören – denn zu diesem Zeitpunkt bin ich schon recht übersättigt von Livesexualberatung!): Herr F. (20.2.3) bemüht sich vorerst darzustellen, daß er ein ganz normaler Biedermann sei – gewesen sei –, bis...

ja bis er im Urlaub ein Pornovideo zu Gesicht bekommen habe, wo es ein Mann mit einem Huhn getrieben habe. Das gehe ihm nun nicht mehr aus den Sinn. „Bin ich pervers?", fragt er. Mir fällt ein Klient ein, der es real mit den Hühnern hatte, nur kamen bei dem noch sadistische Gewohnheiten dazu. Ich schaudere, denke kurz nach – wie leg ich's an? Entängstigen!, haben wir in der Ausbildung gelernt. Vorerst entängstige ich einmal mich selbst: mit einem tiefen Atemzug („*Im Atemholen sind zweierlei Gnaden*", hat Goethe gedichtet, „*Die Luft einziehn, sich ihrer entladen. Jenes bedrängt, dieses erfrischt / So wunderbar ist das Leben gemischt. Du, danke Gott, wenn er dich preßt, / Und danke ihm, wenn er dich wieder entläßt.*")

Ruhig geworden, beginne ich langsam zu informieren: daß im Altertum ritueller Geschlechtsverkehr mit Tieren symbolhafte Bedeutung hatte, heute nur mehr von einsamen Männern oder Jugendlichen in Triebsnöten und dann eher mit Ziegen oder Schafen vollzogen wird... Während wir sprechen, versuche ich, seine Stimmung zu spüren, dann starte ich meinen ersten Versuchsballon: Und ihre Gefühle, wenn Sie sich vorstellen, Sie wären derjenige, der sich an dem Huhn vergeht – ich merke, wie er sich erregt –, sind die – vielleicht – Gefühle der Macht? Er atmet tief. Ja, kommt es dann gedehnt, genau – das ist es! Wieso wissen Sie das? Ich erkläre ihm, daß ich mich bemüht habe, mich in ihn einzufühlen. Wir sprechen dann über Beziehungen, über die Sehnsucht, sich groß und mächtig zu fühlen, und die Augenblicke, wo man sich klein und hilflos fühlt. Über die Schwierigkeit, auszusprechen, wie man sich fühlt, was man gerne hätte; wir kommen auf die Verhaltensweisen, die Beziehungen bereichern, und die, die sie verarmen lassen. Welche das sind? Ich rate ihm, selbst nachzudenken. Als wir uns voneinander verabschieden, meint *Walter Gröbchen* lakonisch: Hoffentlich regen sich jetzt keine Tierschützer auf!

Eine seltsame Sendung diesmal. Auch der letzte Anrufer läßt tief in seine Seele blicken: P. aus Niederösterreich

(20.2.4) hat seine Frau nach 25jähriger Ehe, erst 40 Jahre alt, durch einen „ärztlichen Kunstfehler" im Spital verloren. „Wie soll ich noch einmal lieben können?", fragt er verzweifelt. „Ihr redet von Beziehungen – ich werde nie wieder eine eingehen können!" Der Arztfehler stellt sich im Gespräch als eine tragische Verwechslung infolge Namensgleichheit heraus. Er schildert seine vergeblichen Behörden- und Gerichtsbemühungen, Klarheit zu schaffen, was da im Spital wirklich vor sich gegangen sei. Ich verstehe ihn gut – würde nur eine der beteiligten Personen zugeben, „Ja, da ist uns ein Fehler unterlaufen!", hätte seine Gewissensqual ein Ende: Wahrheit wäre wiederhergestellt. (Das ist übrigens dasselbe Symptom, unter dem sexuell mißbrauchte Kinder leiden, spüren, daß da etwas nicht in Ordnung war, aber es nicht beweisen können, oft nicht einmal wissen, wie das heißt, was sie spüren. In der Fachliteratur sprechen wir von „Seelenmord" – der Verlust des Gefühls für Wahrheit.)

Im Studio breitet sich Unruhe aus: Den Rundfunkmachern sind die „flotteren" AnruferInnen lieber, mir hingegen die, wo ich das Gefühl habe, wirklich nützlich zu sein.

Walter Gröbchen muß schließlich das Gespräch für die Sendung beschließen – eine Katastrophe für mich, denn wir sind gerade bei dem Punkt angelangt, wo Herr P. beginnt, seine Wut und seine Trauer anzusprechen, beides wichtige Schritte zur Selbstheilung. *Walter* bietet ihm an, ihn wieder zu den Telefonisten hinauszuverbinden, wo er mit mir weitersprechen könne, P. nimmt dankbar an. Für die ZuhörerInnen ist Schluß der diesmaligen Sexhotline. Ich spreche draußen mit P. noch weiter und hoffe, daß er aus seiner reaktiven Depression wieder herausfinden wird. Zu Ärzten will er nicht mehr gehen, hat seit dem tragischen Erlebnis mit seiner Frau völlig das Vertrauen verloren. Das Reden tut ihm gut. Ich informiere ihn, daß er in jeder Familienberatungsstelle kostenlos und anonym geschulte ZuhörerInnen finden wird, die unter Verschwiegenheitspflicht stehen und Zeit haben.

Die einundzwanzigste Sendung

Diesmal begleitet wieder *Martina Rupp* durch die Sendung. Zu Beginn plaudern wir über Schlafstörungen. Ich erzähle, daß viele Senioren zuhören, die nicht schlafen können. *Martina* glaubt mir das nicht, ich erzähle ihr von den Anrufen, Briefen, aber auch Anreden auf der Straße, im Hof des Gemeindebaus, in dem sich meine Wiener Praxis befindet. Da meldet sich schon Frau E. (21.1.1), 58 Jahre alt, informiert uns *Angelika Lang,* die heute anwesend ist. Auf Sendung gesteht dann E., sie sei 78, habe sich nur 20 Jahre jünger gemacht, weil sie Angst gehabt habe, man lasse sie sonst nicht auf Sendung. Mit sechs Männern habe sie ihr Leben verbracht, viermal davon verheiratet, Orgasmus habe sie nie gehabt, wäre ihr aber auch nicht wichtig gewesen. Sie spricht von der „Spannung" eines Liebesabenteuers und möchte halt schon gerne wissen, was das sei – ein Orgasmus. Wieder einmal erkläre ich den „Reflex". Wie lebendig diese Frau doch ist, wie herzlich! „Wissen Sie", wird Sie vertraulich, „die Gewohnheit ist halt stärker als Liebe", und deutet damit an, wieso sie ihren Partnern treu war, auch wenn sie von ihnen nicht das bekommen konnte, was sie sich erhoffte. Dann bekomme ich viel Lob und *Borneman* viel Kritik – „Wie er mit den jungen Leuten herumschimpft, das ist nicht richtig!" Ich verteidige ihn: Wenn er allen stereotyp sagt, *„Trennen Sie sich!"* oder *„Sie haben den falschen Partner!"*, so ist das eben seine Position; wenn man nicht seiner Ansicht sei, so müsse man ihm das schon selber sagen. „Die jungen Leute müssen doch selber entscheiden, was ihnen paßt!", protestiert die alte Dame. Offensichtlich neigt sie nicht zu „Wegwerf-Beziehungen", gesteht dann aber, sie sei froh, „daß das alles vorbei ist!" – seit 13 Jahren erspart sie sich die Aufregungen von weiteren Partnerschaften. Ich wünsche ihr alles Gute. Sogar *Angelika Lang,* die sich sonst recht abgebrüht gibt, seufzt: „Das war richtig berührend!"

Dann ruft B. (21.1.2) an, die vor einem Jahr ein Kind geboren hat und seither beim Geschlechtsverkehr Schmerzen hat. Von den TelefonmitarbeiterInnen kam die Aussage, sie hätte Fragen wegen „Analliebe". Ganz klar wird mir aus ihren Worten nicht, ob sie jetzt Analverkehr hat, weil Vaginalverkehr zu große Schmerzen verursacht, oder Analverkehr, der schmerzt, und Vaginalverkehr haben möchte... Ich entscheide mich, einmal herauszufinden, wie ihre gynäkologische Betreuung verläuft, und merke sofort: Da bin ich auf der richtigen Fährte! Sie schämt sich, gesteht sie mir, mit ihrem Frauenarzt über ihre Sexualgewohnheiten zu sprechen. Je länger wir miteinander reden, desto geringer wird diese Scheu – wir überlegen, wie die Worte zu wählen wären, wenn sie ihre Fragen stellen würde. Sie beginnt sich fühlbar zu entspannen – und vertraut mir an, daß gerade Entspannung ihr schwer falle, immer sei sie mit einem Ohr beim Kind im Nebenzimmer... Und so kommt sie darauf, daß ihre Schmerzen schon auch mit diesen Anspannungen zusammenhängen könnten...

Angelika Lang drängt wieder: zu lang, ich solle mich kürzer fassen. – Gut. Der 51jährige G. (21.1.3) ist mit einer 25jährigen verheiratet. Früher habe er die Frauen verwöhnt, fällt ihm neuerdings auf, aber heute sei er ein richtiger Workaholic geworden. Früher, erinnert er sich nostalgisch, da sei er ganz Casanova gewesen, habe die Mädchen aus dem Auto aus angesprochen... „aber das geht heute nicht mehr", sagt er ganz traurig, „die Mädchen haben selber Autos!" Außerdem erkennt er, daß man(n) „mit dem Alter an Wert verliert". Seine Frau sei ihm zu aktiv, deswegen arbeite er so lange – damit er richtig müde sei; er habe nämlich Angst vor dem Ins-Bett-Gehen. Ich spreche seine Überforderungsgefühle an. Seine Wünsche mitteilen, so bricht es jetzt aus ihm hervor, strenge ihn genauso an, wie sich gegen die Wünsche seiner Frau abzugrenzen. Wir überlegen, wie er das vielleicht spielerischer machen könnte, mit Handzeichen, Symbolen... Er ist recht erleichtert, als ich ihm bestätige, daß diese „Abstimmungsarbeit" anstrengend ist. Wenn es ihm zu schwierig erscheint, zu zweit den „Mittelweg" herauszufinden, kann er gerne in die Sexualberatungsstelle kommen, biete ich ihm noch an.

Dann gleich das Pendant: E. (21.1.4) ist 20 und ihr Partner 50 Jahre alt. Von den TelefonmitarbeiterInnen wurden wir im Studio informiert, daß E. über ihre Phantasien sprechen wolle. Stimmt nicht, sie habe das „nur so schnell gesagt!" Sie denke, ihr gehe es so wie der Gattin des vorherigen Anrufers – sie sei wohl zu aktiv, und ihr Freund habe Angst vor ihr. Was ihr denn an ihm so gefallen hat, am Anfang?, frage ich sie. – Seine Zurückhaltung, kommt die prompte Antwort. Aha!

Erfahrene Paarberater kennen dieses Symptom; genau das, was zuerst die Wurzel der Attraktivität ist, zeigt sich nach einiger Zeit als Krone der Abstoßung. Und sie selber sei wohl ein „rechter Elefant im Porzellanladen", der den eher Scheuen dann permanent herausfordere. Wieso sie sich so eine schwierige Beziehung inszeniert habe, frage ich sie. Das sei bei ihr immer so, sagt sie leise, fast eine Sucht sei das. Ob sie nicht beide in die Sexualberatungsstelle kommen möchten? Er wohl nicht, schluckt sie jetzt noch trauriger, er sei verheiratet, und außerdem: „Er kommt sicher nicht – ihm ist das nicht so wichtig!"

Nach der Pause produziert *Martina Rupp* einen Freudschen Versprecher: „Jetzt singt *Marius Wüster-* ah *Müller-Westerhagen* ‚Gefangen zwischen deinen langen Beinen...' "

Anschließend kommt ein Anruf aus Graz: M., Student (21.2.1), hat seit drei Monaten eine neue Freundin, die will seine Liebe immer an öffentlichen Plätzen. Er kann dem wenig abgewinnen, sagt er. Ist das normal?, fragt er mich. Ich weiche aus: „Es gibt Leute, die rufen die Polizei, und die kann wegen ‚Erregung von öffentlichem Ärgernis' strafen." Wieviel das kostet, fragt *Martina* vorwitzig. Ich weiß es nicht, bin schon zu lange von der Juristerei weg, aber vielleicht ruft ein Polizist an und sagt es uns, schlage ich vor. M. drängt: „Ich soll also..." – Ich werde ärgerlich: „Das habe ich nicht gesagt!" Er will mich unbedingt dazu bringen, daß ich die Verantwortung für ihn übernehme, daß ich verbiete oder erlaube, empfehle. Ich entschließe mich zur Konfrontation: So wie ihn seine Freundin bedrängt („Machen wir's doch heute Richtung Belgrad!" – später erklären mir steirische FreundInnen, daß es da am Schloßberg wirklich eine beliebte Stelle „in diese Richtung" gäbe!), so bedrängt er jetzt mich! Jetzt versteht er. Er müsse schon selber entscheiden, flüchte ich mich in den Singsang der Hypnotherapie, ob er zu denen gehören wolle, die sich über alles Mögliche empören – wovon dann die Zeitungen voll sind – oder ob ihm das alles nur ein müdes Lächeln abringe oder ob er in seinem Herzen spüren möge, was er wirklich wolle und was ihm egal sei...

Dann ist schon F. (21.2.2) in der Leitung und ringt um Worte, um mir mitzuteilen, daß er zu schnell „komme". Nicht bei jeder Frau, finde ich heraus. Geduldig erkläre ich ihm, daß Selbstkontrolle auch einen gewissen Lustverlust bedeutet – „sich anmachen" wie ein Baby ist eines, Be„herr"schung ein anderes. Und ich empfehle ihm das hervorragende Buch von *Zilbergeld*.[1)]

Lesen will er nicht. Also erkläre ich ihm knapp, wie er seinen PCC-Muskel trainieren kann (abgesetzt urinieren, dabei den dazu notwendigen Muskel spüren; dann dieses Muskeltraining bei Selbststimulierung versuchen, den Reaktionszyklus genau kennenzulernen und zu verzögern) und wie die Squeeze-Technik geht (im Augenblick des „Zeitpunkts der Unvermeidbarkeit" des Samenergusses an der Stelle genau unterhalb der Eichel fest zusammendrücken – die Erektion geht zurück –, dann wieder beginnen zu stimulieren). Ach, sagt er, da ist er aber sehr dankbar, daß er das jetzt weiß. Dann beginnt er aber, negativ über Frauen zu reden – und *Martina* würgt ihn elegant ab, indem sie vorschlägt, er solle sich jetzt „mit uns" „Slow Love" anhören.

Da schießt auch schon *Angelika* ins Studio: Der hat doch

---

1) B. Zilbergeld: Männliche Sexualität. Tübingen 1983

sicher dabei onaniert! Ich weiß nicht so recht, ich kann mir nur vorstellen, daß er vielleicht bei dem Wort „Selbststimulierung" auf die Idee gekommen ist, in die Hose zu fassen... Sei's drum! Ich schiebe den Gedanken weit weg, sehne mich nach den „sauberen" Arbeitsbedingungen in der Sexualberatungsstelle und überlege, daß ich doch lieber aufhören will, an der *Sexhotline* mitzuwirken. Gott sei Dank kommt der nächste Anruf von einer Frau: M. (21.2.3) hat einen Freund, der lieb und zärtlich ist, aber keine Erektion bekommt. Er sagt, das sei psychisch bedingt, erzählt sie. Wird schon stimmen, sage ich. Er hat sich nämlich erst kürzlich von einer Freundin getrennt, die sehr dominant war, erzählt sie weiter. Ob sie auch dominant sei, frage ich sie. Aber nein, beteuert sie, sie sei ganz sanft: „Ich sage ihm immer: Laß Dich fallen!", bekräftigt sie. „Also doch dominant!", stelle ich fest. Da lacht sie.

Zuletzt in dieser Nacht meldet sich P. (21.2.4), der mit seiner Freundin Sado-Maso-Spiele betreibt; beide sind in einer Gesprächstherapie und befürchten, daß sie eigentlich in ihrer Entwicklung keine Fortschritte machten, keine Nähe erlebten... Was kann man da machen? Ich klaube auseinander: Ihre Phantasien, wie eine Beziehung sein „soll", stammt aus eifriger Psycholektüre; ihre Wünsche, mit den Sex-Spielen aufzuhören; ihre Lust auf eine neue Therapie! Es wäre besser, in die Sexualberatungsstelle zu kommen als weiter über den Äther Wunschgebilde zu produzieren, lege ich mich schließlich fest. Sie kommen dann auch, und es zeigt sich im persönlichen Gespräch von Angesicht zu Angesicht, daß meine Vermutung richtig war und noch viel mehr Probleme aufzuarbeiten sind als „nur" eine sexuelle Praktik.

Die zweiundzwanzigste Sendung

Da diese Sendung im Transkript vorliegt, kann ich mich auf Hintergrundberichte konzentrieren. Diesmal kann *Martina Rupp* zu Beginn einen Brief vorlesen. Der Schreiber fragt nach „Therapie" gegen vorzeitigen Samenerguß – und denkt wieder einmal in rein medizinischen Kategorien, denkt nicht an Verhaltensänderung und schon gar nicht an seine Seele. Ich wiederhole die immer wieder nachgefragte Information.

Dann A. (22.1.2): wieder einer, der sich für Analverkehr interessiert. Ich kenne mich nicht so recht aus, was er will. Will er etwa Informationen über Empfängnisverhütung? Oder will er nur ausloten, ob er in die Sexualberatungsstelle kommen soll? Oder ist ihm einfach fad, und er hat Lust auf ein Streitgespräch? Wir kommen auf jeden Fall nicht zusammen. Ich habe überhaupt beim ersten Anruf oft Schwierigkeiten, die AnruferInnen zu verstehen, bin vielleicht noch nicht entspannt genug.

Frau I. (22.1.2) fragt nach dem weiblichen Orgasmus und der Ejakulation der Frau. Ich empfehle ihr, bei *Stifter*1) nachzulesen. Viele der Frauen, die im Orgasmus Sekret ausstoßen – ejakulieren –, schämen sich, weil sie glauben, daß sie sich „anmachen". Und viele Frauen zerstören sich ihr Orgasmus„debut", weil sie „abzwicken" – sich selber blockieren – weil sie das Gefühl des Ergusses mit unwiderstehlichem Harndrang verwechseln, unaufgeklärt, wie noch immer viele Frauen – und Männer – sind.

Ich freue mich immer, wenn ich einer Frau die Angst nehmen kann, sie sei in ihrem sexuellen Erleben nicht „normal" – was immer das auch sein soll.

G. (22.1.3), der am offenen Fenster masturbiert, entpuppt sich im Gespräch als einer, der die Trauerarbeit nach der letzten Trennung noch nicht abgeschlossen hat; ich bin rückblickend mit unserer gemeinsamen Arbeit am Problem zufrieden – bis darauf, daß ich im ersten Schreck, als er beginnt, mich zu beflirten, zu heftig abwehre, da hätte ich ruhig gewährender sein können. *Martina Rupp* bewies da, wie routiniert sie ist!

M. (22.1.4) gehört zu den Frauen, die einen „Macho" zum Partner gewählt haben und sich ihm vermutlich so

1) Karl F. Stifter, Die dritte Dimension der Lust. Frankfurt 1988.

präsentiert, daß er sie nicht respektieren muß, will oder kann.

Solch ein Gespräch würde ich in der Beratungsstelle ganz anders führen: würde ihr wohl mehr ermöglichen, ihre Verletzungen ohne Rücksicht auf die guten Sitten herauszulassen, die ihr ihr Partner zufügt, wenn er sie als Ventil für seine schlechte Laune, Überforderung oder frauenfeindliche Geisteshaltung „benützt", ihre Wut, die irgendwo versteckt sein muß, ihren Haß. So braucht sie wahrscheinlich viel Energie, die sie wohl nutzen könnte, um ihrem Partner Widerstand zu leisten, wenn er sie runtermachen will. Jetzt aber „schone" ich sie so, wie sie ihn schont; ich „schone" die KollegInnen, bei denen sie in Psychotherapieausbildung ist – offensichtlich auch ein Versuch von ihr, notwendige Fähigkeiten zu erwerben, mit Beziehungsproblemen besser fertig zu werden – obwohl die Zeit und Bedingungen danach wären, mit dem „Schonen" aufzuhören. Ich habe nämlich etliche Bedenken, daß Frau M. auch dort geschont wird – so wie ich sie „schone", indem ich ihre Opferhaltung nicht stärker kritisiere. Und ich „schone" mich, indem ich vermeide, HörerInnen Anlaß für eine heftige Täter-Opfer-Diskussion zu liefern. Diese wäre den ProducerInnen der Sendung wahrscheinlich ganz recht, bringt es doch Dynamik und Unterhaltungswert. Wie oft habe ich von *Gerti Senger* gehört, daß man/frau „in diesem Job" kaufmännisch denken müsse! Derartiges „konsumentengerechtes" Agieren schafft mir aber Probleme (und hat auch verhindert, daß ich 1989 die mir zugedachte Fernsehsendung bekommen habe: Ich hatte zuviel „Seele", war zu einfühlsam – sprich: zu wenig frech!), ich „denke" mit dem Herzen und daher langsam. Ich vertraue meinem Stil, der sich an *Verena Middendorp* orientiert, und höre dann von den Menschen vor Ort wie auch von den KollegInnen aus der Psycho-Szene, aber auch von ernstzunehmenden Jounalisten und Journalistinnen, daß *Borneman* ganz unmöglich sei, *Schmutzer* „schwafele", *Senger* gerade noch gehe und meine Art die richtige sei. Andererseits mußte ich gerade beim Schreiben dieses

Buches – das ich schnell und ohne beschönigende Korrekturen verfasse: so wie ich auch spreche – feststellen, wie unzulänglich diese Inszenierung von Beratung ist, wie sehr ich meine Ansprüche an Perfektion verfehle. Zu meinen Leitsätzen gehört es aber, jeden Fehler als Chance für eine Verbesserung zu definieren, daher gebe ich doch nicht so leicht auf!

Das Gespräch mit M. wird über die Ein-Uhr-Pause weiter fortgesetzt; der Vorschlag kommt von *Martina*. Ich bin mir völlig im Unklaren, warum, frage sie aber auch nicht (nochmal Schonung!). Zuletzt empfehle ich der Anruferin passende Literatur und einen Therapeuten, der meiner Meinung nach einer der besten in Österreich ist und in ihrer Nähe praktiziert. Seinen Namen sage ich ihr allerdings nicht auf Sendung, um ihm zu ersparen, daß er die nächsten Tage nicht zum Arbeiten kommt vor lauter Anrufen.

Bei H. (22.2.1) rastet *Angelika Lang* das erste Mal aus: „Zu langatmig!" knurrt sie, nachdem der Mann versucht, seine Lustlosigkeit darzustellen; ich war mit dem Gespräch zufrieden, hatte den Eindruck, daß er ein wenig aufgetaut ist, ein bißchen wieder „Lust" bekommen hat... Es ist halt nicht jeder Mann ein Gott„schalk", der sogar Omas Herz schneller schlagen läßt.

Der nächste Anrufer, P. (22.2.2), sorgt wieder taglang für Diskussionen: Er konkurriert mit ihren zwei Hunden um die „Liebe" seiner Freundin. Viele Männer, die mich auf diesen Anrufer ansprachen, vermuteten wieder einmal einen Witzbold, vor allem wegen seines letzten Satzes: „Den letzten beißen die Hunde!" Ich hatte während unseres Gesprächs nicht den Eindruck, daß hier ein Blödler sein Unwesen treibt: *Angelika Lang* hatte zwar vor Herstellen der Telefonverbindung ins Studio darauf hingewiesen, daß der Mann schon in den vergangenen Sendungen bei den KollegInnen angerufen hatte und niemand ihn wollte. Doch ich war nach dem Prinzip „In der Sexualberatungsstelle kann ich mir die KlientInnen auch nicht aussuchen" – in der Privatpraxis schon – bereit, mit ihm zu sprechen. Und bei genauem Abhören des Tonbandes, wobei ich ja jede Stimmschwankung genau kontrollieren kann, hat sich mein erster Eindruck nur bestätigt; ich kann mir nicht vorstellen, daß ein Laie so perfekt schauspielern kann, daß soviel Gefühl, soviel Energie hörbar, spürbar wird! Aber selbst wenn hier ein angehender Schauspieler einen Psychopathen (wörtlich: seelisch Leidenden) darstellte, läßt auch dann noch die Wahl des Problems tiefenpsychologische Rückschlüsse zu: auf Phantasien von Animalität, von Rivalität, auf Aggressionen... Anrufer, die ihr „Problem" nur vortäuschen, lösen in mir keine „Gegenübertragungs"gefühle aus. Psychotherapeuten sind daraufhin ausgebildet, im Wahrnehmen und Kontrollieren ihrer eigenen Gefühle ein zusätzliches Instrument ihrer Arbeit zu finden – daher ist z. B. auch die Aufnahme einer Liebesbeziehung zwischen TherapeutInnen und KlientInnen der sexuellen Ausbeutung von Kindern gleichzustellen; denn es ist anzunehmen, daß es sich um eine Wiederholung eines, wenn nicht gar DES zu suchenden Kindheitstraumas handelt. Derartige zärtliche Gefühle oder Phantasien so lernen wir – , gehören „erinnert, wiederholt und durchgearbeitet". „Reflektieren, nicht agieren", wird uns in unseren Ausbildungen immer wieder als Mahnung zur Selbstkontrolle mitgegeben – wobei andauernde Selbstkontrolle gleichsam als Zwang auch wieder Symptomcharakter haben kann.

Tiefenpsychologisch oder humanistisch orientierte TherapeutInnen pflegen daher, wenn sie ihren Beruf ausüben, mit den Gefühlen anderer Menschen mitzuschwingen; wo keine Gefühle spürbar werden, liegen sie mit der Vermutung richtig, daß entweder eine Blockade spürbar wurde oder Gefühle verborgen werden sollen.

Bei P. waren viele unterschiedliche Gefühle spürbar und hörbar. Vor allem auch viel Aggression, unterdrückter Sadismus. Vielleicht wollte er den loswerden, indem er die Rundfunkberater aggressiv machte? Das ist auch ungefährlicher, als er versuchte es in einer aufgeheizten Männerrunde am Wirtshaustisch.

Der letze Anruf kommt von Frau Ch. (22.2.3), deren

Mann Probleme mit seiner Erektion hat. Unser Gespräch dreht sich um die Information, was wen wie erregen kann. Wieder einmal. Dann endlich ist diese anstrengende Funknacht vorbei, und ich freue mich darauf, nach Hause zu kommen. Doch gefehlt!

Mit bedeutungsvoller Miene bittet *Angelika Lang Martina Rupp* und mich ins Redaktionszimmer. Wie unzufrieden sie mit dieser Sendung heute gewesen sei, läßt sie eine Standpauke los. Es müsse alles viel schneller, dynamischer, unterhaltsamer werden; sie überlege ohnehin, ob sie nicht *Manfred Sax*[1] engagieren solle, damit er Straßeninterviews mache, die dann zur „Anregung" eingespielt würden... Noch einer mehr! Fast schon Gruppensex!, blitzt mir der Gedanke auf. „Ohne mich!", grenze mich trocken ab. „Ich kann nur so arbeiten, wie ich es für richtig halte, und das ist ohnedies schwer genug und gelingt nicht immer." Mir ist schon klar, daß jeder Producer seine Vorstellungen von solch einer Sendung hat und daß *Angelika* sich profilieren will. Irgendwie imponieren mir diese ehrgeizigen jungen Mädchen mit ihrer Power! Aber dann muß sie sich eine freche junge Journalistin suchen, die sich auf Sex spezialisieren will oder vielleicht eine Psychologin, die vom Hirn her agiert und nicht vom Herzen, also keine Psychotherapeutin. *„Man sieht nur mit dem Herzen gut"*, heißt es im „Kleinen Prinzen", *„das Wesentliche ist für die Augen unsichtbar."*[2] – Ein Standardzitat von mir. Ich sage es immer und immer wieder. Es fällt mir auch jetzt ein. Laut sage ich: „Ich finde, Sendungen sind wie Liebesnächte (vielleicht habe ich auch Geschlechtsverkehr gesagt?), manchmal super und manchmal fad. Such is life". Ich fühle mich nicht verantwortlich für den Sendungsverlauf. „Den Schwarzen Peter nehme ich nicht!"

Angelika wendet sich daraufhin *Martina* zu, aber die nimmt ihn auch nicht: Sanft und lieblich, hochschwan-

---

1) Manfred Sax ist Chefredakteur des Wiener Männermagazins „Ego".
2) Antoine de Saint-Exupéry, Der Kleine Prinz. Zürich 1983, S.72 .

ger, die Beine hochgelagert, ruht sie da und in sich, regt sich überhaupt nicht auf und findet ohnedies alles wie immer.

Wir trennen uns, ohne eine Lösung gefunden zu haben. Ich jedenfalls schwanke in Richtung „aufhören".

Die Woche darauf schwanke ich wieder in Richtung „weitermachen": Noch nie habe ich so viele positive Rückmeldungen bekommen. Nur ein Anrufer vertraut meinem Mann an, ich hätte 49mal „Ich denke..." gesagt, und er solle mir das doch abgewöhnen. Ich klänge dann so unsicher, ich sollte doch fester auftreten... Nun, ich werde sicher weiter „ich denke" sagen, weil ich erstens damit aussagen will, daß jemand anderer anders denken darf. Ich will nicht das tun, was *Ivan Illich* „Entmündigung durch Experten"[3)] nennt.

Zweitens will ich betonen, daß ich da selber einen Gedanken entwickle, nicht zitiere, nicht behaupte oder vermute oder was noch sonst alles möglich ist – sonst würde ich diese anderen Worte verwenden. Ich erinnere mich noch mit Amusement daran, wie mich *Andreas H. Ubell* vom Monatsmagazin BASTA im Septemberheft 1988 interpretierte; auf seine Frage, ob es denn nicht schwierig sei, auf all die unterschiedlichen Anfragen Anwort zu wissen, erklärte ich ihm, daß ich erstens einen beziehungsorientierten Ansatz und keinen auskunftsorientierten habe und zweitens auf Weitergabe von Informationen verzichte, wenn ich nicht aus meiner therapeutischen Erfahrung weiß, daß z. B. eine Übung hilfreich ist. Ich formulierte daher: Ich empfehle ja nichts, was ich nicht ausprobiert habe – und meinte in der Sexualberatungsstelle als Therapie. In der Zeitung stand dann (nebst der Bezeichnung „Lady of the night" und „Mitternachtseinlage" für mich): „Die Maxime der zweifachen Mutter: Ich empfehle nichts, was ich nicht selbst ausprobiert habe." Und ich konnte dann monatelang JournalistInnen, deren Phantasie dadurch angeregt worden war, erklären, daß ich sehr

3) Ivan Illich, Entmündigung durch Experten. Zur Kritik der Dienstleistungsberufe. Reinbek bei Hamburg 1979.

unterscheide zwischen Formulierungen wie „ich empfehle" oder „es gibt KollegInnen, die empfehlen" oder „manche KollegInnen schreiben", was soviel heißen soll wie: Prüfen Sie selbst die Information – ich halte nichts davon.

Wenn ich nun die Dokumentation der bisherigen Sendungen – knapp genug – beschließe, habe ich bereits die zwei nächsten Termine zugesagt: Mai und Juni. Die Junisendung wird vielleicht meine letzte sein. In diesem Fall hoffe ich, daß eine Kollegin aus den beiden Wiener Sexualberatungsstellen nachfolgen wird, damit dieser „heiße Draht" zu den Beratungseinrichtungen erhalten bleibt.

Ich hoffe, daß es mir gelungen ist, ein bißchen Einblick „hinter die Kulissen" zu geben.

Ich finde, daß eine Sendung wie diese, die nicht nur auf spannende, unterhaltende, sondern auch berührende, besinnliche Weise mit Leben und Lebensproblemen vertraut macht, hilfreich ist, wenn geschulte, korrekt ausgebildete BeraterInnen mitarbeiten: weil sie eine Fülle von Informationen auf konkrete Nachfrage bereitstellen – und weil sie Vorbilder liefern, wie man über solch schwierige Themen sprechen kann.

Raten, was „Beratung“ heißt

Was bedeutet „Beratung“ und was nicht

Spätestens seit am 1. 1. 1989 die Novelle zur österreichischen Gewerbeordnung in Kraft trat, ist auch durch den Gesetzgeber unmißverständlich klargelegt: Beratung ist eine qualifizierte Tätigkeit. Wer sie ausüben will, braucht eine spezifische Ausbildung, Praxis, Supervision. Der korrekte Gesetzestext lautet:

Gewerbeordnung:
§323 e (1) Der Konzessionspflicht unterliegt die Beratung und Betreuung von Menschen insbesondere im Zusammenhang mit Persönlichkeitsproblemen, Ehe- und Familienproblemen, Erziehungsproblemen, Berufsproblemen und sexuellen Problemen.
(2) Zu den gemäß Abs. 1 konzessionspflichtigen Tätigkeiten gehört auch die psychologische Beratung mit Ausnahme der Psychotherapie.
§ 323 f. Die Erteilung der Konzession für das Gewerbe der Lebens- und Sozialberater erfordert neben der Erfüllung der in § 25 Abs. 1 Z. 1 angeführten Voraussetzungen die Erbringung des Befähigungsnachweises.

Vor dieser Gesetzesänderung konnte jede/r nach Lust und Laune das Gewerbe „Psychologische Beratung“ anmelden, das aus Büchern erworbene oder selbsterfundene Wissen durch „intime“ Plauderei, hypnotische Beeinflussung, Handauflegen oder was auch immer, auf jeden Fall aber nach unüberprüfbaren Tarifsätzen an den Mann oder die Frau bringen und nach Herzenslust Werbung betreiben.

Viele der in diesem Gewerbe versammelten Menschen waren Bluffer, die dem Gewerbeschein „Handel mit Waren aller Art" oder der Versicherungsmakelei noch etwas imposanter Klingendes hinzufügen wollten. Oder sie dachten, wenn sie schon Pyramiden verkauften oder Kristallkugeln, gäben sie ihre Ratschläge noch dazu. Manche von denen, die fleißig im Verkauf tätig waren, waren trotz gegenteiligen Anscheins gut ausgebildete Heilpraktiker, die sich aus Furcht vor dem Kurpfuschereiparagraphen und dem Ärztegesetz nicht deklarieren wollten. Und andere wiederum waren PsychotherapeutInnen, die mangels gesetzlicher Regelung – die es mittlerweile gibt: Am 1. 1. 1989 trat sowohl das Psychotherapie- als auch das Psychologengesetz in Kraft – im Gewerbe Zuflucht suchten. Und wieder andere waren Masseure, vor allem Anhänger östlicher Techniken, die mangels Nachweis der vorgeschriebenen Praxiszeiten keine Chancen sahen, den Gewerbeschein für Massage zu erlangen. Viele von ihnen hatten sich in Richtung „Gesundheitsberatung" oder Esoterik entwickelt, rechneten Horoskope, behandelten mit Bachblüten oder Aroma-Therapie und so weiter und so fort. Viele Beobachter der Psychoszene waren und sind noch immer der Ansicht, daß diese bunte Vielfalt ihr Gutes habe, Ratsuchenden ein breites Spektrum möglicher Heils-Wege eröffne und im übrigen ohnedies der „Markt" (oder ein höheres ordnendes Prinzip) die Unqualifizierten ausscheide.

Da aber von Seiten der Standesvertretung der Ärzte immer wieder versucht wurde, alle Dienstleistungen, die direkt auf Körper, Seele oder Geist des Menschen einwirken, in ihren Berufsbereich zu reklamieren – auch wenn sie im Medizinstudium keinerlei Ausbildung in Gesprächsführung erhalten –, lag es nahe, daß alle Berufsangehörigen, die eine Ausbildung in Gesprächsführung, nach welcher Methode auch immer, besaßen, sich dieser Strategie widersetzten, sich nicht als „Scharlatane" diskriminieren lassen wollten und um Anerkennung und Selbstverständnis zu kämpfen bereit waren.

Somit liegt nunmehr dem Berufsbild der konzessionierten Lebens- und SozialberaterInnen das Berufsbild der staatlich anerkannten Ausbildung zum diplomierten Ehe-, Familien- und Lebensberater zugrunde. Wer eine gleichwertige Ausbildung hat (oder eine weitergehende), ist für die Erlangung dieser Berufsberechtigung qualifiziert.

Ja, aber bitte, werden jetzt einige denken, „beraten" – das tun doch viele? Auch ein Arzt/eine Ärztin berät – z. B. über die richtige Diät – oder ein/e Verkäufer/in – welches Produkt für mich das richtige ist – oder der/die Versicherungsvertreter/in, von FarbberaterInnen, ErnährungsberaterInnen etc. ganz abgesehen.

Und da beginnt der Unterschied: Die einen beraten, indem sie aus ihrem erworbenen Wissen die passende Schublade, das passende Etikett, das passende Rezept abrufen, je schneller, desto imponierender. Die Ratsuchenden neigen dann – oft gegen ihr Gefühl – das Haupt in Ehrfurcht vor so viel Wissen, schalten ihr eigenes Denken und Fühlen ab und akzeptieren den Ratschlag – Ratschläge sind auch Schläge! – ohne nachzudenken, ob der Experte, die Expertin vielleicht etwas vorschlägt, was schädlich sein kann, unerwünschte Folgen haben kann oder einfach nicht paßt.

Manche Ratsuchenden verfügen über ein ausreichendes Quantum an gesunder Wut, um sich in solch einem Fall zu empören, dagegenzureden; aber viele werden einfach kleinlaut, ziehen sich in sich zurück und vertrauen, sehr zu ihrem Nachteil.

Ivan Illich spricht von *„Entmündigung durch Experten"*[1]. *Peter F. Schmid,* einer meiner Ausbildner, schreibt über den personzentrierten Ansatz in Psychotherapie, Beratung, Gruppenarbeit und Seelsorge: *„Er sieht in der Person des Menschen selbst die Autorität, nicht in Methode und*

---

1) Ivan Illich, Entmündigung durch Experten. Zur Kritik der Dienstleistungsberufe. Reinbek bei Hamburg 1979.

nicht in Experten. So ist er immerhin ein massiver Angriff auf Machtpositionen und autoritäre Allüren aller Art bei Psychotherapeuten, Lehrern, Ärzten und vielen sonstigen ‚Fachleuten' – eben den sogenannten Autoritäten. Eine allgemeinverständliche Sprache, die ohne Geheimwissen, Manipulationstechniken und Expertenvokabular auskommt, der konsequente Glaube an die Kompetenz jedes einzelnen für sich selbst, nicht zuletzt die Erfahrungsnähe seiner Theorie – all das macht den Ansatz zur Bedrohung für mancherlei Verteidigungspostionen."[2]

Professionelle Beratung (oder „non-direktive"[3] im Gegensatz zur „direktiven"[4]), wie sie dem Berufsbild der Lebens- und Sozialberater zugrundeliegt, heißt eine helfende Beziehung aufnehmen, sich so auf den/die andere/n einstellen, daß man ihm/ihr bei der Suche nach dem Erkennen eines Problems, neuer Sichtweisen, anderer Verhaltensmöglichkeiten beisteht, dienlich ist. Dazu gehört als Voraussetzung, daß man die andere Person annehmen kann, wie sie ist, sie nicht ablehnt, verurteilt, ihr nicht ins Gewissen redet, keine Angst vor ihr hat, keinen Ekel empfindet. Oder daß man ihr ehrlich die Wahrheit sagt, daß man Angst hat, weil man... Ja, und dann muß man genau wissen, was es ist, das diese Angst ausgelöst hat, denn die andere Person soll sich ja orientieren können, verstehen, was sie ausgelöst hat, und nicht im Dunkeln tappen müssen. Deswegen wird ja in der Ausbildung von Beratern so viel Wert auf Selbsterfahrung gelegt, nicht nur (aber schon auch), damit man die „Methode" kennenlernt, nach der man später selbst arbeiten will, nicht nur, damit man nicht eigene Vorurteile oder Blockaden auf die Ratsuchenden überträgt, sondern vor allem, um sich der eigenen Geisteshaltungen und Gefühlsregungen bewußt zu werden, sensibler zu werden, behutsamer, langsamer.

---

2) Peter F. Schmid, Personale Begegnung. Der personzentrierte Ansatz in Psychotherapie, Beratung, Gruppenarbeit und Seelsorge. Würzburg 1989, S. 97.

3) non-direktiv: Der Helfer versucht, eine Beziehung herzustellen, die dem Gesprächspartner ermöglicht, seinen Weg der Konfliktbewältigung zu finden.

4) direktiv: Der Helfer ergreift die Initiative, lenkt das Gespräch in eine bestimmte Richtung und schlägt die Lösung vor.

Deswegen sind auch seriöse Beratungs- oder Psychotherapieausbildungen nicht mit den üblichen Studien („Wissenschaftliche Berufsvorbereitungen" nennt sie der Gesetzgeber mit gutem Grund!) zu vergleichen, bei denen es um den Erwerb und die Kontrolle von Wissen, Fertigkeiten und auch Geisteshaltungen wie „juristisches Denken", „naturwissenschaftliche Weltsicht" geht. Einzig bei der Zulassung zur Ausbildung an einer Akademie für Sozialarbeit wird meines Wissens nach die persönliche Eignung getestet – immerhin müssen künftige diplomierte SozialarbeiterInnen physisch und psychisch recht belastbar sein; sie bilden aber auch für einen „beratenden Beruf" aus.

Wer über einen Abschluß in einem der in Beratung oder Psychotherapie ausbildenden Vereine verfügt, von dem/der darf angenommen werden, daß er/sie Dünkel, Prestige- oder Machtstreben aufgegeben hat. Von ihm/ihr darf gehofft werden, daß er/sie keinen Versuchungen erliegt, KlientInnen zu manipulieren oder auszubeuten – finanziell wie sexuell.

Beratungsfehler – Irren ist menschlich

...und Beratungsfehler lassen sich daher nicht vermeiden, aber wenn man sie rechtzeitig erkennt, kann man sie korrigieren. Es gibt leider fahrlässige Beratungsfehler wie: *„Also da machen's doch einmal einen Versuch, trauen Sie sich doch!"* – gutgemeinte Motivation, die aber z. B. auf die Persönlichkeit des/der Angesprochenen – nicht jeder hat die Psychostruktur eines *Thomas Gottschalk* – oder auf seine/ihre Hemmungen, die schon ihren guten Grund haben werden, keine Rücksicht nimmt. Oder die bereits kritisierte Schubladierung, das Expertenpfauenrad: *„Ah,* *da weiß ich was!"*, und husch, rein ins Schubladl! – Reaktion vom Hirn her und vom Wissen, kein Fühlen, kein Nachspüren, ob man/frau mit dem/der Ratsuchenden wirklich im Einklang ist.

Es gibt grob fahrlässige Beratungsfehler wie: *„Da MÜSSEN Sie sich trennen!"* Bestenfalls dürfte der/die BeraterIn formulieren: „Ich würde mich in Ihrer Situation trennen müssen", und damit etwas über die eigenen Zwänge aussagen – aber auch das ist bereits wieder ein leicht fahrlässiger Beratungsfehler, denn dem/der Ratsuchenden hilft es überhaupt nichts, zu wissen, was der/die ExpertIn täte, wenn das nicht seinen/ihren höchstpersönlichen Lebensmöglichkeiten entspricht.

Und dann gibt es fast schon vorsätzliche Beratungsfehler, wie etwa Angstmache: *„Das ist ja schrecklich! Da müssen Sie sofort zum Psychiater! Zum Arzt! Auf die Polizei!"* oder Drohungen, das berühmte „Den Teufel an die Wand malen" oder was es sonst noch alles an Strategien der „Schwarzen Pädagogik" gibt.

„Helfen heißt teilen", schreibt *Peter F. Schmid, „sich einander mit*-teilen *und aneinander* An*teil nehmen."*[5]

Sexualberatung als Sonderform von Beratung

Wie bei jeder Sonderform von Beratung, die sich an einem bestimmten Symptom oder Problembereich orientiert (z. B. Eßstörungen, Drogensucht, Schulverweigerung...), finden wir auch im Problembereich „Geschlechtsleben" die unterschiedlichsten methodischen Ansätze.

---

5) Peter F. Schmid,Personale Begegnung. Der personzentrierte Ansatz in Psychotherapie, Beratung, Gruppenarbeit und Seelsorge. Würzburg 1989, S. 57.

Besonders deutlich werden diese gegensätzlichen Positionen, wenn es um Therapie geht. Manche Fachleute wie *Volkmar Sigusch* lehnen den Begriff „Sexualtherapie" überhaupt ab; für sie gibt es nur Psychotherapie und die Therapie „funktioneller Störungen". Andere wollen auch von Psyche nichts hören, frei nach dem Motto: „So viele Leute habe ich schon aufgeschnitten, Seele habe ich noch nie gefunden" , und beschränken sich weiterhin aufs Operieren. Andere wiederum schwören auf alte Hausrezepte, östliche Massage- und Gymnastiktechniken oder Drogen, Energieausgleich oder „Touch of Health" und wieder andere auf die Pharmaindustrie: Liebe aus der Apotheke.

Ich selbst stehe zu dem Begriff „Sexualtherapie" und interpretiere ihn nicht problem- oder methodenzentriert, sondern als „zielgerichtetes" (was auch immer als Ziel definiert wird) Bemühen im Kontext einer Lebenswirklichkeit, die unterschiedlich ausfällt, je nachdem ob sie die eines Mannes oder die einer Frau ist.

Beratung wie auch Therapie kann extrem kognitiv – Wissen vermittelnd, Einsicht ansprechend – oder emotional – Gefühle ansprechend – angelegt werden. Sie kann direktiv (der Berater wendet sich MIT SEINER EIGENEN SICHT dem Problem zu) oder non-direktiv (der Berater wendet sich dem/der Ratsuchenden zu und nimmt an DESSEN/DEREN SICHT des Problems Anteil) angelegt sein. Sie kann parteilich ausgerichtet sein, also eindeutig für und gegen jemand oder etwas Position beziehen, oder abstinent, neutral.

Vieles, was zum Standardrepertoire der Therapie funktioneller Störungen gehört (gehemmte sexuelle Erregung, gehemmter Orgasmus, vorzeitiger Samenerguß, Vaginismus), etwa die von *Masters & Johnson* propagierten Übungen, entsprechen einem verhaltenstherapeutischen, direktiven Ansatz, wenn sie nicht in eine umfassendere Problemsicht eingebettet werden. Eine solche umfassendere Sichtweise kann psychoanalytisch orientiert sein (also die psychosexuelle Entwicklung der Beteiligten besonders berücksichtigen, mit ihren Wiederholungszwängen und ihren Abwehrhaltungen) oder systemisch, das Problem als Signal einer Störung in der Beziehung, der Familie, einer größeren miteinander verbundenen Personengruppe, betrachten. Wird dieser Blickwinkel so weit angelegt, daß auch soziokulturelle, ja gar politische Beeinflussungen eingebracht werden, kommen wir in die Nähe der feministischen oder psychoanalytischen Sozialtherapie, je nachdem (in Wien sind diese beiden Gruppierungen beratend/therapeutisch tätig).

Dr. med. *Verena Middendorp*, die Leiterin der Sexualkundlichen Sprechstunde der Universitätsklinik Zürich, bei der ich meine Ausbildung in Sexualberatung und -therapie genoß, vertritt einen einerseits systemischen, andererseits auch an der Psychosexualtherapie von *Helen Singer-Kaplan* orientierten Ansatz.

Dieser Beratungsansatz kann als methodenintegrativ bezeichnet werden und verläuft in folgenden Beratungsschritten:

- Entängstigung (Permission)
- Begrenzte Information (Limited Information)
- Spezifische Suggestionen (Specific Suggestions) und
- Intensive Therapie (Intensive Therapy).

Nach den Anfangsbuchstaben der englischen Bezeichnungen sprechen wir vom PLISSIT-Modell.

Es hat den Vorteil, daß sich BeraterInnen disziplinieren, KlientInnen nicht sofort „anzutherapieren", sondern genau abzuklären, welches Ziel durch Beratung erreicht werden soll.

Mein eigener Beratungsansatz

Sicherlich orientiere ich mich sehr stark an *Verena Middendorp* und dem PLISSIT Modell.

Entängstigen ist mir ein besonderes Anliegen, weiß ich

doch noch aus der Zeit, als ich aktiv in Selbsthilfe-Projekten tätig war (den Club Bassena konzipiert, aufgebaut und geleitet habe, Seminare „Selbstbewußtsein kann man/frau lernen" abgehalten habe), welch befreiende Wirkung die Erkenntis hat, nicht einzig und allein mit seinem Problem dazustehen, zu erfahren, daß ein Symptom oder eine Verhaltensweise einen – wenn auch oft unzulänglichen – Versuch darstellt, etwas „Schiefes" ins rechte Lot zu bringen.

Entängstigen ist auch eine Grundvoraussetzung dafür, daß sich KlientInnen angenommen fühlen können. Um nicht mißverstanden zu werden, möchte ich präzisieren: Ich verstehe unter „Entängstigen" nicht ein direktives: *„Da brauchen Sie keine Angst haben!"*, oder: *„Haben Sie doch keine Angst!"*, sondern eine Einladung, sich zu entspannen, eventuell über eigene Ängste zu sprechen, über Erfahrungen, die Angst ausgelöst haben, über Befürchtungen. Das setzt voraus, daß ich als Beraterin keine Angst habe vor der Angst des/der anderen, sie aushalte und genau wahrnehmen, mitfühlen kann.

Wenn ich bemüht bin zu entängstigen, bediene ich mich zweier methodischer Zugänge: Entweder frage ich personzentriert: *„Und das macht Ihnen Angst?"*, wenn ich Angst spüre. Oder ich verwende die von *Harald Picker*, meinem Ausbildner in Psychoanalytischer Sozialtherapie, entwickelte „Technik der regressiven Kommunikation", etwa: *„...und das kann schon Angst machen, wenn..."*, und lasse dann später sehr distanziert als Lösungsmöglichkeiten eine oder mehrere Handlungsalternativen am Horizont auftauchen: Der Klient/die Klientin soll sich wie von einem Buffet nehmen, was er/sie mag – oder auch nicht.

Ein Beispiel im Transkript sind Passagen in 3.1.4 oder 22.1.1.

Bei der begrenzten Information sind meine Schwierigkeiten größer; stoße ich an meine eigenen Grenzen, ist es zwar noch leicht – ich muß mein Unwissen, Unverständnis, meine Hilflosigkeit nur zugeben können –, entschließe ich mich aber, der Bitte nach Information nicht

„unbegrenzt" nachzukommen, stellt sich mir die Frage, warum ich das tue. Wenn ich Informationen zurückhalte, weil sie nicht gefragt wurden, ist das wohl richtig, ich soll ja auch nicht zu etwas „verführen", was für den/die andere/n nicht aktuell ist. Wenn ich Informationen zurückhalte, weil ich vermute, daß das Setting – Zeit, Ort und Rahmenbedingungen – nicht passend ist, wäre es hingegen korrekt, genau diese Information deutlich zu vermitteln.

In der Beratung von Person zu Person fällt das weniger schwer als in einer Live-Sendung, wo das Setting ja eine mehr oder weniger launige Moderation als Begleitung vorsieht, Problemlösung nicht – oder doch? – oder doch wieder nicht? – auf jeden Fall nicht klar – gewünscht ist. Ich befinde mich also, wenn ich den Parallelprozeß im Studio anspreche, in Wiederholung folgender Situation: Ich möchte mich auf jemanden konzentrieren, und andere (ModeratorIn, ProducerIn) funken dazwischen, manchmal störend, manchmal erleichternd. Solche Situationen kennen alle, die kleine Kinder haben: Kaum beginnen Papi und Mami sich intensiv miteinander zu beschäftigen, gehen manche Kinderlein auf Horchposten, andere dagegen zur Attacke. *„Darf ich ZWISCHEN Euch?!"*, wie *Marie Marcks* einen Cartoon so treffend untertitelt. Das Bewußtsein eines „Lauschers" oder vieler „Lauscher an der Wand" läßt mich jedenfalls im Rundfunk die Grenzen enger ziehen.

Anders sieht für mich diese Situation im Bereich der spezifischen Suggestionen aus.

Ich hatte immer schon ein fast erotisches Verhältnis zur Sprache. Mein Vater war in seinem Wirkungsbereich Legende, brachte er es doch bis zu seinem Lebensende auf die perfekte Kenntnis von 27(!) Sprachen. Ich bin mit seinen Sprachvergleichsstudien aufgewachsen und habe sehr davon profitiert, daß er – um in Übung zu bleiben – täglich und abwechselnd laut in den verschiedensten Sprachen vorlas. (Weniger angenehm war, daß er mich traktierte, ebenfalls mehr Sprachen zu lernen als ich zu brauchen glaubte, weshalb ich auch verweigert habe!)

Ich bin fest davon überzeugt, daß viel – wenn nicht alles – Leid davon herrührt, daß wir so vieles nicht aussprechen, benennen dürfen.

Die Bibel beginnt in der Luther-Übersetzung mit: *„Am Anfang war das Wort"*, und wenn wir uns an Goethes „Faust" erinnern, da grübelt Faust darüber nach, wie er „Logos" aus dem Griechischen eindeutschen soll: als „Wort" – oder als „Sinn". Logos bedeutet beides und noch vieles mehr, zum Beispiel Sprechen, Rede, Erzählung, Nachricht, Gerücht.

Worte schaffen Wirklichkeit.

„Daher ringen wir auch oft um Worte, um Formulierungen, um unsere Gefühle auszudrücken, unsere Sehnsüchte zu präzisieren. Voraussetzung ist, überhaupt zu spüren, daß wir an eine Grenze, an ein Niemandsland der Sprache gelangt sind. Wenn wir uns gar nicht bewußt sind, daß uns die Worte ausgegangen sind, daß eine entsprechende Bezeichnung nicht – oder noch nicht – zur Verfügung steht, werden wir wohl einen naheliegenden anderen Begriff wählen", schrieb ich schon einmal, *„denn: wofür wir keine Bezeichnung haben, davon haben wir auch nur unklare Vorstellungen. Je undifferenzierter unsere Begriffe sind, desto geringer sind unsere Wahrnehmungsmöglichkeiten."*[1)]

Ich bin immer wieder aufs neue fasziniert, wenn ich erleben darf, wie jemand, der/die den „richtigen" Namen, die „richtige" Bezeichnung findet, damit „heilt", Einheit, Wahrheit wiederherstellt, wo vorher Zwiespalt, Verwirrung war.

Mein Bemühen um Sprache war auch eines meiner Motive, „Neurolinguistisches Programmieren" (NLP) zu lernen, wohl die effizienteste, aber auch gefährlichste Technik zur Veränderung menschlichen Erlebens oder Verhaltens. NLP beinhaltet die konzentrierte Technik von Gestalttherapie, Systemtherapie und Hypnotherapie

---

1) Rotraud A. Perner, „Der Mythos vom weiblichen Masochismus." In: Horner/Schulz: Unterwerfung. Über den destruktiven Gehorsam. Wien 1990, S. 302.

und weist einen Weg, durch präzisen Einsatz von Sprache erwünschte „Seinsweisen" hervorzurufen – was natürlich nicht nur positive Wirkung beinhaltet, sondern auch Mißbrauch oder Manipulation bedeuten kann.

Der Vorteil in der Anwendung von NLP kann darin liegen, sich genau zu überlegen, welches Wort in welchem Zusammenhang verwendet wird, denn wenn wir es genau überlegen, ist jedes Wort eine Suggestion – es schafft eine bestimmte geistige Vorstellung, und das Geheimnis des „positiven Denkens" besteht im Endeffekt darin, daß wir unser Denken kontrollieren, also nicht „den Teufel an die Wand malen", sondern einen Engel.

In der Psychoanalytischen Sozialtherapie propagiert *Harald Picker*[2)] eine ähnliche Methode, das „Verrücken": Es ist schon ein Unterschied, ob jemand von sich sagt: *„Ich bin schlampig"* oder – „verrückt" – *„Ich bin großzügig!"* (Beispiel im Transkript: 3.2.4 Ende).

Spezifische Suggestionen können Formulierungen sein, die neue, alternative Sichtweisen ermöglichen. Sie können Anleitung zur Autosuggestion sein, ähnlich dem autogenen Training. Sie können komplette Lernprogramme sein, „Eselsbrücken", wie wir sie aus unserer Schulzeit kennen.

Nach meiner Interpretation können spezifische Suggestionen aber auch vorbewußte Gefühlsinhalte ins Bewußtsein heben, da ich die „bewußte Wortwahl" zu den spezifischen Suggestionen zähle.

Wenn es im Gespräch gelingt, aus der Flut flüchtig hingesagter Worte Bezeichnung und Gefühl in Einklang zu bringen – wenn dann KlientInnen sagen: *„Ja – genau! Das ist es!"*, und sich verstanden fühlen –, findet persönliches Wachstum statt; wir bleiben dann nicht in Selbstblockaden – darunter verstehe ich „Unerledigtes" wie alte Wunden, Verletzungen, unzureichende Trauer oder Wut, „bestgehütete Geheimnisse" oder Erlebnisse, die mit tiefer Scham verbunden sind... – hängen, sondern können uns weiterentwickeln.

---

2) Harald Picker, Statt Leistungszwang Erlaubnis zum Gefühl.

So verstehe ich auch die „Personale Begegnung" im personzentrierten Ansatz. *Peter F. Schmid*[3] formuliert: *„Die Kunst der Begegnung ist ein dialektischer Prozeß: durch ständige Offenheit auf das Gegenüber seine Identität zu wahren."*

Meine Erfahrung aus Beratung und Therapie ist, daß viele der Methoden, die ich in meiner Ausbildung gelernt habe, hilfreich sind auf dem Weg, „irgendwie" weiterzukommen aus einer Position der Beschränkung oder des Stillstands, wirkliches Wachstum aber dann stattfindet (und das halt nicht vierundzwanzig Stunden am Tag und jeden Tag, sondern DANN, in dem entscheidenden Augenblick), wenn Begegnung von Person zu Person – wirkliches, wahrhaftiges einendes Berühren, Rühren – zustandekommt.

Wenn ich an die vielen Stunden Selbsterfahrung während meiner Ausbildungen denke, so hat auch mich eben dieses Erleben – „berührt-werden", „gerührt-werden" – verändert, nur war es immer so, daß ich erst nach etlicher Zeitverzögerung gemerkt habe, daß sich etwas geändert hat, daß ich mich verändert habe. In der Arbeit mit KlientInnen merke ich sofort – an der Änderung der Haltung, der Atmung, des Gesichtsausdruckes, der „Ausstrahlung", was auch immer, selbstverständlich auch an meinem eigenen Erleben – daß diese „Begegnung" stattgefunden hat.

Und ich weiß zwischenzeitlich aus Erfahrung, daß es dabei inhaltlich meist um Erlebnisbereiche geht, die sich schwer an- und aussprechen lassen; das hängt gerade in der Sexualberatung oft mit dem Gegenübertragungsgeschehen zusammen – mit dem, was sich in der Beziehung zwischen KlientIn und BeraterIn abspielt. Mein Credo lautet: „Aussprechen, was ist!", aber sich die Zeit nehmen, die „richtigen Worte" zu finden. Zu seinen Gefühlen stehen. Wahrheit leben.

---

3) Peter F. Schmid, Personale Begegnung. Der personzentrierte Ansatz in Psychotherapie, Beratung, Gruppenarbeit und Seelsorge. Würzburg 1989, S. 117.

Probleme der Sexual-Beratung – insbesondere live im Hörfunk

Zeitdruck

Beratung braucht Zeit; Sexualberatung braucht noch mehr Zeit, geht es doch um Beziehungen, die Beziehungsfähigkeiten der Ratsuchenden, die Chance der Beziehungsaufnahme zwischen Ratsuchenden und BeraterInnen.

„Da ein Problem haben immer auch heißt, sich nicht so zu mögen, wie man ist, ist diese „Korrektive Erfahrung" *im Angenommen- und Verstandenwerden ein heilsamer Prozeß: Wenn es in einer Beziehung (der momentanen zum Berater) möglich ist, diese Erfahrung zu machen, dann ist der Betroffene eben tatsächlich dazu in der Lage. Er kann seine bisherige Erfahrung („ich werde nicht geliebt", „ich fühle mich unverstanden", „ich bin unfähig", „ich habe nicht die Kraft dazu" oder was immer) korrigieren („ich bin offenbar liebesfähig und liebenswert", „ich kann mich tatsächlich verständlich machen, weil mich hier ja jemand versteht" usw.)"*, schreibt Peter F. Schmid, und: *„Das Entscheidende dabei ist: Das hat ihm nicht jemand gesagt; das hat er vielmehr erlebt."*[1)]

Eines der Hauptmerkmale, weshalb heute so viele Beziehungen mißlingen, als „Beziehung" – sich aufeinander „beziehen" – gar nicht zustandekommen, ist die Erwar-

1) Peter F. Schmid, Personale Begegnung. Würzburg 1989, S. 53/54.

tung von prompter, spontaner Beglückung – alles soll schnell gehen. Quicky hat Saison. (Und einer meiner Kritikpunkte am NLP liegt darin, daß es eine „Kurz-Therapie"-Form ist – und gerade daran viele Menschen leiden, daß niemand „Zeit für sie" hat! Also vom Regen in die Traufe!)

Nur beschränkte Zeit füreinander zu haben, ist in der Sexualberatungsstelle durch wiederholte Sitzungen korrigierbar und entspricht im Parallelprozeß den Lebensbeziehungen, die ja meist auch Wiederholungen zulassen, wenn nicht feindliche Mächte (sogenannte Freunde oder Freundinnen, Verwandte...) dazwischenfunken. Im Rundfunk funkt Technik und Regie nach eigenem Gutdünken dazwischen – und leider kann ich dann die AnruferInnen nicht fragen, ob ihnen genau das im Leben auch immer wieder passiert (könnte ein wichtiger Hinweis auf Widerstandsschwäche sein!)

Und manchmal bin ich recht unkonzentriert, wenn ich die Unruhe der KollegInnen im Studio spüre, denen das Gespräch über den Äther zu wenig Unterhaltungswert oder zu viel depressiven Gehalt hat...

Offenheit

Peter F. Schmid betont die „ständige Offenheit"[1]

Offenheit ist ein mehrdeutiger Begriff: wir können offen sein und aus uns herausströmen lassen, wir können aber auch offen sein und in uns eindringen lassen (Fülle – Leere).

Viele LeserInnen der Werke von *Carl R. Rogers*, dem Begründer des Personzentrierten Ansatz, meinen, seine sogenannte „Gesprächspsychotherapie" – er selbst hat diesen Ausdruck abgelehnt – lebe von der Anwendung der

1) Peter F. Schmid, Personale Begegnung. Würzburg 1989, S. 117.

drei „*Rogers*-Kriterien": Echtheit (Kongruenz, Authentizität), wertschätzende Anteilnahme (Akzeptanz) und Einfühlsames Verstehen und Aussprechen (Empathie und Verbalisierung emotionaler Erlebnisinhalte) – als Technik oder Methode.

Demgegenüber steht das Selbstverständnis personzentrierter Einstellung, wonach Echtheit, Achtung und Einfühlung eine Art zu sein darstellt, die der Person (der anderen wie der eigenen) hilft, ihre eigenen Möglichkeiten zu entwickeln.

Im Zusammenhang mit Echtheit schreibt *Peter F. Schmid „die Offenheit sich selbst gegenüber, und die Offenheit in der Kommunikation dem Partner gegenüber, hängen eng zusammen"* und *„bedingen auch die Freiheit von jedweder ‚Methode oder Technik'."*[2]

Im Sinne dieser Offenheit ist es auch nicht förderlich, mit Hilfe einer Diagnose zu schubladieren, mit Hilfe einer Rezeptur Entwicklung zu „forcieren", kurz: sich selbst der Begegnung zu entziehen.

Die besondere Schwierigkeit in der Sexualberatung liegt nun darin, daß Offenheit – offen sein für das Erleben anderer Personen – im Sinne des Übertragungsgeschehens als Offensein für Erleben mit einer anderen Person mißverstanden werden könnte; Offenheit muß auch deutliche Grenzen haben: für den/die BeraterIn und gegebenenfalls für den/die KlientIn, hängen doch zahlreiche Sexualprobleme mit mangelndem Respekt vor den Grenzen des/der anderen zusammen. Dieses Problem kann und sollte auch in der helfenden Beziehung bearbeitet werden.

Die noch größere Schwierigkeit liegt in der Sexualberatung am Telefon. *„Das Telefon ermöglicht eine ART des EINDRINGENS bei dem/der gewünschten GesprächspartnerIn"* stellt *Jürgen Hornschuh*[3] fest und *Karl Horning* konstatiert: *„Das Telefon macht Hemmschwellen überschreitbar."*[4] Grenzüberschreitungen aller Art liegen

---

2) Peter F. Schmid, Personale Begegnung. Würzburg 1989, S. 123.

3) Forschungsgruppe Telefonkommunikation (Hg): Telefon und Gesellschaft, Band 2. Berlin 1990, S. 335.

4) Ebenda, S. 261.

also nahe – näher als im Gespräch unter vier Augen. In der Sexualberatungsstelle gehen wir daher auch nur in ganz besonderen Fällen auf Telefonberatung ein, wenn jemand von sehr weit weg anruft und wir keine alternative Beratungsmöglichkeit finden, ansonsten beschränken wir uns auf Terminvereinbarungen bzw. die notwendigsten Auskünfte, um Weiterarbeit konkret festlegen zu können.

Diese Beschränkung von Offenheit hat mehrfachen Sinn: einerseits den trivialen, daß wir nur eine Leitung zur Verfügung haben und die nicht blockieren wollen. Andererseits macht immer eine/r der KollegInnen Telefondienst, ist aber auch oft gleichzeitig durch ein Gespräch gebunden, befindet sich also in einer Streßituation und versucht diese rasch zu beenden. Und dann ist unsere Erfahrung, daß Personen mit Problembewußtsein sehr wohl das Angebot des weitgehend ungestörten Gesprächs unter vier Augen in einer klar definierten Zeiteinheit (eine halbe oder ganze Stunde) bevorzugen, während Erotophone ja „agieren und nicht reflektieren",[5] sprich: kein Problembewußtsein haben, es daher besonders schwierig ist, sie zu einem persönlichen Besuch zu motivieren.

Sexualberatung am Telefon und dazu noch übertragen im Rundfunk ist aber wohl das Allerschwierigste, wenn Intimität – und jede echte Beziehung, auch die beratende ist intim – durch „schwatzende Zungen lüsterne Ohren" beobachtet wird.

Klaus Thiele-Dohrmann schreibt in seiner Psychologie des Klatsches: *„Klatsch existiert, solange es Sprache gibt. Neugier, Schadenfreude, die Lust am Aufdecken von Geheimnissen und die Freude am Spiel der Phantasie gehören seit jeher zum menschlichen Wesen."*[6] Objekt des Klatsches, so meint er, sind Personen, die durch ihre berufliche Position (z. B. Politiker) oder durch auffällige

5) „Reflektieren anstatt Agieren" – „Nachdenken anstatt Handeln" ist eines der Grundprinzipien von Beratung und Therapie.

6) Klaus Thiele-Dohrmann, Schwatzende Zungen lüsterne Ohren. Zur Psychologie des Klatsches. München 1988, S. 12.

Merkmale oder einfach durch die Tatsache, daß sie neu auf der Bildfläche erscheinen, zum vorläufigen Zentrum des Interesses werden.[7]

Jeder Anrufer, jede Anruferin steht eine gewisse Zeit im Mittelpunkt des Interesses – er oder sie meldet sich, das angegebene „Problem" löst Erwartungen aus, Phantasien über den oder die AnruferIn... und möglicherweise Enttäuschung und Abwendung des Interesses, wenn die Realität anderes ergibt, als erhofft wurde.

Nun ergibt sich bereits aus der Tatsache, daß „Beratung" keine Form der Alltagskommunikation ist (wie vertraute Umgangsformen: etwa fragen, antworten, werben, drohen, ...), ein erhöhtes Erwartungspotential.

Margarete Mitscherlich schreibt in ihrem Vorwort zu „Männer. Zehn exemplarische Geschichten": *„Jeder Mensch erzählt seine Geschichte bekanntlich so, wie er sie aufgrund seiner gegenwärtigen Erlebnisse sieht. Gleichzeitig wird die Art seiner Auffassung vom eigenen Leben, von seiner Vergangenheit und deren ungelösten Konflikten bestimmt. Das heißt, daß es so etwas wie eine „objektive" Selbstdarstellung überhaupt nicht gibt. Hier kamen noch andere verändernde Momente hinzu. Die Geschichten der zehn Männer durften nicht zu lang sein, und sie waren von vornherein für die Öffentlichkeit bestimmt. Es war also keine mitmenschliche Beziehung zwischen den Männern und mir vorhanden, die sich nur auf zwei Menschen beschränkte."*[8] Sie präzisiert: *„Auch auf der aufrichtigsten Suche nach der eigenen inneren Wahrheit wird derjenige, dem man darüber berichtet, nie ganz aus den Augen verloren und bestimmt auf diese Weise Art und Inhalt der Wahrheitsfindung."*[9]

Die Offenheit der AnruferInnen wird also auch davon bestimmt, welche Offenheit sie von dem/der jeweiligen AnsprechpartnerIn erfahren bzw. erwarten.

---

7) Ebenda, S. 10.

8) Helga Dierichs (Margarete Mitscherlich), Männer. Zehn exemplarische Geschichten Frankfurt/Main 1981, S. 20.

9) Ebenda, S. 20.

Erinnern wir uns an das Image-Konzept von *Goffmann*[10]: die Regeln der Gruppe und die Definition der Situation bestimmen, wieviel Gefühl jemand allein für sein Image aufbringen muß und wie dieses Gefühl auf die Beteiligten wirkt. Im Setting der Rundfunkberatung werden diese Regeln, bewußt wie unbewußt, von einer Vielzahl von Personen bestimmt: primär von ModeratorIn und BeraterIn – ihre Stimmung teilt sich den AnruferInnen mit. Sekundär von den Producern, Producerinnen: Sie greifen in die Gestaltung der Sendung ein, geben Richtlinien, loben, kritisieren. Darüberhinaus aber macht sich auch noch die Hierarchie der Rundfunkanstalt bemerkbar. So berichtete *Walter Gröbchen* des öfteren von Reaktionen des damaligen Intendanten *Grissemann* (nicht gerade ermunternde Stellungsnahmen!). Und mir pflegt – wie ich gerne scherze – permanent Professor *Strotzka* über die Schulter zu schauen. Wenn wir nun noch die Reaktionen auf die Reaktionen der HörerInnen miteinbeziehen, tritt ein Netzwerk komplexer Verhaltensabhängigkeiten zutage. Wie gut, daß uns dies alles normalerweise nicht bewußt ist! Sonst ginge es uns wohl wie dem Tausendfüßler auf die Frage, mit welchem Fuß er den Gehvorgang starte: Wir wären blockiert.

Wenn nun die anrufende Person erwartet, daß ihr geduldig und einfühlsam zugehört wird, im Studio aber Unruhe herrscht und daher diese Erwartung nicht erfüllt wird, wird sie ihre Offenheit aufgeben und „zu"machen. Umgekehrt werde ich, wenn meine Erwartungen – z. B. auf zivilisierten Umgang – nicht erfüllt werden, eine Selbstschutzstrategie anwenden und daher nicht so offen sein, wie ich es gerne möchte, weil ich bedingt durch die exponierte Situation (anonyme ZuhörerInnen) mich wohl ungeschützter erlebe als im Zweiergespräch in der Beratungsstelle, wo ich vermeintliche oder tatsächliche Angriffe vielleicht (vielleicht auch nicht) weniger abwehren werde.

---

10) Erving Goffman, Interaktionsrituale. Frankfurt/Main 1971, S. 11.

Übertragung und Gegenübertragung

Während die Psychologie unter Übertragung die von Lernerfahrungen und Gewohnheiten versteht, wird in der Psychoanalyse darunter der Vorgang verstanden, durch den unbewußte Wünsche, Ängste oder andere Gefühle aus Kindheit oder anderen prägenden Situationen in der Beziehung zum/r AnalytikerIn wiederholt werden. Gegenübertragung ist demgemäß die unbewußte Reaktion des/r Analytikers/in auf die Person und das Verhalten, eben die Übertragung, der zu analysierenden Person.

Wenn also z. B. jemand einen sehr strengen Vater hatte und vor diesem immer Angst hatte, wird diese Person auch den/die AnalytikerIn als streng phantasieren und Angst haben – und wenn dies vom Analytiker, von der Analytikerin wahrgenommen wird, kann er oder sie durch Bewußtmachung der eigenen Gefühlsreaktion auf diese erlebte Angst (z. B. Hilflosigkeit oder Betroffenheit oder Wut) wesentliche Hinweise erhalten, aus welcher Richtung die Verursachung stammt und in welche Richtung Veränderung möglich ist.

Je nach methodischem Zugang wird in Beratung und Therapie unterschiedlich mit dieser Dialektik umgegangen: sich nach den eigenen Gegenübertragungsreaktionen zu richten (Kommunikation „von Unbewußt zu Unbewußt") – Gegenübertragungen kontrollieren und als Deutungsinstrument einsetzen – Gegenübertragungsreaktionen weitgehend reduzieren und Augenmerk auf die Übertragungen der KlientInnen richten.

In Sexualberatung und -therapie werden sexuelle Regungen vielleicht früher oder deutlicher erkennbar als in der sogenannten „normalen" Beratung; „sexuell" sind wir ja immer – Mann oder Frau – und daher immer unseren diesbezüglichen Vorbildern, Lernprozessen und Erfahrungen verpflichtet. Das Ettikett „Sexual" – scheint aber eine Art Erlaubnis darzustellen, Verleugnung, Verdrängung und was es sonst noch alles an Abwehrmechanismen[1] gibt, einmal beiseite zu lassen und direkter als sonst mit den „tiefer"liegenden Problemen herauszurücken.

Und wie wir auch im tatsächlichen Leben unterschiedlich aufeinander reagieren, reagieren wir auch im Beratungssetting: Die eine Person ist uns sympathischer – wir können uns besser einfühlen –, die andere steht uns ferner, löst vielleicht Angst aus. Therapeutisch ausgebildete BeraterInnen pflegen diese ihre eigenen Gefühle zuzulassen und zu diagnostizieren, wie das Kommunikationsmuster abläuft; sie reagieren „vom Bauch her". KollegInnen, die dagegen bevorzugen, „vom Kopf her" zu reagieren – eigene Gefühle nicht wahrzunehmen oder nicht zuzulassen –, werden einen „kalten", gefühllosen Eindruck erwecken: Sie ersparen sich die Kommunikation „von Mensch zu Mensch" mit allen zugehörigen Unzulänglichkeiten und wählen die Kommunikation von „Forscher" oder „ExpertIn" zu „Laien" – und vermeiden damit Phantasien von Gleichheit (die ja auch bedeuten könnten, wir kämen als GeschlechtspartnerInnen füreinander in Frage!)

Gelassen zu reagieren bedeutet für mich, zuzulassen, daß ich unterschiedliche Gegenübertragungsgefühle erlebe, daß mich manche AnruferInnen schneller gefühlsmäßig erreichen als andere und manche gar nicht; daß dieses Erreichen bereits Hinweis auf vorhandene oder fehlende Fähigkeiten zum Selbstausdruck sind.

1) So heißt es auch bei Wilhelm Reich: „Die Sprache ist eines der beliebtesten Mittel, Organerregungen zu unterdrucken." (Die Funktion des Orgasmus. Frankfurt/Main 1972, S. 255).

Selbstbild und Fremdbild

In ihrem Beitrag über „Lachen und Scherzen im Kontext von Machtausübung" schreibt *Birgit Kienzle:* „Das Image oder ‚face', wie *Brown* und *Levinson* es postulieren, besteht aus zwei Komponenten, dem positiven und dem negativen ‚face'. Das negative ‚face' beinhaltet, grob gesprochen, den Anspruch jedes Individuums auf persönlichen Freiraum, auf Handlungsspielraum, den Negativ-Anspruch, daß man ihm gegenüber bestimmte Dinge nicht tut.

Das positive ‚face' entspricht einem posittiv – konsistenten Selbstbild, das jedes Individuum von sich hat, und beinhaltet den Wunsch, darin von anderen bestätigt und anerkannt zu werden, den Positiv-Anspruch, daß man ihm gegenüber etwas derartiges tut."[1)]

Diesem „gemischten" Selbstbild steht das Fremdbild gegenüber: wie uns die anderen sehen, was sie glauben, das wir sind und was wir demgegenüber nicht sind. Und so wie wir im Selbstbild unsere „blinden Flecke" haben – unsere Rückseite, unseren „Schatten" nur mit Hilfe eines Spiegels (anderer Personen oder ausgiebiger Reflexion – falls überhaupt!) erkennen können –, so haben auch diejenigen, die uns mit unserem Fremdbild, nämlich ihrem Bild von uns, konfrontieren, blinde Flecke: was sie nicht von uns wissen oder wissen wollen.

Es gibt sicher KollegInnen, denen ziemlich egal ist, wie ihr Fremdbild aussieht; die ein öffentliches „Image" pflegen oder sogar pflegen lassen (z. B. durch gezielten Einsatz von Werbemethoden oder -agenturen); die ihre Privatheit abschirmen oder gezielt beschönigte Informationen ausstreuen. Wenn man wie ich in einem kleinen steirischen

---

1) Birgit Kienzle, „Göttin, hat die einen Humor!" In: Helga Kotthoff (Hg.): Das Lachen der Geschlechter. Humor und Macht in Gesprächen von Frauen und Männern. Frankfurt/Main 1988, S. 160 ff.

Dorf lebt und seine Stadtpraxis in einem Gemeindebau betreibt, kann man nicht verstecken spielen wie in einer Nobelvilla. Jeder Familienkrach wird mitgehört – und da ich ein fast südländisches Temperament besitze, gibt es solche auch, frei nach dem Motto „Streiten verbindet". Dies soll erklären, weswegen ich meine persönlichen Troubles nicht verberge – sie sind genauso nachvollziehbar wie meine ehrlichen Bemühungen, sie zu lösen und auch die Erfolge damit. Dazu stehe ich, damit habe ich selten Probleme.

Hingegen habe ich große Schwierigkeiten, auszuhalten, wenn wichtige Teile meines Lebens wegphantasiert werden oder dazugedichtet. Zu letzterem gehört, wenn ich in Zeitgeistmagazinen lese, ich wäre „die *Erika Berger* des ORF" und gäbe „zu nächtlicher Stunde delikate bis brennheiße Tips zum Thema Sex." Dann bin ich mir zwar sicher, daß der oder die SchreiberIn dieser Zeilen mich nie im Rundfunk gehört haben kann, fühle mich überhaupt nicht wahrgenommen, wie ich bin.

Vor allem mag ich nicht mit einer Frau verglichen werden, die eindeutig Entertainerin ist – und zwar eine sehr gute – und sich gar nicht bemüht, den berufsspezifischen Standards von „Beratung" zu entsprechen. Sie macht „Show", das ist ok für sie – für mich nicht.

„Leider ist ja (einerseits) nur zu wahr, daß die Menschwürde ein Gut ist, das offenbar verrechnet werden muß mit Auflagenhöhen und Einschaltquoten", kritisiert *Herbert Riehl-Heyse*[2] die Sensationsgier bei Medienkonsumenten wie -produzenten. Einige Seiten weiter zitiert er den PR-Fachmann *William Henkel: „Ich inszeniere Ereignisse, die eine bestimmte Botschaft vermitteln sollen"*, und konstatiert: *„Die Inszenierung ersetzt die Botschaft."*[3] Ich frage mich: Welche Botschaft wird mit der Sexhotline vermittelt, inszeniert?

Sicher vermittle ich gelegentlich Fachwissen, gelegent-

---

2) Herbert Riehl-Heyse: „Bestellte Wahrheiten. Anmerkungen zur Freiheit eines Journalistenmenschen", München 1989, S. 46.
3) Ebenda, S. 97.

lich „Erlaubnis zum Gefühl"[4] und hoffentlich immer meinen Respekt vor meinen GesprächspartnerInnen, mein jeweiliges Beziehungsangebot. Aber was darüber hinaus? Wenn *Erika Bergers* „Chance für die Liebe" eine Art gemäßigter Peep-Show darstellt, führt dann die Sexhotline als Quasi-Hörspiel zum „Ohr-gasmus"? Zeigen mir nicht manche Briefe, die ich von Hörern (und auch Hörerinnen) bekomme, deutlich, daß gerade meine Stimme und Sprechweise sexuelle Phantasien auslöst? „Unerreichbar in sicherer Distanz und verlockend", charakterisierte mich *René Reichel* in einem Supervisionsseminar; also, Loreley will ich keine sein!

Ferne verklärt, Ferne verzerrt aber auch. Ferne, Distanz hat für Angehörige professioneller Helferberufe (im Gegensatz zu Laienhelfern) besondere Bedeutung: Bereits in den Ausbildungen wird auf die Gefahren von „Verstrickung" und „Ausbrennen" hingewiesen; Distanz, Abstinenz soll sowohl die Helfer als auch die Klienten vor Ausbeutung (emotionaler, sexueller aber auch finanzieller!) schützen. Nur: *„Es kann ebenso schwierig sein, uns den Verletzungen zu stellen, die wir anderen zugefügt haben, wie den Schmerzen, die wir durch andere erlitten haben"*[5] schreibt *Carmen R. Berry.*

Ich versuche mich zu stellen.

Im Gegensatz zu KollegInnen in der telefonischen Konflikt- und Krisenberatung (wie Kummernummer, Herzklopfen oder Telefonseelsorge etwa) habe ich nicht den Schutz der Anonymität, sondern im Gegenteil oft sogar Vorurteile aufgrund irgendeiner realitätsfremden Medienaussage über mich.

Wenn *Jürgen Hornschuh* schreibt, *„daß Einsamkeit, d. h. die Erfahrung sozialer Ausgrenzung oder Abspaltung eines der Hauptprobleme der AnruferInnen telefonischer Beratungsdienste ist"*,[6] so meine ich, daß ich diese Iso-

---

4) Harald Picker: statt Leistungszwang Erlaubnis zum Gefühl
5) Carmen R. Berry: „Die Erlöserfalle", München 1990, S. 134.
6) Jürgen Hornschuh: „Telefon in der Konflikt- und Krisenberatung" In: Forschungsgruppe Telefonkommunikation (Hg.): „Telefon und Gesellschaft" Band 2, Wissenschaftsverlag Volker Spiess, Berlin 1990, S. 340.

liertheit durchaus teile: BeraterIn wie auch AnruferIn demonstrieren im Medium Rundfunk die *„Notwendigkeit, seine Abgesondertheit zu überwinden und den Kerker seiner Einsamkeit zu verlassen“*[7] und ihre aktuellen Lösungsversuche im Hier und Jetzt.

Ethische Probleme

„Von frühester Kindheit an, bereits in einem vorsprachlichen Stadium, prägen und beeinflussen uns die Gehorsamsanforderungen, sozialen Bewertungen und Beurteilungen jener Personen, auf die wir zunächst in kindlicher Abhängigkeit angewiesen sind“, schreiben *Irmgard Hülsemann* und *Wilfried Wieck. Die Verinnerlichung von Vorstellungen über ‚gute‘ oder ‚schlechte‘ Handlungen in das kindliche Selbstbewußtsein, die Orientierung an Werten geschieht nicht in erster Linie durch intellektuelle Vermittlung oder Verlautbarungen ethischer Ansprüche, sondern vielmehr durch die konkrete, emotional und sinnlich erfahrbare Beziehungs- und Lebenspraxis der Personen, die Kinder in das Leben einführen.“*[1] Es ist wohl eine Illusion, zu glauben, wenn wir „erwachsen“ sind, wären wir frei von Beziehungsstrukturen, die denen der kindlichen Elternabhängigkeit gleichen, und damit frei von den angelernten Verhaltensweisen, zugunsten sozialer Akzeptanz auf Eigenständigkeit und Anderswollen zu verzichten.

Spätestens bei der Errichtung von Familienberatungsstellen als „flankierende Maßnahmen“ anläßlich der Ein-

7) Erich Fromm, Die Kunst des Liebens, Frankfurt/Main 1979, S. 2.

1) Irmgard Hülsemann/Wilfried Wieck, Die geheimen Verbote. Moralische Konflikte in der Therapie , Stuttgart 1989, S. 1.

führung der Fristenlösung in Österreich 1975 begann die Debatte über „wertfreie" Beratung: Wie, mit welchem Ziel, mit welcher erlebbaren Einstellung beraten GegnerInnen des Schwangerschaftsabbruchs Frauen in Konfliktssituationen, wie die VerteidigerInnen der neu eingeführten Straffreiheit?

Manche BeraterInnen verfolgen den methodischen Ansatz, sich jeglicher wertender Äußerungen zu enthalten – was vielfach eine Selbsttäuschung darstellt: Über Gesichtsausdruck, Tonfall oder Wortwahl ist dennoch zu entschlüsseln, welche ethische Grundhaltung dem zugrundeliegt.

Ein anderer Ansatz besteht darin, die eigene Werthaltung auszusprechen und zu relativieren: gleichzeitig zu informieren, daß es andere Ansichten gibt, daß jede/r ihre/seine Position festlegen dürfe, könne, müsse – wie auch immer wir diese Wertentscheidungen treffen wollen.

Natürlich gibt es auch den Ansatz der Manipulation, der Propaganda für die eigene Ansicht. Dann wird von der Autoritätsperson ein Dogma aufgestellt, z. B. „So geht das nicht!" und nicht erklärt, aufgrund welcher Beobachtungen oder Erfahrungen diese „Erkenntnis" gewonnen wurde. Und vor allem wird die Möglichkeit abgespalten, daß es vielleicht doch einen Weg gibt, wie „es gehen könnte".

Im Neurolinguistischen Programmieren, einer effizienten Psychotechnik zur Veränderung menschlichen Verhaltens, gibt es einen Leitsatz, der zum Nachdenken anregen will: „Warum verschwendest Du Deine Energie darauf, zu beweisen, daß es nicht geht, anstatt zu suchen, wie es gehen könnte!" Der alte Konflikt zwischen Pessimist und Optimist!

Wieder ein anderer Ansatz zielt darauf, Werthaltungen der Klienten bewußt zu machen, herauszuarbeiten, welche Ziele ein Mensch hochhält. Um die KlientInnen nicht mit den eigenen Werthaltungen zu behindern, ist es notwendig, daß die BeraterInnen ihre eigenen Ziele kennen und als ihre eigenen, höchstpersönlichen achten – und hoffentlich jedem anderen Menschen das Recht zugestehen, eigene Werte zu haben bzw. im Konfliktfall diesen Zwiespalt ansprechen. Das verträgt sich nicht mit missionarischem Eifer, wenn auf Gewalt – auch Wortgewalt – verzichtet werden will. Jede dieser verinnerlichten Spielregeln stellt einen „Wert" dar: Das Ziel, die Werthaltungen andere Menschen zu respektieren, ist ebenso ein „beraterischer" Wert (wie auch ein ganz alltäglicher) wie der Anspruch auf Verzicht von Dominanzgesten wie Besserwissertum.

„Unsere gesamte Lebenspraxis, unsere Haltung anderen Menschen und uns selbst gegenüber ist Ausdruck von verinnerlichten Wert- und Unwertvorstellungen"[2] leiten *Hülsemann/Wieck* ihre Darstellung von Geschlechterunterschieden ein. Für Frauen halten sie (durchaus in Nachfolge von *Carol Gilligan*)[3] fest: *„Nicht die Vernachlässigung ihrer eigenen Entwicklungsmöglichkeiten löst bei ihnen Selbstvorwürfe, schlechtes Gewissen oder Schuldgefühle aus, sondern die Zuwiderhandlungen gegen das im Laufe der Weiblichkeitserziehung verinnerlichte Liebesgebot."*[4] Die Verinnerlichung einer Moral der Stärke und Gewalt bewirke hingegen ganz andere Selbstzweifel bei Männern; ihrer Beobachtung nach haben Leidensdruck und wertender Blick von Männern weniger mit Beziehungsangelegenheiten zu tun als mit der Frage des Funktionierens und Versagens in Leistungs- und Arbeitszusammenhängen.[5]

Ich bin mir meiner ethischen Konflikte sehr bewußt: meiner Abhängigkeit vom „Arbeitgeber" (ProducerIn, übergeordnete Hierarchie, Institution ORF), von „Nachfrage" (AnruferInnen), von meinen eigenen Leistungsansprüchen.

---

2) Irmgard Hülsemann/Wilfried Wieck, Die geheimen Verbote. Moralische Konflikte in der Therapie. Stuttgart 1989, S. 1.

3) Carol Gilligan, Die andere Stimme. Lebenskonflikte und Moral der Frau. München 1988.

4 Hülsemann/Wieck, s. o., S. 14.

5) Ebenda, S. 15.

Als ich die Herausforderung der Mitarbeit in der Sexhotline annahm, betrachtete ich diese Tätigkeit als „medienpädagogisches Projekt." Wenn in der „Ärzte Woche"[6] zwar das hohe Interesse der Bevölkerung an Gesundheit und Umwelt gelobt, dagegen gerügt wird, daß 60% der Information nicht vom Arzt, sondern „vom Fernsehen" stammt, so orte ich Kritik am Wissenschaftsjournalismus. *„Jede Mitteilung ist so glaubwürdig wie ihr Überbringer."* heißt es weiter in dem zitierten Artikel; dann werden die *„Wissenschaftsreporter"* eingeteilt in *„normale"* Journalisten, die Fachinformationen weitergeben, in Spezialisten der *„Vermarktung"* von Beiträgen *„der Pharmaindustrie"* (Zusatz: *„ein Grenzbereich zur Werbung"*) und in *„scheinbar kritische Berichterstatter, die mit massivem eigenen oder fremden Interesse an gesundheitliche Probleme"* herangehen und damit *„geschickt Öffentlichkeitsarbeit"* leisten. Zuletzt werden noch die *„Vertreter der Sensationspresse"* genannt.

Sexualberatung kann auch der Gesundheitspflege zugeordnet werden (wie auch der Lebens- und Sozialberatung als Vorfeld oder überhaupt der Psychotherapie, der angewandten Psychologie, der Sozialarbeit, der Seelsorge usw.). Mediale Sexualberatung wird dann auch zum Teil von JournalistInnen und FachschriftstellerInnen getragen, die der pointierten Klassifizierung von Medienberater *Dr. Erich Geretschlaeger* (s. o.) entsprechen. Aber auch „echte" BeraterInnen wie ich lassen sich einordnen: So mache ich kein Hehl daraus, daß es mir Anliegen ist, die beiden Wiener Sexualberatungsstellen wie auch andere Familien- und Partnerberatungsstellen und psycho-soziale Einrichtungen zu bewerben.

Ich denke, daß Telefonberatung zwar entängstigen, beruhigen kann, auch „reinigende" Wirkung (Klärung, emotionelle Entlastung) bringt und vielfach die notwendige Vorbereitung für pragmatische Schritte (z. B. das Aufsuchen einer Beratungsstelle, den Entschluß für den Beginn einer

---

6) Ärzte Woche vom 18.7.1990: „Wer erfüllt die Aufklärungspflicht?", S. 18.

Psychotherapie usw.) darstellt. Wirklich „klärende" Gespräche sind Sternstunden vorbehalten (z. B. 22.1.3). Wenn *Luise Eichenbaum* und *Susie Orbach,* die Autorinnen von „Feministische Psychotherapie" in „Was wollen die Frauen?" konstatieren: *„Männer erwarten, daß man ihnen Aufmerksamkeit schenkt. Kern ihrer Lebenserfahrung ist die Gewißheit, daß eine Frau ihnen zuhören wird – Mutter, Freundin, Ehefrau. Männer erwarten von Frauen Bestätigung. Im bewundernden Blick einer Frau spiegeln sie sich wider ... Häufig möchten sie überhaupt keine Antwort oder keinen Ratschlag von Frauen – sie möchten lediglich ein offenes Ohr zur Verfügung haben, genau wie ihre Väter."*[7], so gibt das Anlaß, das Verhalten von Anrufern wie Beratern dem von Anruferinnen und Beraterinnen vergleichend gegenüberzustellen. Nun distanzieren sich manche RundfunkberaterInnen von „Beratung". Sagen, sie wollten ganz einfach über Sex plaudern. Oder nur herausfinden, was das denn für Leute seien, die sich an professionelle Sexonkel/-tanten wenden, statt zum Arzt zu gehen (Zitat *Borneman*! Ich möchte darauf hinweisen, daß Ärzte derzeit keine Ausbildung in Counseling oder für den Umgang mit komplexen Beziehungsproblemen haben!) Oder sie verschreiben sich der „Aufklärung".

„Nichts ist schlimmer als Heuchelei", mahnt *Herbert Riehl-Heyse: „Geben wir also zu, daß vieles von dem, was wir als Aufklärung und mit großem Anspruch der Öffentlichkeit verkaufen, in Wirklichkeit mindestens genauso sehr ein Stück Spekulation ist."*[8] Er bezieht sich auf zeitgeschichtliche Darstellungen; ich meine, daß seine Sätze auch für mediale Sexualaufklärung gelten. Auch hier gesellt sich Sensations- und Unterhaltungsbedürfnis dazu, bis zur Herstellung einer „gesättigten Indifferenz" *(Riehl-Heyse* zitiert damit *Lothar Baier): „...und das täten wir dadurch, daß wir vor allem Meinungen und zweitens Informationen über Meinungen verbreiteten." Baier*

---

7) Luise Eichenbaum/Susie Orbach, Was wollen die Frauen? Reinbek bei Hamburg 1986, S. 7.

8) Herbert Riehl-Heyse, Bestellte Wahrheiten. München 1989, S. 201.

wörtlich: *„Da man an Meinungen wesentlich bequemer herankommt als an Fakten, die erst entdeckt und ihrem Kontext entrissen werden müssen, tendieren die Medien dazu, hauptsächlich über Meinungen zu informieren."*[9]

Im Konflikt, mich verlocken zu lassen, meine „Meinung" – meine Weltsicht, meine Werte – zu predigen oder mich der Selbstdarstellung genußvoll hinzugeben (erinnern wir uns an die häufigsten Beratungsfehler: demonstrieren, wie gescheit, lieb,...man/frau ist[10]), suche ich das, was ich meinen „Versuch, in der Wahrheit zu leben"[11] nenne: mich berühren, rühren lassen.

„Der Mensch kann nur deshalb sich selbst entfremdet werden und wird entfremdet, weil er etwas hat, was man ihm entfremden kann. Das Gebiet, auf dem er vergewaltigt werden kann, ist seine authentische Existenz.", präzisiert Václav Havel.[12]

Wenn ich ich bleiben will und meinen Wertansprüchen treu, nämlich versuchen, auf Gewalt zu verzichten, versuchen, symmetrisch Nähe und Distanz auszuhandeln, kann ich nicht kühl zusehen, wie sich andere exponieren und meine Exposition verleugnen: Ich will mich hineinwagen in eine Beziehung.

Auch wenn das Wagnis mißlingt.

Denn: *„Unter dem psychosozialen Aspekt kann die Telekommunikation als gewaltige Kompensationsleistung einer Gesellschaft verstanden werden, in der das soziale Beziehungsgefüge zunehmend gestört ist."*[13]

Auch die Telekommunikation in der Sexhotline.

---

9) Herbert Riehl-Heyse, Bestellte Wahrheiten...S. 188.

10) Ich möchte diese „häufigsten" Beratungsfehler so ordnen:
Zeigen, wie gescheit man ist: interpretieren, dioagnostizieren, verallgemeinern.
Zeigen, wie überlegen man ist: bagatellisieren, bemitleiden, moralisieren, suggerieren, „raten".
Zeigen, wie interessiert man ist: nachforschen, drängen.
Zeigen, wie nah (solidarisch) man ist: identifizieren, parteilich sein, dramatisieren.
Zeigen, wie lieb man ist: trösten.

11) vgl. Václav Havel, Versuch, in der Wahrheit zu leben, Reinbek bei Hamburg 1989

12) Ebenda, S. 29.

13) Hans Staub, Telefon in der Krisenhilfe. In: Forschungsgruppe Telefonkommunikation (Hg): Telefon und Gesellschaft. Band 2. Berlin 1990, S. 35.

Der Wissende redet nicht.
Der Redende weiß nicht.
Man muß seinen Mund schließen
und seine Pforten zumachen,
seinen Scharfsinn abstumpfen,
seine wirren Gedanken auflösen,
sein Licht mäßigen,
sein Irdisches gemeinsam machen.
Das heißt verborgene Gemeinsamkeit (mit dem SINN).
Wer die hat, den kann man nicht beeinflussen durch Liebe
und kann ihn nicht beeinflussen durch Kälte.
Man kann ihn nicht beeinflussen durch Gewinn
und kann ihn nicht beeinflussen durch Schaden.
Man kann ihn nicht beeinflussen durch Herrlichkeit
und kann ihn nicht beeinflussen durch Niedrigkeit.
Darum ist er der herrlichste auf Erden.

Laotse

Transkript dreier Sendungen

20./21.5.1988: Die erste Sendung

REUMANN: Die erste Platte hat uns beinahe schon das Motto der heutigen Sendung vorgegeben. Vielleicht können Sie sich erinnern, vor etwa vier Wochen hatten wir schon das Vergnügen miteinander, d. h. ich hoffe, daß es ein Vergnügen für Sie war! Wir haben vor vier Wochen versucht, Sie zu überreden, uns ein wenig zu erzählen, von Aphrodisiaka, Liebhabereien, Reizwäsche, Träumen, Einsamkeit, Aufrissen, Zärtlichkeit, Erotik, Petting... Wie Sie verführt werden wollen oder warum sie eben nicht verführt werden wollen – mit einem Wort: Was Sie schon immer über Sex wissen... oder erzählen wollten.

Heute machen wir den zweiten Versuch in dieser Richtung. Wir halten uns da an internationale Beispiele, also so was gibt's schon, das ist keine Erfindung von Ö3, wir hoffen aber trotzdem, daß es Ihnen gefällt. Die Telefonnummer wird sein... Unter dieser Telefonnummer erwarten wir zahlreiche Anrufe. Wir haben natürlich auch einen Studiogast hier, der dann mit berufenem Munde über schwierige Themen sprechen wird. In diesem Sinne: die Telefonnummer... Gute Unterhaltung, auch wenn Sie nur zuhören wollen...

Zu Gast im Nachtradio: Dr. Rotraud Perner!

Stänkert!

„Büro" – Versuch der Trivialisierung; „gnädige Frau" – Versuch der Abwertung

Stänkert!

Ich gehe auf die verdeckte Aggression nicht ein!

Er versucht weiter, mich zu „reizen"

REUMANN: Die Frau *Doktor Perner* sitzt mir vis-à-vis, sie hat soeben gesagt – sie hat mir gesagt, immer wenn sie im Rundfunk war – sie ist also ein alter Profi –, war das immer ganz anders, da hat nicht einer alles selber gemacht. Das ist ja eh nicht... einer alles, hinter mir steht der *Walter Gröbchen* und hilft dort immer, wo meine Finger nicht ausreichen. Frau *Dr. Rotraud Perner* hat ihr Büro in der Lustkandlgasse in Wien. Nomen est Omen. Sie sind, gnädige Frau, bei der Vereinigung zur Förderung... Darf ich mich da einmal ganz naiv stellen und fragen: Ist das eine öffentliche Aufklärungsanstalt?

PERNER: Tja, so könnte man's auch verstehen, denn das, was die Bevölkerung an Wünschen an uns heranträgt, geht schon zum Teil dahin, Information, Aufklärung zu bekommen.

REUMANN: Nun, wie sieht das aus, Sie sitzen da in einem Büro, in einem eher nüchternen, und Menschen unterschiedlichen Alters, unterschiedlichen Geschlechts, also Männer und Frauen, kommen zu Ihnen und erzählen Ihnen dann von ihren Problemen und wollen von Ihnen also quasi die Lösung der Probleme oder ist das... Kommen Menschen zu Ihnen, die also über andere Beratungsstellen an Sie weiterverwiesen werden?

PERNER: Na, teils-teils. Die Sexualberatungsstelle in der Lustkandlgasse wird von einem fünfköpfigen Team sozusagen „geführt", und die Personen, die zu uns kommen, melden sich meistens telefonisch an. Es ist eher selten, daß jemand reinschneit, aber es kommt vor... Es ist auch die Form des Zugangs in eine Beziehung, und es sind ja Beziehungen, die wir aufnehmen mit unseren Ratsuchenden, ...

und manche wissen gar nicht, was sie wirklich wollen von uns, sondern sie wissen nur, daß irgendwas nicht stimmt. Sie leiden, machen sich Sorgen, befürchten irgendetwas oder haben das Gefühl, sie könnten noch etwas dazulernen. Es ist unsere Aufgabe, erst einmal herauszufinden, was wir überhaupt tun können.

REUMANN: Nun, gnädige Frau, ich nehme also an, daß Sie... mhm... helfen können – ich hoffe auch, daß Sie den Hörern der heutigen Sendung oder jenen, die anrufen, helfen können. Die Telefonnummer ist... Warten jetzt ein bißchen auf die Anrufe! Ich hab schon einige Fragen an Sie, und wollen wir nicht vielleicht zuerst versuchen, die Hörer mit ein wenig Musik zu erfreuen?

Wieder „gnädige Frau" – meine Fachkompetenz wird heftig in Frage gestellt – Einladung zur Aggression an die Zuhörerschaft!

REUMANN: ... zu der Platte wäre zu sagen: Zerkratzt, aber trotzdem gut. Zu Gast heute im Nachtradio *Dr. Rotraud Perner.* Es gibt, wie ich von *Walter* höre, noch immer Anfragen, was denn eigentlich das Thema des heutigen Nachtradios ist. Es ist das Thema Nummer Eins, meine Damen und Herren. Was kann, also ich meine, ... das ist dann also auch unterschiedlich... aber: Liebe – was immer Sie uns erzählen wollen, was immer Sie fragen wollen, Frau *Dr. Rotraud Perner* kann Ihnen die Fragen beantworten. Ich spiele den Mittler, mich werden Sie ja wohl nicht fragen wollen. Nun, Frau Doktor, ich habe hier eine Statistik von Ihnen, die Sie mir freundlicherweise gegeben haben, wollen wir die vielleicht kurz besprechen. Diese Statistik behandelt die Beratungsinhalte, also quasi das, was die Menschen von Ihnen wissen wollen. Ahm, können Sie das, so ungefähr, ähm, ja, jetzt sagen, interpretieren. Was sind denn so die Beratungsinhalte? Warum kommen die Menschen zu Ihnen, gibt es da Schwerpunkte an Fragen, an Problemen?

PERNER: Mhm, ja, das gibt es schon. Ich würde sagen: Überwiegend kommen Männer zu uns – das hat uns ein bißchen überrascht, wir haben eigentlich damit gerechnet, daß Frauen kommen werden. Die Männer, die kommen, sind mit ihrem Sexualleben nicht zufrieden, manchmal kommen sie mit ihrer Partnerin, manchmal kommt die Partnerin später. Sie haben vielleicht Störungen, oder sie können sich nicht einigen mit ihrer Partnerin, z. B. wann Sex stattfinden soll, ob in der Früh oder am Abend…

REUMANN: Ja, wenn ich…

PERNER: … wie häufig…

Wieder unterschwellige Aggression!

REUMANN: Frau Doktor, entschuldigen Sie, aber wenn ich da zu Ihnen komme, ich meine: Was können Sie mir raten? Ich meine: Da gibt es doch keine allgemeine Regeln!

Ich lasse mich nicht irritieren, bleibe stur dabei, was ich sagen will: Es beginnt ein Machtkampf mit Reumann – Parallelprozeß zu meinen Worten.

PERNER: Na eh nicht! Wir müssen herausfinden, was für ein Konflikt vorliegt. Solche Anzeichen deuten ja darauf hin, daß in der Beziehung zwischen dem Paar ein Machtkampf ausgetragen wird… und wir können helfen, draufzukommen, daß im Bett ein „Schlachtfeld" ist, das eigentlich vielleicht an den Küchentisch oder an den Schreibtisch oder an den Arbeitsplatz, wo man aufteilt, wie die Hausarbeit geleistet werden soll, gehört. Vielfach kommt es zu solchen Problemen nach der Geburt von Kindern, wo…

Offensichtlich fühlt sich Reumann „verdrängt"!? …und ich fühle mich „überlastet" in der

REUMANN: …daß sich Männer verdrängt fühlen?

PERNER: Daß sich Männer verdrängt fühlen oder Frauen überlastet oder daß das Paar nicht die Chance hat, selbst draufzukommen, wie es sein Leben als Eltern mit seinem Leben als Liebespaar vereinigen soll, vor allem wenn Druck ausgeübt wird, z. B. von Schwiegereltern... oder guten Freunden... oder auch von den Medien. *(lacht)*

Sandwichposition zwischen Moderator und Hörerschaft!

Jetzt spreche ich das Problem direkt an!

REUMANN: Sie schauen mich so an... ich sehe hier in der Statistik, daß eine nicht unerhebliche Anzahl von Männern, die zu Ihnen kommen, über sexuelle Funktionsstörungen wie Erektionsprobleme, geringe Lust und dergleichen klagen. Ja, was können Sie da in dem Fall raten?

Reumann wird weich! Kommt seine Lust wieder?

PERNER: Ich möchte vielleicht ein bißchen vom Wort „raten" wegkommen, denn – wir geben schon auch Tips und Ratschläge, schlagen Übungen vor – aber im großen und ganzen heißt Beratung: gemeinsam mit dem Ratsuchenden herausfinden, wo die Ursachen und Alternativen, Lösungen liegen. Das wird gemeinsam erarbeitet. Und wir gehen auch da in eine Beziehung hinein und sind sozusagen als Berater auch Übungsobjekte, z. B. Dinge auszusprechen, die man dem Partner oder der Partnerin nicht zu sagen wagt...

Ich versuche, die „Angst vor dem Expertentum" zu verkleinern, Größenphantasien zu „redimensionieren".

Indirekter Appell an Reumann: bitte Gemeinsamkeit!

REUMANN: So. Wen Sie jetzt kommen hörten, das war der *Walter*. Dies ist also aus „Love Sexy", dem neuen *Prince*-Album gewesen... Ja, da streiten sich die Geister – also mich hat das jetzt nicht vom Sessel gerissen – *Walter* hat gesagt, das ist eine ganz tolle Scheibe. Na gut, nun, Frau Doktor, mhm, nachdem wir also im Moment zwar Anrufe haben, aber irgendwo sichtlich Schwierigkeiten mit der Telefonanlage – man sieht, das technische Zeitalter schlägt total zu! –, könnte ich Sie vielleicht noch fragen: Wie ist denn das: Sie haben da jetzt während der Platte kurz die Triebhaftigkeit der Geschlechter irgendwie angedeutet, ist die normal verteilt – um das wissenschaftlich zu sagen –, sind also Männer und Frauen gleich triebhaft, oder ist nicht oft das auch ein Problem in Beziehungen?

PERNER: Es ist sogar ein relativ häufiges Problem, und die Wissenschafter streiten noch immer herum, ob Männer triebhafter sind als Frauen. Wenn man Sexualdelikte anschaut, dann würde auf den ersten Blick die Antwort „Ja" passen. Tatsächlich hängt das aber nicht nur mit der Anlage zusammen, sondern auch mit der Erziehung, vor allem auch mit kulturellen Einflüssen und... was für uns sehr interessant war, wir waren unlängst im Gedankenaustausch mit Prager Sexuologen. Und die vertreten die Meinung, daß Männer eine andere Neurotransmitterausschüttung haben, sozusagen hormonell mehr Dampf... *(lacht)*

Hier beziehe ich mich auf Anne Fausto-Sterling, Gefangene des Geschlechts. München 1988.

Pause

WALTER GRÖBCHEN: *(off)*: ...ablassen?

PERNER: Nein, nicht ablassen, sondern eher mehr unter Druck stehen als Frauen. Und jetzt kann man wieder drum streiten: Hängt das vielleicht mit der Doppelbelastung der Frau oder der Dreifachbelastung zusammen, oder wird es von Männern erwartet? Durch die Vorbilder z. B. in Filmen? Oder das, was die Freunde sagen in der schwierigen pubertären Phase der Aufklärung, des Übens? Stehen Männer unter Druck zu zeigen, daß sie... triebhaft sind?

Wir hören vielfach von Frauen, daß die Männer nach außen erzählen, was für tolle Hechte sie sind, und zu Hause in den vier Wänden Karpfen, da spielt sich eher wenig ab.

Und da muß man dann herausfinden, was trägt die Frau dazu bei, daß sie für den Mann attraktiv ist – wenn sie attraktiv sein will, oder erwartet sie eben: Der Mann ist triebhaft, ich brauch überhaupt nichts tun, ich brauch ihm gar nicht ein bißchen Zuwendung – oder Interesse – zeigen... und auf der anderen Seite dann die Schwierigkeit, wenn dann der Mann Interesse zeigt, sich dann aufzuregen und zu sagen: Pfui, du Schlimmer, was willst du denn schon wieder!

REUMANN: Heute ein Nachtradio zum Thema Nummer Eins – wenn Sie uns anrufen wollen, etwas dazu sagen wollen, oder etwas kritisieren wollen, die Telefonnummer ist...

Signation: „Dieser Anschluß ist vorübergehend nicht erreichbar... “

Die Signation geht mir auf die Nerven – ist mir zu provokant „flott“!

REUMANN: Na, Gott sei Dank ist er erreichbar, und am Telefon hab ich jetzt, wenn alles geklappt hat, den G.

1.1.1 G.: Ja!

1.1.1

REUMANN: G., ich nehme an, Du hast keine Frage an mich, sondern an die Frau Doktor. Also bitte!

G.: Also, ich hab a Problem, i bin a großer Nachtfalter und mei Freundin, also – i bin die ganze Nacht auf, weniger am Tag, da schlaf i meistens, aber – mei Freundin, die is ah normal, ... ganz normal wie jeder Mensch am Tag auf, und die will halt am Tag, daß ma zsamm sein, und des geht bei mir halt nit... weil... i bin so müd, i muß schlafen, weil i di ganze Nacht über auf bin. Was soll ich halt machen deswegen?

(gepreßte junge Stimme in Kärtner Dialekt)

PERNER: Also ich würd mich einmal fragen:

Ich schwimme total! Versuche, „irgendwie“ anzufangen.

Fühle mich von Reumann kritisch be-äugt. Streß! Versuche, in Beziehung zu kommen.

Wie wichtig ist Ihnen Ihre Freundin?

G.: Aah, die ist mir sehr wichtig!

PERNER: Offensichtlich ist Ihnen aber *(lacht)* das Nachtflattern wichtiger?!

G.: Na, also i man, i geh nit fort, i bin daham, aber i kann nit schlafen –

Jetzt taste ich, ob es nicht ein somatisches „Hintertürl" gibt, durch das ich entwischen kann (tue das, was SexualtherapeutInnen immer der Sexualmedizin vorwerfen!).

PERNER: Mhm – ah – haben Sie schon einmal überlegt, ob das Nicht-schlafen-Können vielleicht physische Ursachen haben könnte?

G.: Hm?

PERNER: Schlaflosigkeit... ah... kann also die Begleiterscheinung von manchen... Krankheiten sein.

G.: Mhm.

Jetzt werde ich „tantig" = belehrend. Eindeutig ein Beratungsfehler!

PERNER: ...und nicht alles erkennen wir. Daher müßte zuerst einmal abgeklärt sein, ob Sie nicht vielleicht irgendeinen Kummer übertauchen und vielleicht eine leichte depressive Verstimmung haben. So wie wir ja oft einen Schnupfen haben und deswegen auch nicht schwer krank sind, aber die Nase rinnt halt. Und so kann z. B. die Unlust, schlafen zu gehen, der Hinweis sein, daß irgendetwas anderes vorliegt. Das wäre *eine* Möglichkeit. Eine andere wäre, daß Sie eben gemeinsam mit Ihrer Freundin eine Paarberatung aufsuchen und daß wir zu dritt heraussuchen, was in Ihrer Beziehung vielleicht die Ursache ist, daß es *so* schwer ist, einander zu erreichen.

Zweiter Anlauf: Ich flüchte in die Dialektik von: „Es gibt zwei Möglichkeiten" – auch ein Beratungsfehler. Ich habe aber Glück: Hilfe durch Dritte scheint ihm akzeptabel!

G.: Mhm. Ja. Des wär a Möglichkeit.

Jetzt „predige" ich – und entferne mich damit wieder.

PERNER: *(einladend)* Mhm? – Ohne daß Sie sozusagen sich in der Mitte treffen, wird's wohl nicht gehen, und da ist die Frage, wie weit sind Sie bereit, ein bißchen Ihrer Freundin entgegenzukommen – und wie weit ist die Freundin bereit, Ihnen entgegenzukommen?

G.: Naja...

PERNER: Manche Paare brauchen ein ganzes

Leben, um das herauszufinden *(lächelt)*.

G.:*(lacht auch)*

Ein Lachen der Höflichkeit!

REUMANN: G., ist damit Ihre Frage umfassend beantwortet? Ich meine... ich... vielleicht will ich zuviel hören, aber ich mein, ich hab nicht wirklich verstanden, wo denn das Problem der Beziehung liegt: Sie wollen am... ah... am Abend unterwegs sein oder in der Nacht – Ihre Freundin möcht in der Nacht schlafen, oder wo sind denn die konkreten Konflikte?

Reumann rettet, indem er andeutet, daß jetzt Schluß gemacht wird. Sensibel wie er ist, spürt er aber deutlicher als ich in meinem Premierenfieber, wo das Problem liegt und zeigt mir: Er kann es auch!

G.: Ja, das ist das Problem: Sie will in der Nacht schlafen, wo ich aktiv bin, ich schlaf am Tag, wo sie aktiv ist.

REUMANN: Und gemeinsam seid Ihr nie aktiv?!

G.: Öh, selten... selten, weil, wann sie von daheim weg darf, dann treffen wir uns ja, aber es ist sehr selten... zumindest. Ich mein, wir sind meistens in der Schule, treffen wir uns halt... und sonst... *(traurig)* sind wir meistens nicht so viel zusammen...

REUMANN: Na, das scheint vielleicht auch ein Altersproblem zu sein – oder nicht?

Damit trifft Reumann den Nagel auf den Kopf!

G.: Das auch, ja, aber... bei mir geht's ... ich tät's... also ich könnt – so wie die Frau Doktor gesagt hat –, könnt das am Tag machen, aber es geht nicht sehr lang bei mir...

Jetzt ist er verwirrt – so genau wollte er von einem Erwachsenen nicht auf sein geringes Alter hingewiesen werden!

REUMANN: Frau Doktor sagt irgendetwas dazu?

PERNER: Also ich denk mir, es zeigt sich der Zugang etwas schwierig... und... und das ist für mich kein Problem des Alters, sondern eher eines der Einstellung.

Ein dummer Satz!

G.: Mhm.

PERNER: ...und daran, denk' ich, sollte man auch arbeiten. Da kann man nie früh genug damit anfangen.

Da bin ich mit mir gar nicht zufrieden! Typisches Moralisieren!

1.1.2 1.1.2 Mann anonym: Ja, Grüß Gott, guten Abend.

REUMANN: Grüß Sie Gott, guten Abend. Was ist Ihr Problem?

A: Ich hab an und für sich überhaupt kein Problem. Mein Zugang zu der Sendung passiert eigentlich über ein Gespräch, daß ich heut mit einer Bekannten geführt hab, verheiratet und bekommt jetzt ihr drittes Kind. Und wir haben darüber gesprochen... ah... das heißt, ich wollte von ihr wissen, wie das dann eigentlich nach der Geburt funktioniert... mit ihrem Sexleben, ... und da sind wir dann drauf gekommen, die beiden haben das ganz prima gelöst, nämlich: Sie beschränken sich in der Zeit, wo die Frau eben körperlich noch nicht fähig ist, wieder mit ihrem Mann zu schlafen auf die ureigenste Art der Sexualität, nämlich die Selbstbefriedigung. Das war mein Zugang zu dem, was ich sagen wollte, nämlich: Viele Leute haben deswegen so unheimlich große Probleme mit ihrem Partner im Bett, weil sie eigentlich selbst über ihren Körper irrsinnig wenig Bescheid wissen. Jetzt erwarten sie sich... sie legen sich einfach halt mit einer Frau ins Bett – jetzt mal sehr naiv ausgedrückt – und glauben, sie brauchen nur auf den Knopf zu drücken, und das andere passiert dann schon.

Selbstdarstellung: Ich stehe über den Dingen!

REUMANN: Ja...

A: Ich glaube, es liegt auch sehr oft am Elternhaus, weil halt, wenn Eltern draufkommen, daß ihr Kind jetzt anfängt, sich mit seinem eigenen Körper zu beschäftigen und... Selbstbefriedigung beginnt... ah... das dann eben verboten wird. Ich glaub, daß da unheimlich viel zu leisten wär. Vom Elternhaus.

Er will monologisieren!

REUMANN: Je nun, es hat aber auch natürlich nicht jeder die Gelegenheit, dann so offen wie Sie mit einer Bekannten über deren Probleme nach dem dritten Kind zu sprechen...

A: Ja, das ist... Die beiden führen eine sehr offene Ehe und, und... mein... das hat damit auch gar nichts zu tun ... ich wollte nur sagen, warum ich glaube, daß sehr viele Leute eben unheimlich viele Probleme im Bett haben, weil sie wissen eben über ihren eigenen Körper nichts... nicht Bescheid, oder sehr sehr wenig, nicht?

REUMANN: Frau *Dr. Perner*, was sagen Sie dazu?

Reumann hilft mir, ans Wort zu kommen

PERNER: Ich kann dem durchaus zustimmen. Vor allem offenbaren sich viele Paare nicht einander und besprechen nicht: Was hab ich gern?, fragen nicht: Was hast Du gern? und finden sozusagen nicht den Weg, um die Lösung zu finden, die für BEIDE paßt. Und das, was Sie so erzählt haben, kann z. B. so eine Form der Lösung sein, wenn BEIDE damit zufrieden sind – wer will vorschreiben, daß es anders gehört?

Ich betone jetzt ein altes Anliegen von mir: die Ressource „Gemeinsamkeit" als Ressource (Hilfsmittel) zu erkennen!

REUMANN: ... *Marvin Gaye* ist das mit seiner unverwechselbaren Stimme gewesen. Er wurde ja von seinem eigenen Vater erschossen, warum, weiß man nicht... es war sicherlich eine Familienstreitigkeit. Soweit ist alles klar. Sie hören das Nachtradio! Die Telefonnummer, falls Sie sich dran beteiligen wollen, ist... und dann kommen Sie zu uns wie der A.!

1.1.3 A.: Hallo!

1.1.3

REUMANN: Hallo A.!

A.: Hallo! Einen schönen guten Abend oder guten Vormittag – wie man besser sagt!

(aggressive Männerstimme)

„Kein Mensch ist perfekt", heißt direkt: „Sie sind auch nicht perfekt!"

Jetzt kommt der direkte Angriff auf mich. Ein „Frauenproblem"? „Gschichterl" = Abwertung der Präsentation von Problemen!

Mann!

Ahm... ich möchte die Frau Doktor nur einmal etwas fragen. Es sind Beratungsstellen oder sonstige Stellen für die Menschen... ahm..., wo also auch Menschen sitzen – und wie man ja weiß, ist ja kein Mensch perfekt und keiner steht also über allen Dingen –, und jetzt, was mich natürlich interessiert: Woher die Frau Doktor jetzt meint oder glaubt der Ansicht zu sein, kompetent für solche Fälle überhaupt zu sein, na? Weil, wenn ich z. B. zu einem Rechtsanwalt gehe und ihm halt irgendein Geschichterl erzähl', was ich vielleicht verbrochen hab, oder vielleicht sonst irgendwas, dann ist das für mich ein kompetenter Mann, der mich da mit seinem Wissen oder mit seinem Bücherl da irgendwie rauszieht oder sowas. Nur ist *das* halt eine menschliche Angelegenheit und von Mensch zu Mensch verschieden... ah, und ich kann mir ja gar nicht vorstellen, daß es auch der Frau Doktor nicht mit der Zeit zu blöd wird, sich jahrelang mit den Sexualproblemen der Leute zu beschäftigen...

Irrtum! Ich beschäftige mich nicht mit „Sexualproblemen", sondern mit „Veränderungsmöglichkeiten", sprich Psychotherapie! Ich pariere den Angriff auch nicht direkt, sondern gehe in Verteidigungsposition, schlage ein Pfauenrad der kollektiven Qualifikation und berufe mich auf „übergeordnete Instanzen" – ein alter Rhetoriktrick!

PERNER: Also: Wie's nach Jahren ausschaut, kann ich heute natürlich noch nicht beurteilen. Die Sexualberatungsstelle gibt es erst seit November, aber alle, die in dem Team arbeiten – und wir sind also fünf Personen –, sind jahrelang erprobte Familienberater mit psychotherapeutischer Ausbildung, und wir haben alle eine spezifische Sexualberatungs- und Sexualtherapieausbildung genossen, bei der Frau *Dr. Middendorp,* das ist die Leiterin der sexualmedizinischen Beratungsstelle an der Universitätsklinik Zürich...

(A wird unruhig)

... und rede Ihn nieder...

... und nachdem wir diese Ausbildung erfolgreich abgeschlossen haben, erfolgreich erprobt und supervidiert sind, halten wir uns für kompetent, unsere Erfahrungen aus unserem Basisberuf – also aus anderen Beratungsstellen, wo wir bereits mit zahllosen Familien- und Partnerproblemen erfahren waren – in der Kombination mit unseren spezifischen Ausbildung für Sexualprobleme der breiten Bevölkerung zur Verfügung zu stellen.

A.:*(ironisch)* Das haben Sie jetzt schön gesagt – nur: Kommt's Ihnen nicht auch mal vor, wenn irgendjemand jetzt zu Ihnen kommt, daß Sie sich denken: So was Ähnliches hab ich auch schon einmal erlebt, und daß dann all diese... diese Ausbildungen... und, und... die beruflichen Erfahrungen... oder Erfolge aus der Vergangenheit, ... sie die weglassen und sich denken: So hab ich das damals gemacht, oder: Das wär vielleicht das Günstigste; und da einmal auf private Erfahrungen zurückgreifen...

...aber er läßt sich nicht!

Jetzt wird er direkter, spricht mein Frau-Sein in meinem Alltagsleben an und überschreitet damit meine Distanzlinie „Berufsrolle".

PERNER: Ja, also, wie ich schon gesagt hab, haben wir alle Psychotherapieausbildungen und das wesentlichste Kriterium einer Psychotherapeuten-Ausbildung ist die Eigentherapie, wo man das eigene Leben reflektiert und versucht, sich davon zu befreien, anderen Vorschriften zu machen *(lacht):* So wie ich meine Probleme löse, mußt es auch Du machen, sondern so offen zu sein, mit dem anderen daran zu arbeiten, wie SEINE Lösung oder IHRE Lösung ausschaut. Das muß nicht meine sein.

Ich antworte wieder in der Berufsrolle und weiche damit einer „Beziehung" – in der ich sagen müßte, daß ihn mein Privatleben nichts angeht – aus.

Jetzt ein „Schritt zur Seite" – ich zeige ihm Freiraum in einer möglichen Berufsbeziehung.

A.: Mhm.

REUMANN: Darf ich mich da kurz einschalten, Frau *Dr. Rotraud Perner* Könnte man die Formel so machen, daß auch Rechtsanwälte Rechtsprobleme haben... haben also auch Sexualberater Sexualprobleme?

Reumann springt seinem Geschlechtsgenossen hurtig zur Seite und will auch einen Blick in meine Intimzonen machen.

Jetzt bin ich authentisch: ehrlich. Ich benenne mein „Credo" – verweigere aber den „Blick durchs Schlüsselloch". Das wird akzeptiert.

PERNER:*(ruhig und ernst)* Ich denk mir, das ändert sich im Laufe der Zeit. Niemand hat NIE Probleme. Das wäre gelogen. Also ich denke, auch Sexualberater haben Sexualprobleme – *(seufzt)* – wir müssen lernen, sie zu problematisieren, ehrlich zu sein, *mit unseren Partnern* darüber zu sprechen. Und wenn wir's schaffen, unsere Probleme nicht zu verstecken, sondern dazu zu stehen und daran zu arbeiten, können wir auch Vorbild sein für andere, offen und ehrlich Probleme anzugehen.

...

ROBERT REUMANN spielt eine Platte, deren Refrain so ähnlich wie „We can't put wrong into right" klingt.

Zu Gast im Nachtradio: Dr. Rotraud Perner!

REUMANN: So ist es. Die Dame sitzt neben mir. Ich kann es bestätigen. Und nun haben wir wieder – scheinbar haben wir die Telefonanlage doch in den Griff bekommen – eine Hörerin am Apparat. Sie ruft aus Graz an, und ihr Name ist G.

1.1.4 G.: Ja Grüß Gott. Und zwar: Ich hab an die Frau Doktor folgende Frage: Ich kenn meinen Freund schon fast beinahe fünf bis sechs Jahre, und wir verstehen uns im Grunde wahnsinnig gut, aber diese rasende Leidenschaft und diese Würze, die am Anfang in einer Beziehung ist, die ist abgeschwächt, manchmal überhaupt nicht mehr da. Und jetzt stell ich mir selbst die Frage, ob ich das bewerten soll? Ob man das prickelnde Gefühl, das vielleicht am Anfang in einer Beziehung vorhanden ist, vielleicht überbewertet und...

Durch den Bandwechsel fehlen hier leider einige Sätze!

(Bandwechsel)

PERNER: ... was anderes und eine Beziehung, wenn sie lebt, dann atmet sie so wie alles, was lebt, atmet, und da gehört Einatmen dazu und Ausatmen. Das sind Wellenbewegungen. Manchmal gibt's Hochs und dann gibt's Tiefs. Natürlich gibt's auch die Möglichkeit, sich selbst zur Jury zu machen und zu sagen: Also heute warst Du Einser und heute hast Du... naja... drei minus – ob das der Beziehung förderlich ist, wage ich zu bezweifeln, aber es ist oft schwer in einer Zeit, wo alles so bewertet wird, einander nicht zu bewerten. Wenn Sie sich davon lösen können, wird's sicher von Vorteil sein

Jetzt predige ich wieder! (Hypnotherapie!) und versuche, „Leben", nämlich die Dialektik von Frequenzen verständlich zu machen – auch ein Anliegen von mir!

REUMANN: Frau Doktor, darf ich mich da einschalten? Aber soweit ich die G. verstanden hab, meint Sie, daß einfach ein Defizit an Leidenschaft in Fortdauer der Beziehung zu bemerken ist, und ich meine, es gibt ja nun auch *ältere* Menschen, die sagen, naja, die Beziehung ist ein langes Gespräch und äh... das ist alles nicht mehr so wichtig, ... aber wir verstehen uns gut. Gibt es also von Ihrer Warte aus, oder kann die Sexualberatung quasi Feuer wieder in eine Beziehung bringen?

PERNER: Es gibt sicher Möglichkeiten, „einzuheizen" und sozusagen ein bißchen „nachzulegen". Aber wie jeder gute Ofen, wenn er immer nur befeuert wird, irgendwann einmal explodiert... und das ist nicht unbedingt der Sinn, würd ich sagen, man soll einen Ofen auch einmal auskühlen lassen, umso mehr macht es Freude, dann wieder neu einzuheizen. Also ich würde eher dazu raten, zu akzeptieren, daß eine Leidenschaft nicht immer gleichmäßig brennt, sondern daß es da eben Höhen und Tiefen gibt. Die Frage ist nur, halt ich es aus, zu vertrauen, daß wieder ein Hoch kommen kann und auch dazu was beizutragen?

Reumann hat meine Botschaft offensichtlich nicht verstanden oder nicht verstehen wollen: Er interpretiert die Anruferin und diskriminiert Menschen, die Ansichten vertreten, wie er sie zitiert – offensichtlich meint er Senioren, vielleicht auch mich, weil ich wohl ein paar Jährchen älter bin als er. Die Frage ist aber schwer zu beantworten: Therapie muß man erleben, beschreiben bleibt unzulänglich.
Jetzt versuche ich noch einmal, das „Wellenmodell" (vgl. Fritjof Capra: Das Tao der Physik. Bern 1984) anzubieten.

REUMANN: G., ist das in etwa die Beantwortung Ihrer Frage?

Jetzt kommt das eigentliche Problem heraus: Die Beziehung hat sich offensichtlich so abgekühlt, daß allfällige Heiratshoffnungen fallen müssen. Hier müßte nach dieser vermuteten Enttäuschung gespürt werden.

G.: Nicht ganz – und zwar: Ich stell mir nämlich selbst die Frage, ob ich diesen Menschen, wo eben diese rasende Leidenschaft abgeschwächt ist… ähm… heiraten kann, also mit ihm ein ganzes Leben verbringen kann. Diese Frage stell ich mir. Oder soll ich ab diesem Moment, wo ich dieses Gefühl nicht mehr hab, dieses prickelnde leidenschaftliche Gefühl, diese Beziehung abbrechen. Das ist eben meine Frage an Sie.

Tütüt…

REUMANN: Die Dame hat… entweder wurde Sie rausgeworfen, … aber beantworten können wir die Frage ja trotzdem.

Da kein Dialog mehr möglich ist, verlege ich mich wieder aufs Predigen. Jetzt spricht die Juristin!

PERNER: Ja also ich denk mir, um eine Ehe zu führen, gehören noch einige andere Dinge dazu, nicht nur Leidenschaft. Ich möchte also schon unterscheiden zwischen einer befriedigenden sexuellen Beziehung und einer Ehe als einem Vertrag zu gegenseitigem Beistand und unserer derzeitigen Rechtsordnung entsprechend zum gemeinsamen Wohnen, Wirtschaften, Freizeitgestaltung. Da gibt es sicher Highlights, wenn das Sexualleben stimmt, aber nur auf ein leidenschaftliches Sexualleben sollte man nicht bauen, wenn man eine dauerhafte Ehe gründen will.

REUMANN: …und am Telefon haben wir jetzt eine junge Frau mit Namen E. Stimmt das?

1.1.5

1.1.5 E.: Ja.

(Keine Österreicherin, spricht schlecht Deutsch!)

REUMANN: E., was ist Ihr Problem?

E.: Das Problem ist, daß man oft als einsame Frau bekommt belästigende Anrufe von Männern, ... die sind eindeutig auf sexuell betont ... und wie die Frau Doktor diese Sachen erklären würde? Die meisten pfeifen sich im Feuer und im Herd, und... sind sehr lästig. Das passiert sehr oft in der Nacht... und... und... zu außergewöhnlichen Zeiten. Und die Frauen meistens... finden keinen Schutz gegen die Telefonanrufe.

PERNER: Naja, vielleicht hilft es Ihnen ein bißchen, wenn ich Ihnen sage, daß wir auch in der Sexualberatungsstelle in Wien schlüpfrige Anrufe bekommen. Es ist leider so, daß es... verschiedene Motive gibt, weswegen manche – Männer – nur auf diese Art und Weise ihre sexuellen Wünsche oder Bedürfnisse an eine Frau heranzutragen wagen. Ich denke, wir können zwei Formen finden, darauf zu reagieren. Die eine ist, sich zu überlegen, wenn ich mich am Telefon melde, womit ich mich melde, weil ja vielfach diese Männer sich die Nummern aus dem Telefonbuch heraussuchen – dort wo also eine Frau im Telefonbuch steht –, und man kann z. B. dadurch, daß man nicht so reagiert, wie es der Anrufer erwartet, nämlich geschockt oder empört, schon einiges davon wegnehmen, daß man weiter von derselben Person belästigt wird. Ich hab also gute Erfahrungen damit, wenn Frauen entweder eher belustigt reagieren oder eher... fad – mit dem „faden Aug", sagt man bei uns in Wien – reagieren. Es wäre sicher nicht zielführend, empört zu reagieren, weil das die Lust schafft. Und das zweite ist, daß wir hoffen können, daß eine verbesserte Sexualerziehung in der Schule, eine Partnerschaft als Vorbild in den Medien z. B. dadurch, daß Mann und Frau gemeinsam auftreten am Bildschirm, Männer dazu bringt, *diese* Männer dazu bringt, eine

Diesen Satz habe ich öfters abgehört – vielleicht ein fremdsprachiges Sprichwort ins Deutsche übersetzt?

Ich bin schon wieder hilflos. Versuche eine „sanfte" Solidarisierung (statt einer „scharfen": Mitschimpfen) und suche Auswege in Erklärungen.

Wieder der Fehler des „Entweder – Oder"!

Da beziehe ich mich auf Erfahrungen von Klientinnen, wie sie Anrufer erfolgreich abwimmeln konnten: mit Meldungen wie „Pensionistenheim" etc.

Das ist jetzt ein „Weg" von der individuellen Ebene auf die gesellschaftliche, wo alle anderen schuld sind, nur nicht wir selbst. Ein beliebter Schachzug sogenannter

„Sexualökonomen". Indem ich Sexismus in der Werbung anspreche, erreiche ich sie wieder!

Frau vielleicht mit ein bißchen mehr Respekt zu behandeln.

E.: Na hoffentlich!

PERNER: Ich würde sagen: Überlegen Sie sich einmal, womit Sie sich melden. Melden Sie sich nur mit der Telefonnummer!

Jetzt wäre sie wieder gesprächsbereit...

E: Ja, ich hab das auch probiert. Nur ist es meistens so... in dem Raum Linz ist es immer derselbe Mann. Ich erkenne die Stimme schon. Weil es ist schon seit Monaten immer dieselbe Stimme.

...aber ich gehe nicht auf sie ein; wieder ein Beratungsfehler. Ich müßte sie fragen, was es für sie bedeutet, wenn immer derselbe Mann anruft.

Ich bleibe bei frauenpolitischen Appellen.

PERNER: Was anderes ist natürlich, daß wir als Frauen uns schon überlegen sollten, wieweit wir uns organisieren und versuchen, das Thema in der Öffentlichkeit in Diskussion zu bringen. Das muß man sich gut überlegen. Ich persönlich bin also dafür, sich mit der Person auseinanderzusetzen, aber es gibt Kolleginnen, Kollegen, die der Meinung sind, man sollte auf jeden Fall auch die staatlichen Möglichkeiten in Anspruch nehmen. Die Ansichten sind unterschiedlich. Ich halt's also am besten, mit einer schlagfertigen Reaktion am Telefon nicht so zu reagieren, wie's erwartet wird.

Leider ist hier die Aufnahme undeutlich.

E.: Was meinen Sie unter staatlichen...

...

E.: ... habe mich an Polizei gewendet, und die hat gesagt... Telefonnummer ändern, ... aber kostspielig, können sich nicht viele Frauen leisten.

PERNER: ...einfach Änderung auszuknobeln...

- - -

REUMANN: *Supertramp* mit dem vielsagenden Titel „Another man's woman" – also die Frau eines anderen Mannes wurde hier besungen. Sie hören das Ö3 Nachtradio! Die Telefonnummer ist... Soeben hat *Thomy Aigner* angerufen und gesagt, ja wißt Ihr denn nicht, seit Tagen ist diese Telefonnummer gestört! Ich hoffe trotzdem, daß Sie durchkommen, manche kommen ja wirklich durch, es geht heute um's Thema Nummer Eins, und am Telefon haben wir eine Hörerin mit Namen R.

1.2.1 R.: Ja, hallo? 1.2.1

REUMANN: Hallo R.

R.: Ja, also, mein Problem ist, daß ich eigentlich mit meiner Sexualität kein Problem habe, aber auf Grund meiner Sexualität mit meiner Umwelt Probleme habe, und zwar würde ich mich, ah, als homosexuelle Frau bezeichnen... Und jetzt habe ich folgende Frage: Wenn jemand wie ich jetzt in Ihre Beratungsstelle kommen würde, würden Sie dann dem- oder derjenigen raten, ihre Sexualität oder seine Sexualität an die normativen Vorstellungen der Umwelt anzupassen, oder dazu raten, aufgrund Ihrer Sexualität mit der Umwelt zu leben, weil die ja doch sehr ablehnend...

PERNER: Wenn ich die Frage richtig verstanden hab, so geht sie in die Richtung, ob wir Druck ausüben würden, sich einer Normalität anzupassen oder das So-Sein zu akzeptieren...

Da reagiere ich richtig – es kommt Bestätigung!

R.: Mhm! Ja!

PERNER: ... und für uns ist wichtig, daß jeder Mensch, ob Mann oder Frau *die* Form der Sexualität findet, die für ihn/für sie befriedigend ist und für den dazugehörigen Partner. Und da ist es egal, ob das ein Homosexueller oder ein Heterosexueller ist, wenn also das Problem darin besteht, daß zwar die Beziehung funktioniert, aber die Umwelt verständnislos reagiert, dann würden wir in die Richtung arbeiten, sozusagen das Selbstwertgefühl des/der Ratsuchenden zu stärken, daß Sie mit dem Unverständnis der Umwelt besser fertig wird.

Wieder das typische hypnotherapeutische Predigen!

Hier versuche ich vorsichtig, etwas mehr von meiner Sichtweise anzudeuten und berufe mich wieder auf die „übergeordnete Instanz" (Freud), um nachfolgende Angriffe anderer HörerInnen vorwegzunehmen.

R.: Also ein homosexueller Mensch könnte zu Ihnen um Rat oder um Hilfe kommen?

PERNER: Ja, selbstverständlich. Nachdem also z. B. ich als psychoanalytisch ausgebildete Beraterin fest auf dem Boden der Lehre Freuds stehe, wonach wir alle von Natur aus bisexuell angelegt sind und es doch von relativ unterschiedlichen Gegebenheiten abhängt, welche Partner wir wählen, und wir daher immer wieder die Wahl zu treffen haben: Verlieben wir uns, finden wir unsere Erfüllung in einer Person des gleichen oder des anderen Geschlechts, so ist für mich das etwas, das es eben gibt, und solange eben das Problem nicht darin besteht, daß ich eigentlich darunter leide, weil ich eigentlich jemand anderen wählen möchte, sondern das Problem darin besteht, daß ich mich in meiner Wahl von fremden Leuten nicht verstanden fühle, so geht es eben darum, dieses Problem, nämlich das Unverständnis, zu bearbeiten und nicht die Wahl, weil da gibts ja kein Problem.

R.: Herzlichen Dank.

REUMANN: Ist die Frage für Sie umfassend beantwortet?

R.: Ja!

REUMANN: Dann danke ich Ihnen für Ihren Anruf. Unsere Telefonnummer... Sie hören das Nachtradio und jetzt hören Sie, wenn's stimmt den *Supermax*.

REUMANN: Den Titel „The Love Machine" kennen Sie sicher – ist schon einige Jahre alt, gibt's schon in einer neueren Version. Ich mag die alte sehr. - - -

REUMANN: „There's a Love Machine in Town", oder anders auf Deutsch: Sex ist machbar, Frau Nachbar. Nun denn, Sie hören ein Nachtradio zum Thema Nummer Eins, Frau *Dr. Perner* schaut mich ganz skeptisch an, wie ich hier mit den Reglern kämpfe, und am Telefon ist der A. aus Wien Meidling. A.?

1.2.2 A.: Ja? 1.2.2

REUMANN: Ja Grüß Gott, guten Abend. Sie haben ein Problem... oder Fragen?

A: Naja, da ist... das ist ein irrsinnig großes Problem geworden, und zwar... daß meine Exfreundin jetzt glaubt, daß ich werd sie erschießen und ich glaub auch... sie wird mich erschießen... weil sie geht Schießübungen machen... und... und so weiter... und geheime Telefonnummer hat sie jetzt... und... ich lebe jetzt in... einem Angstzustand... beide... und das war so, daß wir waren acht Monate z'samm und da muß ich sagen, daß sie glaubt... ich bin Taxifahrer, ich bin bewaffnet, und deswegen... weiß ich nicht, hat sie jetzt eine Pistole, oder sie will eine besorgen, oder sie will das nur können...

(Wieder ein Nicht-Österreicher, der sehr schlecht Deutsch spricht!)

REUMANN: Haben Sie mit Ihrer Freundin darüber sprechen können?

A.: Naja, ein bisserl – ich hab sie gefragt, wieso gehst du schießen?

PERNER: Ja?

Ich spüre seine Angst und frage nach, um mich besser orientieren zu können.

A.: ...das kostet Haufen Geld, und sie hat gesagt: Naja, ich möcht das lernen und so...

PERNER: Fühlen Sie sich bedroht dadurch?

A.: Naja, bissi schon... wenn jetzt ein Fahrgast steigt bei mir ein, ... wenn gleich hinter mir, ... ich schau genau, wer steigt ein...

Die Frage ist wagemutig, aber richtig: Sie drückt aus, was ich bei ihm spüre.

PERNER: Und fühlen Sie sich von Ihrer Exfreundin auch bedroht?

A.: Ich fühle mich schon bedroht, ja.

PERNER: Haben Sie ihr das gesagt?

A.: Naja, wie kann ich das sagen, ... wenn sie Geheimtelefon hat... und...

Jetzt hört man seine Erleichterung, daß er das aussprechen darf.

Perner: Sie sehen sie nicht?

A.: Nein *(traurig)*. Einige Sachen habe ich z. B. bei ihr und habe ihr gesagt, ich hole sie mir, ... aber sie hat gesagt: Ich schick sie mit der Post... Bis jetzt hab ich sie nicht gekriegt, ... und da hab ich gesagt: Wenn du keine Lust hast, du kannst sie ja irgendwo hinbringen, ich hole sie selbst, und da hat sie gesagt, da wirst du dich wundern!

Damit will ich ihm Gelegenheit geben, seine Aggressionen auszudrücken.

Perner: Wissen Sie, weswegen Ihre Freundin möglicherweise in dieser Art auf Ihre Annäherungsversuche reagiert? Hat sie einen Grund, solche Drohungen auszustoßen?

A.: Ja, ... das war so: ... im Bett, ... das hat schon mit Sexualität zu tun gehabt, weil sie hat früher einen Freund gehabt, den R., und der war ein bißchen größer und stärker... und im Vergleich... ich bin... naja, bin ich schlank. Aber nicht schlanker als meine Freundin. Und ich bin noch größer... 180. Und sie hat Vorwürfe gemacht, naja, ich hab so kleine Schwanz,... und der R. hat so groß und so dick gehabt, ... das ist doch Blödsinn, ich bin 32 und bisher hat mir noch keine Frau oder Mädchen, ... niemand hat mir gesagt, das paßt mir nicht... oder so... Da will sie mich seelisch fertig machen, ... oder was soll das? Nein, das stimmt, sagt sie, der R. hat so einen großen gehabt, sag ich: Wieso bist du dann nicht mit ihm? Dann geh doch zu ihm!

Jetzt kommen seine Aggressionen: Rivalität.

Perner: Also das ganze klingt, wie wenn da eine Strategie läuft, Ihnen Unsicherheit und Angst einzuflößen...

A.: Ja! Und auch... Sie ist oft in der Nacht munter... vielleicht hört sie mit... und weiß jetzt, ich habe Angst... und auch sie hat vielleicht Angst? Was soll diese ganze Geschichte ...

Jetzt bin ihm ganz nahe und denke, daß ich verstehe, worum es ihm geht. Er kann sich öffnen, zeigt seine Hilflosigkeit – und ich bilde die Schiene, über die er hofft, seine (Ex-)Freundin zu erreichen. Durch Bandwechsel

---

Reumann: „Let's stick together"... Wir haben heute das Nachtradio mit dem Thema Nummer Eins, und am Telefon ist die A. Schönen guten Morgen!

fehlt wieder ein Stück Text.

1.2.3 A.: Ja, guten Morgen. Ich hätte eine Frage, und zwar: Ich bin mit einem zehn Jahre älteren Mann verheiratet und möchte öfter Sexualität ausüben. Leider ist das einzige Problem: Ich hab ab und zu überhaupt keine Lust. Weiß nicht, wie ich machen soll, ... und wenn ma da... solche Zeiten, ... da möchat i nur, ... und dann ist wieder komplett Sense, ... indem daß ma alles weh tut und i richtige Abneigung verspür. Jetzt möcht i ganz gern wissen: Was ist eigentlich die Hemmschwelle? Des haßt: Wos hemmt mi eigentlich?

1.2.3 (Diese Anruferin spricht stark Dialekt!)

Perner: Darf ich Sie fragen, wie alt Sie sind?

A.: Ja, 30.

Perner: Haben Sie schon einmal kontrolliert, ob Ihre Lust oder Unlust mit Ihrem Menstruationszyklus zusammenhängt?

Damit starte ich eine „Sexualanamnese", wie ich es in meiner Ausbildung gelernt habe.

A: Ja, der ist ganz verrückt. Also des is manchmal... a Woche, ... dann ist wieder zeitweise nix... Das hat sich sehr verschlechtert durch die Gesundenuntersuchung, wo ich war. Da hab ich sehr große Abneigung nachher kriegt, weil die habn ma an ziemlich großen Käse erzählt, von einem Arzt zum anderen geschickt, ... und... i hab sehr große Angst nachher g'habt, daß ich a Kind eben kriegen könnt... und sehr große Angst, daß mas eben wegnehmen, ... und jetzt haben's wieder festgestellt, sie haben gefunden aufn Eierstock a fünf Zentimeter große Zyste... Hab i nachher Angst, daß sie mir diese wegnehmen... und könnt vielleicht a Kind kriegn... Ist des vielleicht dadurch bedingt?

Vermutung eins richtig. Vermutung zwei folgt: Die Anruferin drückt sich „verwirrend" aus. Das muß einen Grund haben.

Ich gehe auf die Botschaft „Angst" nicht ein und versuche dennoch zu „entängstigen".

PERNER: Also ich vermute, daß Ihre Schwierigkeiten, die sie im Augenblick durch... verschiedene Symptome an Ihrem Körper bemerken, auch damit zusammenhängen, wie Sie Lust empfinden können...

Es folgen meine Hinweise auf die Möglichkeiten in der Sexualberatungsstelle: Abklärung durch ÄrztInnen, Psychotherapie. Ich formuliere: Bei Ihnen reagiert der Unterleib auf Sorgen, die wir noch nicht orten konnten, ... und frage, wo sie wohnt.

...

... und ich würde vorschlagen, daß Sie in dem Bereich, wo Sie wohnen – Sie klingen so kärntnerisch –

A.: Ja, i bin a Steirerin. *(lacht)*

PERNER: Und leben auch in der Steiermark?

A.: Nein, ich leb in Wien, ich bin in Wien verheiratet...

PERNER: Dann, wenn Sie also in Wien sind, dann würde ich vorschlagen, daß Sie sich einen Termin bei uns in der Sexualberatung holen, daß wir einmal überlegen, wo es eine vernünftige Ärztin oder Arzt gibt, die sich auch Zeit nehmen kann – Sie wissen, Ärzte sind oft sehr überlaufen und haben nicht die Möglichkeit, sich so zu widmen, wie sie gerne möchten, in Ruhe mit Ihnen abzuklären, wie da eine Wechselwirkung zwischen Lust und körperlichen... Veränderungen besteht. Es gibt sehr gute Gynäkologen, Gynäkologinnen, auch mit Psychotherapieausbildung, die vielleicht durch ein etwas vertieftes Gespräch Ihnen helfen könnten. Selbstverständlich stehen auch wir und unsere Ärzte in der Beratungsstelle zur Verfügung.

Da versuche ich offen zu lassen, was alles verursachend sein kann, um nicht durch Suggestion zu präjudizieren.

A.: Ich hätte noch eine Frage. Wie ist das eigentlich: Was halten Sie eigentlich von einem Psychotherapeuten? Wär das etwas?

PERNER: Also ich halt sehr viel davon, ... und denke mir, gerade bei Frauen reagiert oft der Unterleib hochsensibel...

A.: Ja! Ja!

Ihre Bestätigung zeigt, daß sie sich

PERNER: ... auf Störungen, auf Probleme, Sorgen. Das kann also mit dem Arbeitsplatz zusammenhängen, das können Sorgen sein mit Verwandten, mit den Eltern, mit dem Partner, es kann z. B. eine kommende Übersiedlung solche Sorgen auslösen, daß der Körper reagiert... und... da kann also der Zyklus ordentlich durcheinanderkommen... es können sogar auch andere Symptome auftreten... das müßte man in Ruhe durchbesprechen.

verstanden fühlt. Da versuche ich, Gefühlsreaktionen auszulösen – vielleicht kann sie selbst antworten, wo die Ursachen ihrer Probleme liegen.

REUMANN: A., sind Sie zufrieden?

A.: Jaa, ich bin noch da! *(lacht)*

REUMANN: Sind Sie zufrieden?

Reumann will Schluß machen – die Anruferin steigt aber nicht darauf ein.

A.: Es ist wunderbar, daß Sie mir des g'sagt haben, wirklich wahr! Also dann könnt ich durchaus also zu einem Psychotherapeuten gehen. Wie ist das eigentlich: Nimmt ein Psychotherapeut auch – eine Frage nur – praktische Scheine auch?

Da bin ich mir nicht klar: Will sie nur das Gespräch verlängern, oder gehört sie zu den Menschen, die alles immer konkret vorausplanen wollen?

PERNER: Es gibt Psychotherapeuten, die vom Ursprungsberuf Ärzte sind, und in *dem* Fall können Sie mit der Krankenkasse verrechnen. Und in Ihrem Fall, wo es sich offensichtlich um ein medizinisches Problem auch handelt, würde ich auf jeden Fall einen medizinischen Psychotherapeuten vorschlagen, und es gibt auch ein Handbuch, wo Sie drinnen finden, wer psychotherapeutisch ausgebildet ist. Sie erfahren auch bei uns, wo Sie Hilfe finden können.

Seit 1.1.1991 ist das Psychotherapie-Gesetz in Kraft, voraussichtlich in Bälde werden auch Nicht-ÄrztInnen mit Kassen verrechnen können.

A.: Entschuldigen Sie, dürft ich Sie bitten, daß Sie mir nachher noch sagen, wo ich Sie erreichen kann, wo man da hin anrufen kann?

Da habe ich einige meiner Sätze gestrichen: Ich krame hörbar nach den Telefonnummern und erkläre das auch.

REUMANN: *Kim Wilde* singt da „Take me tonight", ... na sie wird's wissen, was sie will. Ich hätte eher gerne noch einen Anrufer, der kommt und kommt nicht. Draußen – sie werden's vielleicht manchmal gehört haben –, irgendwie hektisches Stimmengewirr im Hintergrund. Das war nicht der Telefontechniker, das war *Walter Gröbchen* und seine Mannen, die versuchten, die zahlreich einströmenden Anrufe nicht hereinkommen zu lassen. Hmh, jetzt wird da draußen noch ein bißchen weitertelefoniert... Vielleicht können wir jetzt acht Minuten vor zwei Uhr früh, Frau *Doktor Perner,* eine kurze Zwischenbilanz ziehen: Ist in etwa das, was wir heute im Laufe des Abends hier gehört haben, für Sie ein Querschnitt dessen, was Ihren Berufsalltag ausmacht?

Ich korrigiere diskret auf Sexualberatungsstelle; Berufsalltag ist bei mir ganz anders: Trainings, Seminare, unterrichten an Akademien, und Hochschulen, forschen, schreiben... und einige wenige Psychotherapien.

PERNER: Querschnitt wär vielleicht ein bißchen zuviel gesagt, es ist ein Teilbereich von dem, womit wir in der Sexualberatungsstelle konfrontiert werden, ja.

REUMANN: Nun, muß man dazu wohl sagen, daß es wahrscheinlich eine gewisse Hemmschwelle für Menschen gibt, im Telefon über sexuelle Erfahrungen oder Probleme zu sprechen und das dann im Radio ausgestrahlt zu wissen; wir hatten also eigentlich die Erfahrung, daß vor vier Wochen sehr freimütig über sexuelle Praktiken und dergleichen gesprochen wurde, ... mhja, vielleicht sind viele Menschen auf Urlaub...

Ich will Reumann mit seiner Enttäuschung nicht allein lassen – will aber auch nicht animieren...

PERNER: *(lacht)* Also ich denk mir, es ist wirklich nicht so einfach, darüber zu sprechen, weil unsere Sprache so... unvollständig ist! Und weil wir ja selbst erst *(lacht)* Formulierungen erfinden müßten... vielleicht liegt's daran...

- - -

REUMANN: ...und wir haben jetzt einen Herren am Telefon, der auch eine sehr konkrete Frage hat, stimmt's?

1.2.4 M.: Ja, schönen guten Abend. Ich hab mir vorher das Gespräch mit der Frau R. angehört und wollte die Frau Doktor jetzt folgendes fragen: Ah, was versteht sie unter *normaler* Sexualität? Vorher sind da Begriffe gefallen wie Homosexualität und Heterosexualität, und mir stellt's dabei jedesmal die Haare auf, weil in meinem Denken und in meinem Dafürhalten gibt es nur Menschen, die andere Menschen lieben, und für mich hört Liebe halt nicht in Hosen- und Rockinhalten auf.

1.2.4
(sehr aggressiv)

PERNER: *(sehr ernst)* Wie ich zuerst gesagt habe, stehe ich fest auf dem Boden der Freudschen Lehre, daß wir von Natur aus bisexuell angelegt sind. Und daß es eher von der Partnerwahl abhängt, ob wir uns jetzt heterosexuell oder homosexuell entscheiden. Beides ist möglich. Immer wieder. Im selben Leben. Wechselnd. Und der eine bevorzugt eben die Richtung und der andere vielleicht eine andere... Und unter „normal" verstehe ich das, was der Durchschnittsbürger unter normal versteht. Für mich ist das alles normal, weil: alles gibt es.

Jetzt verteidige ich mich nicht wie vorher bei A. (1.1.3), sondern „stehe zu mir".

M.: Aber Sie verwenden doch trotzdem *(aggressiv)* diese – diese typischen „Schubladenbegriffe", die unheimlich abgrenzend sind.

PERNER: Jetzt tu ich mir sehr schwer. Weil... ich versuche solche Worte zu gebrauchen, die allgemein verständlich sind. Und ich versuche meine persönliche Meinung draußen zu lassen, mich auf das einzustellen, was an mich herangetragen wird. Wie ich schon gesagt hab: Normal ist alles, was es gibt, denn alles ist da... Und für alles gibt es mehr als ein Beispiel. Das ist die eine Form. Und die andere ist, daß wir Gesetze haben, die man ändern kann, und allgemeine Meinungen und...

Hier werbe ich um sein Verständnis, verzichte auf Dominanzgesten (Berufung auf mein Besserwissertum), die mir unwillkürlich ins Denken kommen.

(seufzt) daß man darauf auch Rücksicht nehmen muß, ob's einen freut oder nicht. Ich versuche auf die Individualität einzugehen. Ist das o. k.?

Ich denke, er hat gemerkt, daß ich das wirklich ehrlich meine.

M.: Ist o. k. Danke Ihnen.

PERNER: Bitte.

REUMANN: Danke für den Anruf. Wir kommen schön langsam zum Ende der heutigen Sendung. Es wird jetzt noch *Nina Simone* einen guten Rat für heute Nacht singen: „Don't smoke in your bed", das sollte man wirklich beherzigen!

Für mich eine Überraschung: Ich war auf einen einmaligen Besuch eingestellt und bin jetzt verwirrt.

REUMANN: Dramatisch, dramatisch. *Nina Simone*. Das war der erste Teil des Nachtradios. Den 21. Mai haben wir schon. Man sollt's nicht glauben. Wir danken für's Zuhören. Das war der zweite Versuch, hier im Radio so etwas wie eine Sexline zu installieren. Wir werden weitermachen, ich denke, das Ergebnis ist durchaus erfolgsversprechend. Ich danke Frau Doktor Perner für Ihren Besuch heute abend – wir werden sie sicherlich hier wieder hören – mhm, ja. Wenn Sie an uns schreiben – vielleicht direkt gleich an den *Walter Gröbchen*, der freut sich immer, wenn er Post kriegt! –: Ö3, Kennwort Nachtradio-Sexline! Wie auch immer: Ich danke Ihnen für's Zuhören, wünsche Ihnen noch eine schöne Nacht. Vielleicht können Sie irgendwelche Anregungen, die Sie hier gehört haben, heute Nacht noch umsetzen... Stets der Ihre: Robert Reumann.

12./13. 8. 88 Die dritte Sendung

REUMANN: Schönen guten Abend, grüß Gott. Los geht's!

- - -

REUMANN: Also, daß es heiß ist, hat sich ohne Zweifel herumgesprochen, nicht nur in der Stadt, sondern auch am Land, sagen die Meteorologen, schwül allerorten – wir werden unseres beitragen, um diese Schwüle zu verstärken. Wir sind heute wieder dran mit dem Sexradio und am Mikrophon *Robert Reumann,* Redakteur ist wieder *Walter Gröbchen.* Wir haben heute wieder die Sexhotline eingeschaltet. Unsere Telefonnummer ist... Sie wissen schon, wenn Sie uns was erzählen wollen oder was fragen wollen: Wir sind für Sie da!

REUMANN: Wie Sie wissen – wenn Sexhotline dran ist, haben wir auch immer einen Studiogast.

Zu Gast im Nachtradio: Dr. Rotraud Perner!

REUMANN: Guten Abend, Frau Doktor. Fein, daß Sie hier sind. Frau Doktor hat Ihren Urlaub verschoben! Mhm, ja, man sollte es nicht glauben; ja, sie hat ihn wirklich verschoben! Sie fahren erst morgen auf Urlaub. In die Steiermark, oder?

Im Gegensatz zur ersten Sendung akzeptiert mich Robert Reumann jetzt als „Frau Doktor".

PERNER: *(leise)* Ich fahr nach Hause...

REUMANN: Nach Hause? *(Gröbchen manipuliert am Mikrophon)* Ja, da haben wir das Mikrophon nicht aufgeschaltet – ich glaub, nun ist aber auch dieses... *(neugierig)* nach Hause in die Steiermark?

PERNER: *(lustig)* Mhm!

REUMANN: Also „Mach Urlaub zu Hause – fahr mit der Bahn". Sie fahren mit dem Auto?

PERNER: *(zustimmend)* Mhm.

REUMANN: *(schnell)* ...aber jetzt ist ja noch ein Stau! Nun, Frau Doktor, was kann man sagen, um also unsere Hörer ein wenig vorzubereiten oder einzustimmen auf das Thema, das wir doch besprechen... Da fällt mir ein: Die erste Platte – die war also auch für jene, die also des Englischen nicht mächtig sind –, da ging es doch ein wenig darum – „Hot in the City" –, also es ist heiß. Nun, inwieweit wirkt sich Hitze – oder Temperaturen – auf das Sexualverhalten des Menschen aus? Äh, ich habe mich... oder ich kann mich erinnern, daß man doch zumindest früher meinte, daß bei großen Temperaturen z. B. Sittlichkeitsattentate ansteigen. Hängt das nicht eigentlich damit zusammen, daß – vielleicht – manches einblickbarer ist? Oder ist das wirklich so, daß sich das direkt auf die Libido irgendwie auswirkt?

PERNER: Also ich denk mir, daß sicher mehr nacktes Weiberfleisch viele Männer dazu anregt, das gleich begreifen und in Besitz nehmen zu wollen. Auf der anderen Seite ist der Schwitz – der Schweiß, das Pickige im Angreifen auch nicht jedermanns Sache. Also nicht jeder Mann mag's heiß... Es gibt viele, die also eher bevorzugen, die Hitze aus sich zu entwickeln – und nicht von außen einströmen zu lassen. Aber es ist sicher so, daß viele Leute durch die luftigere Kleidung ein anderes Körperbewußtsein bekommen, man geht ins Bad, man entspannt sich, man hat mehr Zeit, darüber nachzudenken, daß man noch einen Unterleib hat... das, was man sonst eher vergißt, wenn man sehr im Streß ist...

Da bin ich ein bißchen verschreckt: Reumanns direkte Art ist verwirrend für mich.

REUMANN: Ahm und... gibt es da Untersuchungen über – wenn wir's allgemein sagen – das Sexualverhalten des Menschen, oder das Paarungsverhalten. Ist das also normal verteilt übers Jahr, oder gibt es da Spitzen in so heißen Sommernächten wie diese eine ist?

PERNER: Also da bin ich überfragt, das ist ei-

Die Frage nach Untersuchungen ärgert mich immer: Mir ist nicht wichtig, wie vielen Menschen es gleicht geht, sondern wie

ne Frage eher an *Borneman* oder *Senger (lacht)*. Ich kann nur sagen, was die Klienten, die zu uns in die Sexualberatung kommen, berichten, und da ist es eher so, daß zwar bei Hitze das Interesse zunimmt, aber die Umsetzung meistens infolge Luftfeuchtigkeit und Müdigkeit zu wünschen übrig läßt...

es dem/der konkreten Einzelnen geht!

REUMANN: Nun also, Sie hören Sexhotline. Wenn Sie mitsprechen wollen – die Telefonnummer ist... Was immer Sie uns erzählen wollen, berichten wollen, Anregungen, Wünsche, Beschwerden, ... wie auch immer... Reizwäsche, wenn Sie die besprechen wollen, oder diesmal, weil's so heiß ist: „ohne Reizwäsche"... Was immer Ihnen in die Idee kommt: Wir freuen uns über Ihren Anruf – 0660 383.

Ein Aufforderung mit Folgen – wie sich später herausstellen wird! Die Telefonnummer lasse ich meistens weg im Transkript – sie wurde im Laufe der Zeit mehrfach geändert.

REUMANN: Nun denn, man sollte es nicht glauben, der erste Hörer ist schon am Telefon. Wo ist das Jingle, gibt es ein Jingle? Ja...

REUMANN: So, und ich spreche jetzt mit G. aus Wien. Guten Abend, G.

3.1.1 G.: *(euphorisiert)* Ja, guten Abend!!! 3.1.1

REUMANN: Welche Frage haben Sie an die Frau *Dr. Rotraud Perner*. Es geht, soweit ich also in Erfahrung bringen konnte...

G.: *(sehr schnell)* Ja, es geht um Folgendes, wenn ich das kurz ausführen darf: Es geistert ja in der Presse, auch z. B. in der Wochenpresse war da ein Artikel... ah, ah... sehr viel oft herum da, über diese Wundermittel, das auch sehr müde Männer wieder munter machen soll: dieses Papaverin z. B. Und es wird sehr sehr wenig über auch z. B. diese Nebenwirkungen... äh äh... geschrieben. Wie z. B. dann äh... diverse Dinge äh... wirken. Und ich hätt

Indirektes Ansprechen von Erektionsstörungen.

jetzt die Frage: Wieweit dieses Mittel äh äh…, das da als Wundermittel angepriesen wird, äh… z. B. ein brauchbares ist, oder wieweit… äh äh… solche Dinge also mehr oder weniger Zeitungsenten sind.

Ich respektiere seine Distanz und verzichte darauf, nachzufragen, ob DAS sein Problem ist. Ich bleibe auch „indirekt".

PERNER: Ja, … wenn ich also darauf antworten darf, möcht ich also gleich ein bißchen Vorbehalte anmelden. Bei uns in der Sexualberatungsstelle haben wir mit unserer Ärztin im Team sehr lang darüber diskutiert, und es ist so, daß es Kollegen gibt, die darauf schwören, und es gibt Kollegen, die große Bedenken haben. An und für sich gehen da die Meinungen auseinander… ah… so wie bei den üblichen… ah… Aphrodisiaka es zu starren… Lähmungen, langanhaltenden Beeinträchtigungen kommen kann, so sind sich also manche Kollegen nicht darüber klar, wieweit also hier mit Pannen zu rechnen ist. Und ich denk mir, wenn Sie also konkret wissen möchten, welches Mittel welche Nebenwirkungen bei welcher Person hat – weil das ja auch mit der körperlichen Disposition des Anwendenden zusammenhängt –, ist das eine Frage, die *direkt* dem Arzt, der Ärztin gestellt werden sollte… äh… Ich denke mir, daß also die Meldungen in den Zeitungen zum Teil hilfreich sind, weil sie einen Weg zeigen, wie manchen Leuten geholfen werden kann, die bisher eher verzweifeln mußten, daß aber *(zart)* wie halt immer… ah bei Hilfen, … bei mechanischen oder chemischen Hilfen, halt mit Nebenwirkungen gerechnet werden muß. Haben Sie weitere Fragen?

Ich versuche ihn zu ermutigen, direkten Kontakt zu wagen.

G.:*(schnell)* Ich hab an sich keine weiteren Fragen. Es war nur so, daß ich wichtig fand, auch hinzuweisen… äh äh…, daß es nicht nur Wundermittel gibt, sondern daß man das alles auch mit einer gewissen Vorsicht betrachten sollte. Und das find ich also sehr wichtig, und da glaub ich, kommt das also doch viel zu wenig zum Ausdruck in den verschiedenen Publikationen!

PERNER: Es ist ja auch so, schaun Sie, gerade bei den Papaverin-Injektionen: Es ist ja nicht jedermanns Sache, sich selbst eine Injektion zu geben – es ist ja auch nicht jedermanns Sache, das richtig zu tun und so –, das sind also alles Dinge, die gehören konkret im Einzelfall mit dem behandelnden Arzt besprochen. Daher möchte ich da also gar nicht zu sehr darauf eingehen. Wir versuchen also *immer eher* im psychischen und im Beziehungsbereich Ursachen und Hilfen zu finden und Alternativen in der sexuellen Betätigung zu erarbeiten und nicht unbedingt also zu Spritzen zu greifen.

G.: Richtig, ja, ja – ich wollt also nur darauf hinweisen, daß es eben auch andere *(unverständlich)* gibt als Wundermittel und, und so weiter...

PERNER: Danke!

G.: ... und daß man sich also nicht zu sehr darauf verlassen sollte, und daß es auch wichtig ist, psychische Vorgänge zu beurteilen und so weiter – nicht, also –

PERNER:*(dazwischen)* Mhm... ja...

G.: ... daß das sicherlich vielleicht auch andere Ursachen haben kann als vom einzelnen angenommen wurde...

PERNER: Danke.

REUMANN: G., herzlichen Dank für Ihren Anruf-

G.:*(munter)* Danke!!!

REUMANN: Danke. Falls Sie daheim zufälligerweise ein Rezept haben oder irgendwo die spanische Fliege gefunden haben, dann rufen

Er artikuliert seine eigene Vorsicht!

Ich bestätige jetzt seine Scheu vor Selbstverletzung (auch hinter Erektionsstörungen steht die Angst, psychisch verletzt zu werden).

Jetzt serviere ich unser Angebot – was meine KollegInnen und ich für ihn tun können...

Jetzt findet er kein Ende, versucht mir wohl noch etwas mitzuteilen, aber ich bin nicht mehr offen (wahrscheinlich geht's ihm auch mit Partnerinnen so!). Im persönlichen Gespräch hätte ich da weitergespürt.

Reumann macht Späßchen...

Sie uns doch an: 0660..., und wir diskutieren *Ihr* Wundermittel! Also 0660... Ö3 Nachtradio, heute Sexhotline!

REUMANN: Haben Sie Ihren *Jaja* auch schon? „Come on get your Jaja!" Wer das so schön gesungen hat? Das war der *Rick James*, früher einmal war er wilder. Er hat die Plattenfirma gewechselt, vielleicht hat sie ihn noch irgendwie eingeschränkt. Also früher hat er ganz, ganz wilde Texte gemacht und hat auch einige amerikanische Damenbands produziert, so wie die *Mary Chain Girls* z. B. Also *Rick James*, ein Alterswerk: Come on get your Jaja, der Titel heißt „Sexual Luv Affair" – und Sie sollten es nicht glauben, obwohl es relativ heiß ist, rufen uns Hörer an! Nja! Und zwar wählen die die Nr. 0660... Diese Nummer wählte auch der H. aus Wien – und der H. aus Wien, das scheint ein besonders sportlicher zu sein, weil er spricht davon, daß Geist und Körper besonders harmonieren, wenn man gemeinsam Sport macht! Ja, versteh ich Sie da richtig, H.?

3.1.2

3.1.2. H.: Ja, das ist genau richtig – ich wollte eigentlich ein bißchen anknüpfen auf das vorherige Thema, was der da geredet hat, ich mein, wenn ein Mensch sexuelle Schwierigkeiten hat oder irgendwie Probleme, daß das meistens eine psychische Komponente – zu 80% meist. Und ich denke, wenn die Leute – oder wenn man überhaupt mehr Sport macht, z. B. läuft, daß ein bißchen der Streß rauskommt, daß sich die Nerven beruhigen, also einfach man in die Natur hinausgeht, also einfach mal so ein bißchen rennt. Es muß ja nicht unbedingt nur Jogging sein – ich lauf sehr gerne –, es kann auch etwas anderes sein,

Verdeckte Rivalität: Übertrumpfen!

Jetzt kommt das eigene Rezept als „Stein des Weisen".

daß dadurch einfach das vegetative Nervensystem sich völlig harmonisiert und sich dadurch auch Wirkungen auf die Sexualität sich bemerkbar machen. Das ist einfach das, was ich einbringen wollte, grad daß viele Leute, die nach meiner Meinung – die sexuelle Schwierigkeiten haben... äh... durch Sport oder durch regelmäßiges Laufen sehr viel Positives *(unverständlich)* könnten, weil der Körper wirklich schnell enorm positiv darauf reagiert, und je harmonischer die Psyche dann ist, je mehr sich die Nerven beruhigen, desto mehr wirkt sich das dann alles auch auf die Sexualität und den Körper aus. Das wollt ich eigentlich...

REUMANN: H., aber was macht man, wenn's besonders heiß ist?

H.: Ha! Ja, wenn's besonders heiß ist, kann man natürlich nicht rennen *(lacht)*. Rennen tut man in der Früh, wenn's kühler ist, oder am Abend, na!

REUMANN: Aber es ist auf jeden Fall so, daß sich also diese Laufenergien in einem gewissen Sinne, in Ihren Augen oder in Ihrem Verständnis umsetzen lassen. Frau Dr. Rotraud Perner, was sagen Sie dazu?

PERNER: Na also, ich kenn eher gegenteilige Erfahrungen – von Frauen, die sich darüber beklagt haben, daß also der Mann richtig *süchtig* ist auf Joggen und ähnliches *(schmunzelt)*, und daß sich sonst also nicht mehr viel abspielt, weil wenn er heimkommt, hat er so ein Wohlgefühl, daß er es sich nicht mehr *(gluckst)* von der Partnerin holen möchte... Aber ich kann mir auch durchaus vorstellen, daß es für aggressive Leute oder Leute, die eben einen sehr anstrengenden Beruf haben, zum Entspannen durchaus hilfreich sein kann.

Da denke ich an zahlreiche Klagen, daß der Mann nur die körperliche Betätigung im Sport zelebriere, nicht im Schlafzimmer!

REUMANN: H., darf ich Sie was fragen?

H.: Da muß ich etwas sagen drauf, was die Frau Doktor sagt. Also, es ist also beim Mann so: Also es gibt Leute, ja, wenn die laufen oder Sport betreiben, daß die *(lallt)* zu massiv alles machen... also zu extrem... wenn man etwas zu extrem macht, ja dann, da ist es ganz egal, was es ist... *(unverständliches Gestammel)*... Negativ... es gibt schon sehr viele Leute, die laufen – als Sport betrachtet... *(unverständlich)*... wirkt sich auf jeden Fall – ja – auf die Sexualität sehr positiv aus! So ist das so, daß die Leute... während der Arbeit so dem Streß ausgesetzt sind und dann abends Sport betreiben und laufen, daß dann ein gewisses Suchterlebnis entsteht, ja, weil die auf einmal, sagen wir nach ungefähr 20 Minuten, wenn's gelaufen sind, eine enorme Harmonie erleben und dadurch irgendwo ein Suchtmechanismus kommt – und die laufen immer weiter und sind dann natürlich total erschöpft – ja? *(lacht)* Und haben dann natürlich absolut keine Energie mehr für irgendwas anderes... ja? Aber wenn man das mit Maß betreibt ja, da werden Kräfte AUFGEBAUT.

H. läßt sich nicht beirren!

Die Ekstase des Langläufers als Alternative zum Orgasmus.

PERNER: O. k. Also ich hoffe, daß Ihre Partnerin vom Laufen genauso *(lacht)* begeistert ist wie Sie! Im Endeffekt!

H.: *(lacht)* Danke schön!

PERNER: *(lacht)*

H.:Also alles Gute! Ich wollt das nur einbringen...

PERNER: O. k. Danke schön!

H.: Wiedersehen!

Ich will seinen egozentrischen Höhenflug stoppen – bringe Partnerschaft ein (auch für mich: In seiner Selbstdarsstellung war für mich kein Raum!).

REUMANN: Also Sie wissen – es geht um SEX!

Reumann: „Let's talk about love" – und wenn Sie mich sprechen wollen – 0660... – können Sie natürlich zum Ortstarif MITsprechen! Na kommen Sie schon! Ich weiß schon, daß es warm ist – uns ist im Studio auch ganz warm, aber rufen Sie uns an und erzählen Sie uns *noch heißere* Geschichten!

Reumann: „Let's talk about love" – Sie hören sich hier die *Nicole McLoud* die Seele aus dem Leib... Na gut, sehr viele rufen nicht an – oh ja, es ruft natürlich schon hie und da jemand an, so wie der P., der meint, ich soll mir meine spanische Fliege auf den Hut stecken – er schwört auf was anderes –

Reumann: Stimmt's, P.?

3.1.3 P.: Richtig! 3.1.3

Reumann: Ja also, auf was schwören Sie?

P.: Auf die richtige Stimmung und ein gutes Glaserl Sekt.

Reumann: Also Alkohol in einem Wort.

Wieder Rivalität: „Ich hab' ein besseres Rezept!"

P.: Näääh, naja, Alkohol net! EIN Glas... EIN Glas genügt!

Man muß net unbedingt betrunken sein oder... äh, des ist gar nicht notwendig.

Perner: Was hier sicher... *(Bandwechsel, daher längere Passage, die fehlt)*

... empfinden...

Ich vermute, daß ich kritische Äußerungen zum Alkohol von mir gegeben habe, da ich nur zu oft erlebe, wohin der unkontrollierte Konsum berauschender Mittel führt!

Reumann: Frau Doktor, darf ich mich da einschalten? Sind sie noch dran, P.?

P.: Jaa...

Reumann: Ja nun, mhm... Vielleicht hab ich es in schlechten Filmen gesehen, aber da gibt es doch immer wieder die Situation, daß man sich nicht nur gegenseitig mit Sekt badet, sondern auch durchaus das Bad im Sekt. Also natürlich bedarf das eines gewissen

Kleingeldes – das wir beide nicht haben –, aber inwieweit belebend wäre denn *das*, wenn man also eine junge Dame oder einen jungen Herrn – je nachdem, wie man will – in eine Badewanne voll mit Sekt hineinsteckt?

PERNER: Also ich denk mir: Für eine Frau ist es also sicher ein *(druckst herum)* doch anregendes Gefühl, wenn der Liebhaber soviel Geld springen läßt, daß er eine ganze Badewanne mit Sekt ausfüllt, genauso wie der berühmte Schuh oder Stiefel, der also... aus dem der Sekt getrunken wird, wo ich mir dann also auch denk: Also die Gerüche, die da dabei sind und so ... ist nicht jedermanns Sache! Aber es gibt auch manche, die dadurch ihre besondere... ihr besonderes Begehren, ihre besondere Hinwendung auf das Objekt ihrer Lust beweisen...

REUMANN: Gehören Sie zu diesen Zeitgenossen, P.? Die also durchaus auch eine Badewanne füllen würden?

PERNER: *(lacht)*

P.: Nein, um Gottes Willen doch nicht! *(sanft, väterlich)* Ich hab gesagt: *ein* Gläschen – in der richtigen STIMMUNG...

Da lasse ich mich durch Reumanns launige Animation anstecken. Bin aber P. offensichtlich zu nahe gekommen – er steckt sofort zurück, ruft die Freundin als Schutz an... ...entschuldigt sich fast für seinen Anruf!

PERNER: Erzählen Sie ein bißchen mehr über die Stimmung? Was würde da noch dazugehören... ?

P.: Mein Gott na, *(lacht)* das ist... *(lacht)*, das ist a ganz a heikle Sach, net? Ich hab jetzt gerade meine Freundin nach Hause gebracht...

REUMANN: Ui je!

P.: Ja, ja, leider! Weil sie *muß* nach Hause – und... ja, ich bin momentan in einer *derart* euphorischen Stimmung, daß ich ganz einfach eben bei Ihnen angerufen hab...

PERNER: Mhm ...

REUMANN: ... und den Sekt *alleine* trinken, oder?

P.: *(nachsichtig, wie zu einem dummen Kind)*: Nein, das haben wir schon... das haben wir schon hinter uns gebracht ... EIN Gläschen!

REUMANN: Also immer nur das EINE Gläschen! Sie sind ein Mann von Prinzipien?

P.: Ja!

REUMANN: P., ich danke Ihnen für den Anruf. Falls also noch andere Hörer... ah... derartige Rezepte wissen oder wir nun doch in Richtung Sekt weitersprechen, ganz gleich: Sie hören Ö3 Nachtradio Sexhotline, und jetzt ist gleich dran der *Huey Lewis*!

REUMANN: So meint das also der *Huey Lewis*, und wir haben jetzt einen Hörer am Telefon, der C. ruft vom fernen Arlberg an, und zwar ruft der – soweit ich das verstanden hab – wirklich von Lech am Arlberg an. Nun C., wie warm ist es jetzt zur Zeit da oben am Arlberg?

3.1.4 C.: Ja, es hat vielleicht... jetzt vielleicht um zehn Grad... so cirka. 3.1.4

REUMANN: Nun ja, da kann man noch nicht wirklich sagen, daß das sich auf's Gemüt schlagen muß... jaha *(lacht)*...

C.: Naa, sicher nicht!

REUMANN: Ich mein das jetzt nicht in dem Sinne, daß es heiß ist in der Stadt, aber Sie haben ganz konkrete Fragen an die Frau *Doktor Rotraud Perner!*

C.: Ja genau! Und zwar möcht ich wissen, was Klistier, Natursekt und Kaviar zu bedeuten hat. Was man da so öfters in einer Sex-Zeitung liest.

Es fällt ihm hörbar schwer, seine Frage zu formulieren.

PERNER: *(sehr distanziert)* Mmmm... ja also:

Unter Natursekt versteht man, daß die Frau einen Mann anpinkelt, umgekehrt ist es eher selten... ah... als Wunsch. Kaviar wäre in *dem* Fall das Defäzieren, also der Stuhlgang auf den Partner. Und das Klistier ist also die kunstreiche Verabreichung von Einläufen – die ja bekanntlich auch Krämpfe im Darmbereich auslösen und von manchen Leuten als *lust*voll empfunden werden. Leute, die vielleicht als Kinder mit Klistieren traktiert wurden... und das so psychisch verarbeitet haben, daß sie sich eben dazu – zu der Einstellung durchgerungen haben, daß das *angenehm* ist. Andere erleben es unangenehm und rennen weg, wenn sie das Wort nur hören.

Ich versuche auf diese heikle Frage sachlich zu antworten. Die Anfügung „Wunsch" mache ich, weil mir einfällt, daß ich Fälle kenne, wo Männer Frauen gegen deren Willen sadistisch anurinieren.

C.: Danke... Also ist es nicht sehr empfehlenswert?

PERNER: Das kommt drauf an. Dem einen taugt's, dem anderen taugt's nicht (lacht). Das ist... „Geschmäcker sind verschieden!" *(lacht)*

Wieder eine Bitte um „Entmündigung durch Experten"! Ich versuche, den Ball zurückzuspielen – „Du mußt selbst entscheiden." – und zu entängstigen.

C.: *(lacht auch)* Mhm. Na gut.

REUMANN: *(frech)* Sie lesen... oben im Berge lesen Sie über derartige Dinge?

C.: *(verlegen)* Mmm.

Da ist ihm Reumann zu nahe gekommen!

REUMANN: Ist das als Aufbau*training* zu verstehen?

C.: Nee, das ist... Das war eigentlich alles ganz anders. Und zwar, ich arbeite hier in Lech am Arlberg und bin mit dem Zug hergefahren. Und im Zug hab ich halt gelesen, und da hab ich das halt so gesehen.

PERNER: Es gibt also verschiedene „Abirrungen" – es gibt also alle möglichen Variationen, was halt Leuten gefällt. Und der gute alte Sigmund Freud hat gesagt: In den ersten fünf Lebensjahren werden so die großen Prägungen festgelegt... Und jetzt können Sie sich vorstellen: kleine Kinder, die also mit Gacki

Da versuche ich wieder zu entängstigen, zu verhindern, daß zu viel Neugier oder Sensationslust angeheizt wird. Aus der konkreten Arbeit: Ich habe bei

und Lulli und allem Möglichen spielen – da können schon so Dinge hängen bleiben für's spätere Leben...

C.: Ah ja!

PERNER: ...und die brauchen dann auch eine Möglichkeit, wie sie dazu kommen... und das ist relativ teuer.

C.: *(lacht)* Jedem das Seine!

PERNER: *(lacht)* Ja.

REUMANN: C., Sie sind zufrieden? Sie sehen, auch für Sie hatte das Ö3 Nachtradio mit seiner Sexhotline etwas zu bieten, oder haben Sie noch eine Frage?

C.: Mhm – ja, ich habe noch eine Frage, die was aber nicht direkt an das Sexradio geht. Ich hab jetzt vor drei Tagen das Rauchen aufgehört – und hab jetzt schon 5 Jahre geraucht und hab jetzt aufgehört vor drei Tagen. Und es ist sehr schwer, das durchzuhalten... und ich ... Haben Sie da irgendeinen Tip oder so?

PERNER: Nun, ich hätt schon einen Tip, weil ich hab mir vor drei Jahren also das Rauchen abgewöhnt, und ich muß sagen: Es leckert mich heute noch *(lacht)* ab und zu. Da mach ich's immer so, daß ich mir als Gedankenhilfe vorstell, ich nehm einmal ganz tief Luft – da brauch ich nämlich keine Zigarette als Atemhilfe – und überleg mir, in welchen Situationen hab ich so das Bedürfnis nach der Zigarette. Wenn Sie darüber ein bisserl nachdenken, werden Sie draufkommen, daß es immer etwa dieselben Gefühle sind, die gerade hochkommen wollen, die Sie veranlassen, nach der Zigarette zu greifen, sozusagen die Zigarette als Ersatz für die Mutterbrust...

C.: *(lacht)*

PERNER: ...an der man sich beruhigt!

C.: Danke – danke vielmals!

Klienten massive Unlusterlebnisse aus frühester Kindheit (2-3Jahre) gefunden, die ins Gegenteil verkehrt wurden. Damit spreche ich Prostitution an.

Also wieder frühkindliche Bedürfnisse!

Perner: Bitte!

Reumann: Danke schön, C., für den Anruf. Wenn ich noch – bevor wir die nächste Platte spielen – etwas bemerken darf: Es sind interessanterweise heute noch *keine* Anrufe von Frauen gekommen.

Wie interpretieren Sie das, Frau *Doktor Rotraud Perner?* Ich meine, wir haben so viele Damen gehabt, die uns gar absonderliche Dinge schon erzählt haben und interessante Dinge oder diskutiert haben – und heute keine Frau? Ist also heute ein „Tag der Herren"?

Reumann provoziert...

Perner: Aaaah, das wage ich zu bezweifeln. Ich könnt mir vorstellen, daß gerade bei diesem warmen, schönen Sommerabend – jetzt ist es ja nicht mehr so grauslich heiß wie um fünf Uhr Nachmittag – doch viele Frauen eher die Entspannung genießen.

Ich versuche zu dämpfen...

Reumann: *(schnell)* ...und daher nicht telefonieren dürfen?

Er stänkert schon wieder!

Perner: *(nachsichtig)* Oder sich was *Besseres* gefunden haben!

Reumann: *(gespielt verwundert)* Sie meinen, es gibt was BESSERES als das Ö3 Nachtradio? Da muß ich entschieden protestieren!

Reumann: „Rock me again and again and again" – ah das. Sie werden fragen, was hat so eine Platte im Sexradio zu tun? Das kann ich Ihnen schon sagen: Der Rock'n'Roll war ja zuerst in Amerika nicht nur deshalb verpönt, weil „rocking" ja im Slang der amerikanischen Neger ja auch ganz etwas *anderes* hieß, als man heute drunter versteht. Und in diesem Sinne ist jetzt am Telefon R. Der will über Impotenz sprechen und ich frage mich, warum?

3.1.5.: Tütütüt...

Der Anrufer hat aufgelegt... wurde verschreckt...

REUMANN: Das ist ein Irrtum! Er hat also wieder... irgendwie... er hat also wieder... Sie hören, er hat also irgendwie vorgezogen, das nicht zu machen. Aber, ich glaube, ich habe jetzt eine Dame am Telefon, und das wäre ja auch ein glücklicher Zufall...

Tütütüt...

REUMANN: Auch die Dame ist nicht da *(schnauft, lacht)*... Man sieht, ein überraschendes Spiel! Viele bunte Knöpfe, Lämpchen, Leuchten, das ist also so wie – kennen Sie die Flipperautomaten oder so, so ein Glückspiel? Ja das wäre vielleicht für den Generaldirektor *Wallner* von der Spielbanken AG etwas Gutes... *(lacht)*. Also man drückt irgendwo hin und trennt... und trennt wieder... Niemand ist da – nur wir beide sind da, Frau Doktor. Wie? Ja, soweit ich also den R., der vom Autotelefon aus anrief, verstanden habe, wollte er irgendwie... ja... beitragen in diese sich – doch eher in der Hitze quälenden Diskussion – daß... ah... Impotenz ein seelisches Problem ist. Aber ich glaube, das ist ja ohnehin... ah ja... ist das immer so?

Hier zeigt sich die Brillanz Reumanns! Souverän überspielt er die Panne, schnurrt wie ein Kater...

...und bezieht mich ein, die ich ganz unruhig werde, kämpft mit der Technik UND bleibt am Thema dran!

PERNER: Nein, es ist nicht immer so. Es gibt sehr wohl viele, wo rein physische Ursachen vorliegen, es gibt Medikamente, die Impotenz hervorrufen – deswegen ist ja auch ganz wichtig, gerade im Fall von Impotenz, immer auch Abklärung durch den Neurologen... weil oft Pulver, die zur Beruhigung oder bei Schilddrüsendisfunktionen gegeben werden, z. B. Impotenz auslösen *können*. Es können Herzmittel zu solchen Reaktionen führen. Das muß also der Arzt abklären. Es können Operationen, die notwendigen – oder spezifischen – Nervenstränge verletzen... ja! Also es kann durchaus rein physisch verursacht sein.

REUMANN: So! Und jetzt haben wir doch jemanden dran am Telefon. Stimmt's? — Hallo? – Hallo!

3.1.5 3.1.5 K.: Hallo! ...

REUMANN: Jaa – L. heißen Sie?

K.: K.!

REUMANN: K. Entschuldigen Sie! In der Hitze des Gefechtes... entfiel mir der Name. K. – schönen guten Abend!

K.: Guten Abend. Ich bin 21 Jahre geschieden – bin eine Pensionistin, hab vor zehn Jahren ca. einen jungen Mann kennengelernt, der um zwölf Jahre jünger ist als ich, und der hat bei mir gewohnt. Und der hat mich sexuell so überrumpelt, daß ich ihn 40-mal angemeldet hab und abgemeldet, weil er ein Taugenichts war – und bin von ihm sexuell nicht losgekommen! Und dann hat *doch* der Verstand gesiegt! Und ich hab... endlich bin ich von ihm losgekommen, weil ich gesehen hab, er ist ein Verbrecher und Einbrecher und alles mögliche, nur Gelegenheitsarbeiter... Und er hat *so* einen Charme gehabt! Und immer wieder und immer wieder, und dann ist es immer wieder hineingezogen, und dann ist es immer wieder zu sexuellen Betätigungen gekommen und endlich... Und ich war berufstätig und er nur Gelegenheitsarbeiter und ist oft morgens nicht aufgestanden, und ich hab ihn gefragt: „Warum gehst du nicht zur Arbeit?“ Und so hat er immer wieder versucht, hier zu wohnen – ich hab ihn erhalten, zwei Jahre erhalten! Voll erhalten! Und ich hab ihn nicht angebracht. Und letztendlich hat *doch* der Verstand gesiegt, und heute lach ich darüber! Bin schon wieder jahrelang alleine und ich horch mir immer die Nachtmusik an. Und ich schlaf tagsüber viel, weil ich *(weint)* alleine bin... weiß nicht, was ich machen soll... und hör mir die ganze Nacht das Radio an. Und heute muß ich lachen darüber, daß ich so dumm war und weil ich 21 Jahre allein war, bin ich so auf diesen jungen Mann hereingefallen. Heute lach ich darüber.

Der seelische Konflikt wird klar: der Widerspruch zwischen dem, was das Hirn sagt und dem, was das Herz will!

REUMANN: Nun dann, K., dann danke ich Ihnen für Ihren Anruf. Ich werde Ihnen jetzt noch eine sanfte Weise mitgeben.

K.: Bitte!

REUMANN: Und bis zu den Nachrichten wünsch ich allen eine gute Unterhaltung. Ich danke K. für den Anruf, und wir hören uns wieder nach den Nachrichten!

Reumann läßt mich gar nicht zu Wort kommen – Frau K. ist kein Fall für ihn. Mich berührt sie sehr, ich hätte ihr gerne mehr mitgegeben als Musik.

REUMANN: Da sind wir wieder – Ö3 Nachtradio, Sexhotline!

REUMANN: Heavy Traffic, das heißt so viel wie „Starker Verkehr" ! Nun also, telefonisch könnte man das heute abend nicht sagen, aber nichtsdestotrotz hat uns jetzt ein G. aus Wien angerufen, der hat folgendes Problem...

3.2.1 G.: Ich hab kein Problem, aber ich möcht gern ein bißchen die Frauen aufmuntern, mehr Reizwäsche zu tragen! Ich hab eine Freundin, die trägt sie sehr gerne, die trägt gern Straps, die trägt gern Netzstrümpfe – und vielleicht können das mal andere Frauen auch tun. Gibt doch nichts Schöneres als Frauen in Reizwäsche, die man bewundern kann; für den eigenen Mann, für den Freund, für den Kollegen, für den Mitarbeiter, gibt doch was Anspre- 3.2.1

chendes! Es ist doch schön, wenn eine Frau sich ein bißchen herrichtet! Manche Frauen sind der Meinung, Reizwäsche ist etwas nur für Nutten! Aber ich glaub's nicht ganz.

PERNER: *(schnappt nach Luft)*

G: Eine Frau hat doch etwas zum *Herzeigen*, zu verpacken... und ich sag immer, die Verpackung macht's ein bißchen auch bei der Frau! Wenn wir Männer das hätten, diese Möglichkeiten, würden's wir sicher auch tun!

Da regt sich mein feministisches Herz! Ich spreche daher den Mann als Sexualobjekt an: Mal sehen, wie's ihm damit geht!

PERNER: Habt's Ihr doch! Habt's Ihr doch! Nicht nur die Palmers-Plakate zeigen, wie sich...

G: Ja, Gott!

PERNER: ...ein attraktiver Mann verpacken kann, um seiner Liebsten eine Augenweide zu bieten! Männer haben auch was herzuzeigen!

G: Ja...

Das verwirrt ihn total!

PERNER: Und ich würd mir auch wünschen: mehr Tangas bei Männern, mehr Netzleiberln.

Versuch einer Verteidigung!

G.: Ja, liebe Frau Doktor, aber haben Sie schon eine Männerwäsche in schwarz oder in rot gesehen?

PERNER: *(dreht auf)* Ja! Hab ich!

G: Wo?

PERNER: Na, bei meinen Söhnen zum Beispiel. Die tragen also schwarze Tangas mit weißen – ahm, wie sagt man da? – Bandeau oben. Das schaut sehr gut aus. Die kaufen sie sich selbst und ich find das wunderbar – das gibt's! Außerdem kann man's selber färben auch.

Jetzt habe ich ihn ganz konfus gemacht – immerhin ist Wäschefärben „Frauenarbeit" im traditionellen Sinn.

G: Bitte?

PERNER: Sie können sich's ja selbst färben auch, wenn Sie wollen.

G: Ja, nein, ich mein, wie *Sie* dazu stehen – zu der Reizwäsche!

PERNER: Also ich find's klaß, ich find's gut – aber es ist auch eine Frage des Geldes. Nicht jede Frau schwimmt so in Geld, um sich das leisten zu können.

Jetzt muß ich natürlich zu meiner positiven Bewertung stehen, um nicht unglaubwürdig zu werden.

G: Ja, da muß man folgendes machen, so wie's wir in unserm Kreis tun: Wir bemühen uns, immer im Abverkauf unsere Reizwäsche zu erwerben. Es ist ganz günstig, weil verschiedene Größen gibt's eben im Abverkauf – oder ein Vorjahrsmodell oder sonst etwas – reduziert, in verschiedenen Versandhäusern. Wenn man sich da ein bißchen herumschaut, kann man Reizwäsche bis zu 40 Prozent verbilligt auch kaufen.

Jetzt belehrt er mich – und alle, die zuhören – onkelhaft.

PERNER: Das ist ein guter Tip – und ich denk mir, daß sicher viele Zuhörer und Zuhörer*innen* darüber dankbar sein werden. Vor allem regen sie manche Kollegen an, Ihren Freundinnen, Gattinnen da ein bißchen etwas zu schenken oder zu besorgen, wozu vielleicht die eine oder andere einfach zu *sparsam* ist.

Da bin ich ironisch – das kommt sehr selten bei mir vor, aber die Reizwäschedebatte geht mir schon ein bißchen auf die Nerven –, denke ich doch daran, daß Frauen ANDERE Probleme haben, als sich für ihren Balzhahn herauszuputzen.

G: Mir macht das eigentlich gar nichts aus, wenn ich für meine Freundin ins Geschäft rein geh und sag, ich krieg einen Heber, ich krieg einen Slip, ich krieg einen Strumpfgürtel, und ich krieg Netzstrümpfe. Mich schaut zwar ein bißchen die Verkäuferin verblüfft an, fragt mich halt, na welche Größe? Da werd ich ihr's halt ganz genau sagen, was ich gerne hätte, wie's ausschauen soll, oder womöglich hab ich einen Prospekt. Und die Dame gibt mir das dann, ganz nett. Und wenn ich dann mal so halt frag, sag ich: Ist das vielleicht für Sie ungewöhnlich, wenn ein Mann so kommt? Sagt sie: Naja, ungewöhnlich ist's nicht – aber es kommen viele Männer, die trauen sich gar nicht rein!

Selbstdarstellung 1: Wie bin ich mutig!
Selbstdarstellung 2: Wie bin ich gütig!

Warum sollte eine Verkäuferin auch nicht nett sein? Gehört ja zu ihrem Job!

PERNER: Mhm.

REUMANN: G. – darf ich Sie etwas fragen?

G: Bitte!

Reumann ist sicherlich unbefangener als ich, die Realität anzusprechen.

REUMANN: Aufgrund Ihrer Erfahrung... ähohah – so hab ich das interpretiert, was Sie gesagt haben –, haben aber nicht so viele Frauen eine Vorliebe für Reizwäsche.

G: Ja eben!

REUMANN: Wie haben Sie das...?

G: Wenn man ein bisserl einen Erfahrungswert in der Umgebung gesammelt hat...

REUMANN: Also Sie haben Umfragen gestartet...

Aha, denk ich, jetzt kommt der geheime Voyeur heraus!

G: Ja! Mich hat's einmal interessiert, weil ich früher fotografisch tätig war, und da hab ich mir eigentlich gedacht, durch das bin ich eigentlich auf das gekommen, das hat mir den Gusto gemacht! Und da hab ich mir gedacht, ich frag einmal meinen ganzen Freundeskreis, meine Verwandtschaft. Nun, wie steht's ihr zu Reizwäsche? Hab einmal so einen Prospekt am Tisch gelegt, so unverblümt irgendwie so zufällig halt einmal, ja? Und da sind eigentlich die Meinungen total auseinandergegangen. Da hat halt eine Frau gesagt, das ist eigentlich schön. Die andere hat wieder gesagt, das ist wieder was für a Hur! Und die andere hat gesagt, na, wenn i des anziag, da vernascht mi mei Alter zweimal täglich, und ich kann überhaupt nichts mehr tun!

Peinlich, peinlich – wie undamenhaft! Wie vorlaut!

PERNER: *(lacht)* Na wenn's so lang dauert.

REUMANN: Aber G., man könnte nicht sagen, daß Sie eine repräsentative Umfrage gemacht haben?

G: Nein! Das ist so ein kleiner Querschnitt von den Leuten, die ich halt kenn – das ist eigentlich... wie soll ich sagen... das war so ein kleiner Zufallstreffer dazumals.

PERNER: Also ich kann mich auch noch erinnern, daß vor Jahren so die allgemeine Meinung war, eine Dame trägt nur weiße Unterwäsche, und also Schwarz ist also ganz etwas Verpöntes etc. Aber das hat sich ja Gott sei Dank schon geändert. Heut kann jeder tragen, was er will und vor allem kann auch... gibt's auch also wirklich viele Alternativen im Angebot. Ich denk mir halt nur, reden wir nicht nur von den Frauen, reden wir also auch von den Männern!

Sexismus! Ich hätte „sie" sagen müssen, nicht „er"!

Zweiter feministischer Vorstoß!

REUMANN: Fragen wir den G., ob er jetzt eine Reizwäsche anhat!

Reumann greift den Ball auf...

G: Na ich kann leider schwer. Ich hab mich jetzt bemüht – ich bin heute nämlich im Nachtdienst –, und ich hab mich jetzt schnell bemüht, daß ich mal z' haus komm und zum Telefon geh. Meine Reizwäsche schaut derzeit aus: Schlosseranzug.

PERNER: Und drunter? *(lächelt)*

Jetzt bin ich frech, trete ihm zu nahe...

G: Darunter eigentlich – wie soll ich sagen – ein ganz leichtes Höschen, weil's sehr heiß ist.

PERNER: Also dann weg mit dem Schlosseranzug!

G: Na ich werd mir das Höschen ausziehen – vielleicht kann mich die Frau Doktor sehen!

PERNER: *(lacht)*

...und die Strafe folgt sogleich: Jetzt tritt er mir zu nahe! Macht mich verlegen.

REUMANN: Lieber G., ich danke Ihnen für Ihren Anruf.

G: Ich hätt noch eine Bitte, ganz schnell: Vielleicht können sich rasch und spontan Damen melden, die Reizwäsche tragen, und ihre Meinung kundtun, was sie sagen – oder kundtun, was sie *nicht* dazu sagen wollen!

Ich nehme an, G. hat gespürt, daß ich sehr wohl etwas GEGEN Reizwäsche habe. Er fordert Offenheit.

REUMANN: Also *(lacht)* nicht kundtun, was sie *nicht* sagen wollen, aber was sie dagegen haben.

G: Was sie dagegen haben, ja.

REUMANN: Ich danke für Ihre Anregung, G.

Ich wünsche Ihnen noch einen... eine gute Unterhaltung.

Jetzt wird G. wieder anlassig...

G: Ich bin auch gerne bereit, mich den Damen dann zur Verfügung zu stellen zu einem Erfahrungsaustausch.

...und Reumann stoppt ihn elegant!

REUMANN: *(lauernd)*... oder vielleicht um Ihre fotografische Sammlung zu erweitern, wie ich das verstanden hab.

G: *(verwirrt)*Ja? Danke schön.

REUMANN: Ich danke Ihnen vielmals – Wiedersehen.

REUMANN: Unsere Telefonnummer ist 0660 383.

REUMANN: „I can't complain", sang hier die *Melba Moore*, unterstützt stimmlicherweise von *Freddie Jackson* – man weiß nichts Genaues. Vielleicht kommt er auch aus dieser riesigen Jackson-Dynastie, auf jeden Fall kann sie sich nicht beschweren, die *Melba Moore*. Ob sie sich nicht beschweren kann über die Reizwäsche, die wir da andiskutiert haben, oder weil es so heiß ist, ist vielleicht im Moment nicht zu klären. Am Telefon ist allerdings eine Dame, und die hat noch etwas zur großen Sommerhitze beizutragen. Guten Abend – oder guten Morgen?

3.2.2 3.2.2 I.: Guten Morgen. – Also, ich hab folgendes beizutragen: Der heutige Tag war der ärgste in meinem Leben!

REUMANN: Ja?

I.: Es war derart heiß, und die Aggressionen stiegen, und alle, die unterwegs waren mit dem Auto, werden das vielleicht verstehen. Die Autofahrer machten derart viele Fehler – also es war furchtbar, ja? Ich war froh, wieder nach Hause zu kommen. Und trotzdem fuhr ich aber dann hinaus nach Breitenfurt zum Harley-Davidson-Rennen oder zum Treffen, und dann sind wir noch gelandet... Es war wunderschön, kein Ungeziefer, keine Gelsen, super! Und dann... wie ich nach Hause gekommen bin, hab ich mir gedacht, mach ich noch einen Mandelkuchen – und dann war's so heiß in der Küche, daß ich geglaubt hab, es ist aus mit mir – und sogar der Kuchen hat's nicht vertragen. Der ist verbrannt. Normal braucht er zwanzig Minuten, und nach zehn Minuten war er kohlrabenschwarz. Und diese Aggressionen – da denk ich mir, daß sehr viele Frauen dann gewöhnt sind, alleine schlafen zu gehen, damit nicht noch mehr eben Konflikte entstehen mit ihren Partnern.

REUMANN: I., Sie haben sich also von dem Motorradtreffen keinen mitgenommen?

Reumann geht auf ihre Aggression ein – beraterisch o.k.!

I.: *(lacht höhnisch)* Na wirklich net! Also das wär das Letzte gewesen!

REUMANN: Weil's so heiß ist?

I.: Nicht weil's so heiß ist. Weil ich erstens einmal nicht mehr das Alter habe für solche heiße Eisen und zweitens einmal... weil ich ja gebunden bin.

REUMANN: *(merkt auf)* Aha? Jaja, no, das weiß ich natürlich nicht, das ist durch das Telefon nicht so zu erfragen... Nun noch etwas anderes: Wir haben da zuerst – da haben Sie ja wohl auch zugehört – über die Reizwäsche gesprochen.

I.: Ja, das hab ich gehört, und da muß ich dem Herrn diese Antwort geben: Jeder soll das tragen, was er möchte.

REUMANN: Und Sie zählen also zu den Freunden dieser Art von Bekleidung oder nicht?

I.: Auf jeden Fall!

Ich vermute, daß Reumann gespürt hat, daß sich die Anruferin primär abreagieren und daher nicht weiter sprechen wollte.

REUMANN: Also Sie zählen dazu?

I.: Ja!

REUMANN: Dann danke ich Ihnen für Ihren Anruf.

I.: Bitte!

REUMANN: Dank schön.

I.: Wiederhören!

REUMANN: Die Dame, die hier singt „Can't love you tonight", heißt *Gwen Guthrie*, und wenn man sich also den Text dieses Liedes ein wenig anhört, Frau *Doktor Rotraud Perner*, da fällt auf, daß sichtlich nun in die amerikanische Unterhaltungsindustrie durchaus Begriffe wie AIDS oder Herpes Eingang gefunden haben. Sie singt also: ‚Ich kann heute am Abend nicht mit dir Liebe machen, weil Liebe nicht länger frei ist... ahm... zuviele junge Menschen sterben früh - und wir müssen in unseren Kopf hineinbekommen, daß es also AIDS und Herpes gibt.' Also das ist doch irgendwie interessant, daß das jetzt also über die Unterhaltungsmaschine oder über die Unterhaltungsebene hier Aufklärung betrieben wird?

Schweizer AIDS-Prävention-Fernsehspots zeigen z. B. liebende Homosexuelle, die im entscheidenden Moment vor dem Eindringen in den Anus Kondome anlegen! Österreichische TV-Spots zeigten z. B. ein junges Mädchen, das mit den Fingern wackelt und an jedem Finger ein Kondom hat.

PERNER: Also ich find das unheimlich gut, daß gerade über *diese* Art von Medium Information und Hinweise vermittelt werden, und bedaure eigentlich sehr, daß in unseren Landen da diese Großzügigkeit in Weitsicht nicht vorherrscht, wenn man sich zum Beispiel auch die Fernsehspots anschaut. Was die Schweizer z. B. also bringen, gerade damit die Leute eben kapieren, in welcher Situation oder welchem Zeitpunkt sie also z. B. ein Präservativ anlegen müssen, um sich zu schützen, um sicheren Sex zu betreiben. Und da helfen also, was weiß ich *(gequält)*, „An jedem Finger einen" wirklich nicht. Auch die Amerikaner haben da wesentlich weitergehende Information. Und ich denk mir, das könnte für uns vorbildhaft sein.

REUMANN: Nun, jetzt gehen wir wieder zu unserem Thema. Wir haben endlich ein Thema gefunden in dieser heißen Nacht... Und am Telefon ist der H., der auch so seine Erfahrungen mit der Reizwäsche hat. Guten Morgen H.!

3.2.3 H.: Ja, guten Morgen! Und zwar ist folgendes... ah... meine Freundin – also ich bin 22 Jahre und ah... es war immer so mit der Unterwäsche also ganz normal relativ, d. h. mit Tangas und so weiter. Und eines Tages tauchte die liebe Freundin auf und legt mir da so einen Katalog vor, und ich denk mir, halt, was ist das?, und schau da hinein und... Hat sie also gemeint: Wie schaut's aus, wenn wir so was einmal probieren? Da haben wir darüber diskutiert. Am zweiten Tag sind wir zu dem Schluß gekommen, daß wir das eigentlich einmal ausprobieren, sowohl ich als auch sie und... ah... es war eigentlich relativ angenehm, muß ich sagen. 3.2.3

PERNER: Was war das Angenehme?

H.: Ja, ach der Tragekomfort und die, ach – kann man sagen – ...in sexueller Hinsicht sehr angenehm. Weil's irrsinnig... also von meiner Position aus... ah... beim Sexualverkehr irrsinnige Reizungen... ah „irrsinnig", also „relative" Reizungen ausgeübt hat. Also genauso sowohl von ihrer Seite aus, genauso... Es war wirklich eine angenehme Sache!

PERNER: D. h. also, das Gefühl, das, was Sie körperlich wahrgenommen haben, war für Sie sehr angenehm, und Sie würden es weiterempfehlen?

H.: *(verschmitzt)* Ja genau!

PERNER: *(vermittelt Einverständnis)* Mhm!

REUMANN: Ja, aber Sie haben so irgendwie gesprochen, als ob es eine einmalige Übung gewesen wäre – H.?

H.: Jo, einmalig. Also wir sind ein bißchen davon abgekommen, weil wir an und für sich immer... immer wieder andere Späßchen haben. z. B. Samstag oder Sonntag, wenn frei ist, daß jemand kocht, also nur ein Schürzerl anhat, wo man den Popsch und so weiter... *alles* sieht und so also den ganzen Tag, wie uns Gott erschaffen hat, durch die Gegend rennen.

Selbstdarstellung: Wie verrucht sind wir!

REUMANN: Ist Ihnen da noch nie das Essen angebrannt?

Reumann stänkert!

H.: Nein! Ist noch nie passiert *(lacht)* – Gott sei Dank! Na, und was weiß ich, andere Sachen, die von *Marilyn Monroe*-Filme – also nicht richtige Sexfilme, sondern irgendwie, wo man sich zusammenkuscheln kann, wo man sich streicheln kann, also solche Sachen – also *sehr* intime Sachen.

REUMANN: Das freut uns!

H.: Oder wir lassen uns immer wieder was anderes einfallen.

REUMANN: Da kann man Ihnen nur gratulieren!

H.: *(lacht stolz)* Ja, man tut immer wieder sein Bestes!

PERNER: *(gluckst)*

REUMANN: Na, das wird hoffentlich Ihre Freundin goutieren. Ich kann Ihnen nur eine musikalische Unterstützung anbieten. Es soll auch Zeitgenossen geben, die es mit Gummi wollen – hier ist eine Nummer, die davon handelt ...

„Burnin' rubber" – Reumanns Intuition ist beachtlich: Er kann immer nur drei Platten vorbereiten und auswählen; so ein Gespür bei so beschränkten Reaktionsmöglichkeiten – toll!

REUMANN: Jetzt wissen wir's ganz genau! Sie

meint gar keinen Gummi oder keine Gummiwäsche, sie meint die *Reifen*, wenn sie so schnell unterwegs ist, die sie abfährt. Das war die *Joanna Dean*, eine neue Rockröhre aus den Vereinigten Staaten. Draußen ist schon der *Eberhard Forcher*. Er ist auch sehr schnell durch den Wiener Stadtverkehr gefahren, um hier also rechtzeitig zu sein. Ich nehme also an, er verwöhnt sie die nächsten Stunden hier – oder ist er nur gekommen, um mich anzusehen? Nein, nein, nein, er wollte mich eigentlich gar nicht sehen. Er ist nur gekommen... Also gut, damit also nach zwei. So, und nun sind wir also wieder beim Nachtradio. Sie kennen das Thema: Ö3 Nachtradio, Sexhotline. Um dem *Walter Gröbchen* auch noch Freude zu machen – weil er rügt mich immer, wenn ich das in der falschen Reihenfolge sage –, nun denn, wir sind ja auch ein Amt! 0660 383 ist die Telefonnummer, und am Telefon ist eine Dame aus Wien, wie ich annehme, S., und die S. scheint überhaupt keine Freundin von Reizwäsche zu sein? Hörst du alles, S.?

Reumann scherzt.

Reumann scherzt schon wieder: Der Verlauf der Sendung entspricht – scheint's – seinem Geschmack. Er ist blendender Stimmung!

3.2.4 S.: Hallooo.

3.2.4

REUMANN: Ja!

S.: Was soll „Freundin von Reizwäsche"? Ich trag sie nicht! Vor allem: Ich finde Reizwäsche oder alles was, wie schon der Herr vorige Stunde gesagt hat, „a Glaserl Sekt", find ich, ist alles ein Aufpuschmittel und... ah, mein Gott, es muß schon ein Anreiz da sein, aber ich find, wenn man sich mit seinem Partner versteht und wenn die richtige Harmonie und alles da ist, dann benötigt man das ja gar nicht, daß man da sich irgendwie eine Reizwäsche anzieht und... und einfach nur, um irgendwie anregend zu wirken. Wenn man sich einfach gern hat, dann braucht...

Ich bin erleichtert, daß nicht ich diese notwendige „andere" Sichtweise einbringen muß! Die ganze Zeit hindurch überlege ich schon, wie ich, ohne die Stimmung zu zerstören und mir den Vorwurf der Prüderie einzuhandeln, solche Einseitigkeiten ausgleichen könnte.

dann hat man, find ich, so etwas überhaupt nicht nötig!

Reumann: Ja gut, dagegen kann man wahrscheinlich nicht viel sagen, aber ich mein, haben Sie schon das Alternativprogramm ausprobiert – *(prustet)*. Ich mein, haben Sie schon einmal *mit* ausprobiert? Ah... oder...

Da ist Reumann ganz locker und charmant!

S.: Auch – *(lacht)* sonst könnt ich es ja nicht sagen! Ha!

Reumann: Und das hat also...

S.: Ich find da keinen Unterschied – net? Ich mein, ich brauch das nicht. Und genauso wenig braucht das mein Freund, daß ich mir das jetzt anzieh und, und, *(lacht)* und ich mein, sicher, es gibt schon welche... ich mein, ich hab... ich find das auch nicht schlecht oder was, aber also ich hab des eigentlich... wir haben das nicht nötig. Und ich kenn' auch viele, die...

Perner: ... es gibt ja auch Leute, die überhaupt keine Unterwäsche wollen. Es gibt ja auch Frauen, die also durchaus nicht nur oben ohne gehen, sondern auch *unten* ohne... gehen... und finden das durchaus in Ordnung und anregend und lustvoll. Und ich denk mir, es gibt auch welche, die die nicht umsonst „Liebestöter" heißenden Wäschestücke bevorzugen. So sind halt auch wieder mal die Geschmäcker verschieden... oder auch das, was der Partner verlangt. Und viele Frauen richten sich halt nach den Wünschen des Partners, ... und andere haben eigene Wünsche und gefallen sich halt mit Rüscherl und Mascherl und Strapserl und Spitzerl und Korsetterl und... ja...

Da spreche ich mögliche Fremdbestimmheiten an.

S.: Und ich find's auch einfach unbequem, muß ich ganz ehrlich sagen, weil wenn da... Erstens schnürt es in den Füßen ein, und es ist einfach *wirklich* unbequem! Also *ich* find's unbequem! Andere finden's wieder angenehm. Ein „angenehmes Tragegefühl" und was weiß ich halt. Ich mein, das ist einfach wirklich Geschmackssache.

PERNER: *(lacht)* Also, ich könnt' mir bei der Hitze auch kein Korsett vorstellen. *(beide Frauen lachen)*

REUMANN: *(beflissen)* Aber S., Sie haben gesagt, es schnürt Ihnen die Füße ein – ich meine, welche Art von Modell haben Sie da getragen?

Wieder ein Reumannscher Gag!

S.: Was das für ein Modell *(lacht)* war, das weiß ich nicht mehr... *(Durcheinandergerede)*

S.: Erstens, am Anfang sind sie immer gerutscht, dann hab ich einen Strumpfgürtel genommen und...

REUMANN: *(beide Frauen lachen)* Aaah, also *diese* Art von Sachen, jajaja! Da geht ein aufgeregtes Blitzen durch mein Gesicht... Nun also, Sie sind also an und für sich eine Puristin – kann ich Sie so nennen, S.?

S.: Nein, ich möcht sagen, ich... ich, ich lauf oft in der Wohnung nur nackt herum und so. Es ist einfach, weil ich mich freier fühle. Ich muß mich nicht irgendwie dann, nur so... so... so – wirklich, wie die Frau Doktor zuerst gesagt hat, so Mascherl und Rüscherl und wie –, das brauch ich einfach nicht! Ich bin eher so, daß ich mich viel freier fühl, wenn ich nichts anhab oder eben nur mit einem Slip bekleidet oder was... Das ist einfach ein weit ein angenehmeres Gefühl, würd ich sagen, bevor ich da jetzt irgendwie einschnür und weiß Gott was anhab.

PERNER: Also eine „befreite Frau"...

Da, finde ich, ist mir eine perfekte Formulierung gelungen.

S.: *(stolz)* Ja!

PERNER: Dann danke ich Ihnen für den An-

Leider fehlt der Rest der Sendung – scheint zu einer Zeit gelöscht worden zu sein, zu der ich noch nicht wußte, daß ich dieses Buch schreiben würde.

ruf zur frühen oder späten Stunde und kann Ihnen nur einen *Mann* anbieten, der singt, daß er ganz cool ist. Aber vielleicht singt er auch über Frauen – man weiß nichts Genaues...

8./9. 3. 1991: Die zweiundzwanzigste Sendung

RUPP: Es grüßen Sie im Studio *Martina Rupp* und *Dr. Rotraud Perner.* Unsere Telefonnummer aus ganz Österreich: 0660 69 69, 0660 69 69. Das ist die Sexhotline. Hier und da kriegen wir auch einen Brief, wie z. B. diesen vom J. aus Mariazell, der uns schreibt, daß er in seiner derzeitigen Unterkunft keinen Telefonanschluß hat und daher seine Fragen brieflich stellt an die Frau *Doktor Perner.* Ja, das ist ziemlich umfangreich. *„Gibt es gegen vorzeitigen Samenerguß eine Therapie, gibt es ungefährliche Medikamente, die man vorher einnehmen kann? Wo kann man sich behandeln lassen? Und PS: Ich habe schon öfters gehört, daß man den Samenerguß auch bewußt hinauszögern kann, aber wie?"* Also ich hoffe, der J. aus Mariazell, der uns leider seine Adresse verschwiegen hat, sonst hätten wir natürlich auch brieflich antworten können, hört jetzt zu, und die *Rotraud* hat sicher einige Tips...

Korrekterweise will ich festhalten: Der Brief zielte auf Borneman.

PERNER: Ja, also zuerst grüß ich einmal natürlich die liebe Gegend, in der ich auch wohne – 25 km südlich von Mariazell... und...

RUPP: Mhm!

PERNER: ... leider heute – dieses Wochenende – nicht daheim verbringen kann, sondern in Wien weile...Ja, zu der Frage vom J.: Es gibt eine Therapie, aber eine Psychotherapie. Ah, es ist nicht so, wie sich's viele Männer wünschen würden, daß man(n) ein Pulverl nimmt oder ein Safterl trinkt, und dann passiert all das, was wir uns wünschen. Das ist den Märchen vorbehalten. Es kann dort, wo Männer besonders empfindlich sind, hilfreich sein, mit einer anästhesierenden Creme, also mit einer Salbe, wie wir sie auch verwenden, um schmerzhafte Stellen zu vereisen, zu versuchen, die Empfindlichkeit des Gliedes herabzusetzen. Das wird manchmal von Ärzten, Ärztinnen angeraten. Unsere Erfahrung aus der Sexualberatung ist eher eine negative – daß das nichts bringt. Denn die Gefühle und auch die Kontrollmöglichkeit wird über das Zentralnervensystem – über unsere Gedanken – ausgeübt, daher ist die Therapie des vorzeitigen Samenergusses eine, wo versucht wird, Kontrolle über den Erregungsablauf und den Entladungsablauf zu bekommen. Das kann man vielleicht am besten so beschreiben, wenn wir an kleine Kinder denken, die ja auch erst lernen müssen, ihre Schließmuskeln zu beherrschen. Und wir alle wissen, daß in den ersten Lebensjahren Kinder das „Lulli" halt einfach rinnen lassen und das ein angenehmes Gefühl ist. Und irgendwann, so zwischen dem zweiten und dritten Lebensjahr, kommt dann der Satz: „Mami, ich brauch keine Windel mehr!" – soferne das Kind nicht vorher auf Sauberkeit ge*drillt* wurde – ah, weil das Kind bis dahin fähig ist, aus dem Absehen der Vorbilder und aus der eigenen Körperkontrolle, diese Beherrschung der Schließmuskel zu vollführen. Noja, nun ist es so, daß es beim Samenerguß halt keine Vorbilder gibt, wo man(n) sich abschauen kann, wie man(n) das

Nämlich Verhaltenstherapie nach Masters & Johnson, bzw. die „neue Sexualtherapie" nach Helen Kaplan-Singer.

Das sage ich nur, um die ÄrztInnen nicht zu desavouieren, die das noch immer empfehlen (was uns in der Sexualberatungsstelle ab und zu berichtet wird).

Die Formulierung „Selbststimulation" wäre besser gewesen.

macht, daher... ah... ist in dem Fall die... ah... richtige Vorgangsweise – oder sagen wir besser: die erprobte Vorgangsweise – diejenige, den eigenen Körper beherrschen zu lernen. Und das geht am besten, indem man(n) Selbstbefriedigung übt und bei *der* Gelegenheit versucht, den Punkt der Unvermeidbarkeit einmal *bewußt* wahrzunehmen. Und in diesem Augenblick – wo's also kein Halt und kein Zurück mehr gibt – mit Daumen und Zeigefinger an der Stelle des Gliedes, wo die Eichel in den Penisschaft übergeht – also dort, wo diese „Rille" ist –, an dieser Stelle einen sehr sehr festen Druck auszuüben. Es gibt auch noch eine zweite Stelle, die aber nicht so gut „handhabbar" ist, am Ende des Penisschafts ...und versucht, auf diese Art und Weise sich daran zu gewöhnen, ... ah... im entsprechenden Augenblick zu einem Stop des Samenergusses zu kommen. Manchmal – oder üblicherweise – verlieren viele Männer bei Beginn des Trainings ihre Erektion... Die kommt wieder! *(gurrt)* Man(n) braucht keine Sorgen haben. Es ist also ein Versuch, sich besser zu kontrollieren. Dieser Versuch ist natürlich mit einem Lustverlust gekoppelt, d. h., dieses Wonnegefühl – so: „Mir ist alles wurscht, ich geb mich hin" – wird dadurch zurückgenommen... So ist es eben bei Kontrolle, daß auf diese Art und Weise versucht wird ah... eine dem Willen unterworfene Körperbeherrschung zu erzielen.

Sehr gut beschrieben sind diese Übungen im Buch von Zilbergeld (s. Literaturliste).

Das ist der eine Weg, und es ist also die klassische Squeeze-Technik, wie sie von den amerikanischen Sexuologen – also vor allem von *Masters* und *Johnson* – empfohlen wird. Es gibt natürlich auch andere Möglichkeiten, und *eine* der Möglichkeiten ist, zu lernen, die

Muskulatur zu beherrschen, und da gibt's also eine ganz einfache Übung... ahm... Bei den Frauen hat sie also den Namen *„Kegel"*-Übung... ah... Bei den Männern hab ich in der Literatur also bis jetzt noch keine Übung, also keine Bezeichnung gefunden, aber es ist dasselbe Prinzip: Und zwar genau *die* Muskulatur, mit der wir den Harnfluß stoppen können, genau *diese* Muskulatur kann gekräftigt werden, daß auch damit das Ausfließen des Samens leichter gestoppt werden kann. Das Training geht ganz einfach: Beim Urinieren immer wieder abstoppen, fließen lassen, abstoppen, fließen lassen... und *das* zu üben, bis man richtig „flattern" kann! Also, es muß ganz schnell auch gehen, diesen Muskel zu bewegen, d. h. man beginnt ganz einfach beim Urinieren, und dann, wenn man(n) weiß, wie der Muskel zu beherrschen ist, dann kann man(n) ununterbrochen üben; wenn einem fad ist, in der Straßenbahn, beim Zeitungslesen, *(lacht)* beim Radiohören... *(lacht)* auch jetzt, während der Sexhotline... Also ich würde da eher anregen, daß mehr Männer versuchen ... Hingabe und Kontrolle in eine ausgewogene Balance zu bekommen, wenn sie das wollen.

Wichtig ist die Schnelligkeit, damit man(n) im entscheidenden Augenblick schnell reagieren kann.

RUPP: *Gloria Estefan* über „Sex in den neunziger Jahren" – eine Sache, die für Sie anscheinend gar nicht so leicht zu handhaben ist: der flüchtige Flirt, das Einfach-jemand-mit-nach-Hause-Nehmen ist einfach nicht mehr möglich für Sie. – So, und den ersten Anrufer haben wir jetzt in der Sexhotline am Apparat. Das ist der A. Hallo A., bitte schön...

22.1.1 A: Hallo?

RUPP: Ja?

A.: Folgendes Problem: Beziehung – ganz

22.1.1

A. spricht in einem „rasenden" Tempo!

normal. Vorher – furchtbar hektisch, irrsinnig toll, irrsinnig nett und wahnsinnig... ja... wie gesagt: toll. Ah, in weiterer Folge: Beziehung – nicht abgeflacht, aber rein sexuell ein bissel ja... mhm gemütlich durch die Gegend gebumst – unter Anführungszeichen –, und dann kommt was, was komplett Bemerkenswertes... äh... Der normale Orgasmus war anfangs mäßig in Ordnung, mit Pille und allem drum und dran *(schluckt)*, und dann war's so, daß der Orgasmus nur mehr gekommen ist, wenn ich *(schluckt)* von hinten komm... Und das ist a Sach, die ich also wirklich nicht kapier. Das ist ganz, ganz ernst gemeint.

Bis jetzt kenne ich mich noch nicht aus, spüre nur seine Aufregung.

PERNER: Mhm. Von hinten heißt Analverkehr... oder...

A.: Ja, Analverkehr...

RUPP: Mhm.

A.: ... aah... wobei sie... wirklich einschränkend sagt, das ist nicht der normale Orgasmus sondern,... na ... es ist ein bissel was anderes,... aber doch in der Art.

PERNER: Ja... und... Was ist jetzt ihre Frage... oder ihr Problem... oder...

Da meint er sicher „physiologisch".

A.: Mhm... rein physiognomisch kapier ich das nicht. Also ich, ich hab keine Ahnung, warum das funktioniert, wie das funktioniert. Es ist Tatsache, daß *(schluckt)* es funktioniert, und, und ich würd ganz gern wissen, wie es funktioniert und – ob es funktioniert. Also ich hab Vertrauen zu meiner Freundin, daß ich sag: O. k., das, was sie sagt, geht *(schluckt)* in Ordnung. Aber, aber... rein technisch kann ich mir's nicht vorstellen...

Er erscheint mir sehr gehetzt, mißtrauisch. Was will er wissen? geht es ihm um „Kontrolle"?

PERNER: Sie... möchten gerne wissen, ... wie... äh, ... wie es zu diesen Entladungen kommt? Welche Punkte *(lächelt)* da berührt werden...

A.: Nein, die Punkte sind mir im Prinzip ziemlich wurscht. Ich möcht nur ganz gern wissen, ob das wirklich so ist und warum es so ist. Also ich mein, ich möcht ganz gern *(schmatzt)* vorausschicken: Es ist so, daß es in der ersten Zeit der „netten" Liebe, unter Anführungszeichen, es so war, daß sie die Pille nicht genommen hat.

PERNER: Mhm.

A.: Da haben wir *(schluckt)*... furchtbar viel Spaß gehabt und uns furchtbar durch die Gegend gehaut, wie das einfach so ist. Und... da hat sie die Pille genommen und... *(schmatzt)* dann... einmal... na... so ziemlich viel Sachen... na... waren auf einmal anders.

PERNER: Mhm.

A.: Und... ja, in punkto Lust... weniger Lust...

PERNER: Mhm?

A.: Mehr Frust – unter Anführungszeichen – und, ja, dann sind wir irgendwann einmal draufgekommen, daß, wenn ich's anal mach, ist der Orgasmus... Aber in ihren Augen doch nicht so richtig – und das macht mir irgendwie Bedenken.

PERNER: Mhm. Ich bin mir noch nicht ganz klar... äh,... wie genau das Problem zu beschreiben ist. Also vorderhand krieg ich nur vom Hirn her mit, daß offensichtlich... äh... ihre Freundin...

A.: Es macht mir Probleme!

PERNER: ... ja, ... das spür ich. Ich merk schon, daß das etwas ist, was Sie belastet, ich hab's noch nicht richtig, also daß ich wirklich weiß, was es genau ist, was Sie so belastet. Also, ich vermute, daß für Sie...

A.: Es... es... es geht prinzipiell darum: In erster Zeit war's so, daß Orgasmen in Reihe

Da scheint's auch ein Problem zu geben, ich komme aber nicht zu Wort, er redet mich nieder.

In ihren Augen – oder in seinen?

Offenbar hat A. Sorgen, ich nähme ihn nicht ernst. Da hätte ich nachfragen sollen! (Nochmals Mißtrauen!) Vielleicht fühlt er sich aber auch von seiner Freundin

erfolgt sind, ja? Dann hat sie die Pille genommen, und dann haben wir gesagt, na gut, könnte eventuell an der Pille liegen.

PERNER: Stimmt auch – also, manche Frauen reagieren auf die Pille oder auf bestimmte Pillenpräparate mit Lustverlust.

A.: *(pikiert)* Gut. Dann wär das die ersteFrage: Was könnten wir dagegen machen? Die zweite Frage wär die: Beim Analverkehr gibt's einen Orgasmus, der aber nicht dem Orgasmus entspricht, den man normalerweise ohne Pille hat.

PERNER: D*as* – ist ein Irrtum!

A.: *(lacht)* Ich weiß nicht, ob sich meine Freundin in der Art irrt, daß sie jetzt sagt, na gut, na, der Orgasmus ist net der... ich mein...

PERNER: Nein, das hat also damit nichts zu tun, sondern es gibt verschiedene Arten von Orgasmen und es ist nicht so, daß zuzuordnen ist: Der eine gehört zu dieser Praktik und der andere zu jener, sondern das ist einfach unterschiedlich und von vielen, vielen Bedingungen abhängig. Sie können auch einen Orgasmus haben, wenn Sie einander lang genug in die Augen schauen, voraussgesetzt, die Erregung hat ein bestimmtes Niveau ereicht. *(A. schnauft ungeduldig)*. Also man muß da ein bissel aufpassen. Die körperliche Reizung ist *eines*.

A.: *(plötzlich aufmerksam)* Aha!

PERNER: Die seelische Gefühlslage ist ein *anderes*, beides hängt zusammen und kann einander beeinflussen, aber es ist nicht so, daß... – deswegen hab ich also zuerst begonnen so zu „tasten" , nicht?, so: „welcher Punkt?" – weil das hat damit relativ wenig zu tun. Es gibt zwar bestimmte Stellen *am* Körper, *im* Körper, die besonders erregbar sind

nicht ernst genommen (will vielleicht durchaus Kinder zeugen?). Jetzt fange ich an, eine „Mauer" zwischen uns zu errichten: Er ist mir zu schnell, zu drängend – auch das hätte ich ansprechen sollen; ich entscheide mich aber für Widerstand. Offener Widerstand von mir.

Beim Abhören des Bandes fällt mir der Ärger in meiner Stimme auf. Dieses „Ich will alles wissen", den Frauenkörper aller Geheimnisse berauben wollen, macht mich ungeduldig. Ich finde aber nicht die Ruhe, das zu artikulieren. Diese Aussage paßt auch zu meinem Gereiztsein. Da habe ich anscheinend einen Zugang gefunden.

und dann... ah... oh... Muskelkontraktionen auslösen, wenn sie entsprechend lang gereizt werden. Aber das allein macht noch nicht den Orgasmus aus, also da gehört schon die Stimmung, die Atmosphäre dazu. Und es gibt viele Frauen, bei denen allein das Wissen, daß sie auf diese Art und Weise nicht schwanger werden können eine Voraussetzung ist, daß sie sich wirklich hingeben können. Und das würde z. B. in diesem Fall – *möglicherweise* – zutreffen.

Da hänge ich in meinem „Erfahrungswissen" aus zahlreichen Beratungen, in denen Empfängnisverhütung das Ziel war. Aber ich komme immer wieder zu der Phantasie, es ginge um Fortpflanzung.

A.: *(holt Luft, will sprechen)*

PERNER: *(lächelnd)* Was mich viel mehr beunruhigt: Warum Ihnen das solche Sorgen macht? Warum Sie sich nicht einfach freuen, daß Sie eine Form gefunden haben, die für Sie – offensichtlich doch – das Ziel Ihrer Wünsche birgt? Oder ist *das* nicht das Ziel Ihrer Wünsche?

Ich versuche, auf die Entdeckungsreise zu gehen, was er eigentlich will, daher die Formulierung „Ziel".

A.: Na gut, ich weiß, in *der* Art kann's das Ziel der Wünsche nicht sein! Weil's... weil's von mir aus erstens mal nicht der Norm entspricht,

PERNER: Mhm!

Keine Chance für mich, nachzufragen!

A.: zweitens mal mir nicht so viel Spaß macht...

PERNER: Das heißt also, für Sie ist das eher etwas...

A.: Nein – es ist toll, es ist lieb, es ist nett, es ist eine Spielart, mit der kann man sich abgeben oder nicht abgeben. Ich gib mich mit ihr ab.

Wieder keine Chance einer Kommunikation! Er weicht dauernd aus, ist nicht zu fassen.

PERNER: Aber es ist doch nicht normal für Sie – irgendwie stört Sie's?

Ich versuche wieder zurückzufinden...

A.: Na, einfach im Vergleich zu damals, wie's damals gewesen ist, und... und das war einfach komplett anders!

PERNER: Mmmm...

Er wiederholt sich, gibt keinen neuen Ansatzpunkt, spricht immer noch so schnell, mir bleibt nur das Luftholen und Ansetzen...

A.: Also, da war's so: Da sind wir gemeinsam ins Bett gegangen, sie hat die Orgasmen g'habt, ich hab's auch ghabt.

PERNER: Mmmm...

A.: Und es war einfach lieb, nett, toll.

PERNER: Mmmm...

A.: Und jetzt muß man sich einfach mit einer komplett anderen Situation durch die Gegend schlagen... und, und, und... es macht einfach in der Art nicht so viel Spaß... und... na, ich weiß nicht, in der Art belastet mich's.

Jetzt versuche ich einen Seitenschritt: Vielleicht hätte ich „zufriedener" sagen sollen?

PERNER: Wenn Sie so zurückdenken, wie das in *der* Zeit war, wo Sie viel glücklicher waren, oder wo ihre Wünsche...

A.: Na – Moment, Moment! So viel unglücklicher bin ich ja nicht! Ich mein...

PERNER: Naja, wie würd es denn – ihrer Meinung nach – zu benennen sein, diese frühere Zeit gegenüber der jetzigen Zeit? Ich erleb Sie schon unzufrieden!

Jetzt endlich gibt er ein kleines Stückchen von sich her!

A.: Nein, also absolut unzufrieden ist es nicht, aber... es ist einfach ein komplett anderer Zustand, mit dem man entweder leben muß, oder über den man redet – und dann *besser* leben kann. So ist es.

Jetzt flüchte ich mich in meiner Hilflosigkeit zur „systemischen" Frageweise.

PERNER: Mhm. Für mich ist es also sehr interessant, was sonst in der ersten Zeit anders war als es jetzt ist...

A.: Das ist eine gute Frage... ah...

PERNER: ...in Ihrer Beziehung, in Ihrer Art miteinander umzugehen?

A.: *(stottert)* Ich, ich, ich weiß nur, daß sie damit Probleme gehabt hat, sie hat gesagt, sie hat die Pille genommen und, und... Sie kennen die Geschichten: Pille nehmen, Pille absetzen und so weiter und, und...

Also doch mein erstes Gespür richtig?

Komme wieder nicht zu Wort.

PERNER: *(holt Luft)*

A.: ...und daß das in punkto Gefühlsleben einiges bei ihr ausgemacht hat.

PERNER: Und eine andere Verhütungsmethode oder ein anderes Pillenpräparat wollte sie nicht, ... oder wollte ihr Arzt nicht... oder...

A.: Keine Ahnung!

PERNER: Denn das ist schon sehr beeinflussend! Sie dürfen nicht vergessen, die Pille ist ein *Hormon*präparat und verändert die Hormonlage im Körper.

A.: *(sehr schnell)* Ja, ich weiß! Daß die Pille ihre Auswirkungen hat, ist unbestritten. Aber...

PERNER: Es gibt auch andere Verhütungsmethoden.

A.: Na gut – aber wenn die Pille... ein Hormonpräparat in der Weise ist, daß man sagt, es kann das Gefühlsleben beeinträchtigen und die dann absetzt, könnt man eigentlich davon ausgehen, daß das Gefühlsleben nicht beeinträchtigt wird. Und wenn man dann normal miteinander schläft, müßt es quasi im Prinzip der Normalfall sein... mhm... ... haut nicht hin.

PERNER: Naja!

A.: Deswegen machen wir's dann anders *(murmelt)*.

PERNER: Also so einfach ist es wieder auch nicht *(lächelt)*, nicht? Weil es...

A.: Ich stell mir's wirklich normal – ganz normal – in den Raum, irgendwo, links, rechts...

PERNER: *(sehr geduldig)* Jaa, also ich denk mir, es ist relativ schwer, wenn wir jetzt – und noch dazu über eine dritte Person! – reden, da zu einem Punkt zu kommen, wo eine Veränderung möglich wäre. In der Sexualberatung oder -therapie haben wir in so einem Fall

Ich trau mich einfach nicht, ihm zu sagen, wie sehr er mich verwirrt, wie wenig ich verstehe, was er eigentlich will – aber vielleicht weiß er es selbst nicht. Ein Fehler von mir!

Was ich jetzt mitbekomme, ist seine Enttäuschung, daß alles nicht so ist, wie er es will.

Das versuche ich jetzt anzusprechen...

...und scheitere wieder an seinem Trotz. Jetzt gebe ich erst auf: Mir ist alles zu schnell, und ich fühle mich überfordert (seine Freundin möglicherweise auch).

ein Setting, wo also beide – das Paar – da ist und wo wir versuchen, zu dritt herauszufinden...

A.: *(interessiert)* Mhm?

Sollte das der geheime Sinn der Diskussion gewesen sein? Daß er die Freundin zum „Service" schicken will, damit sie so wird, wie er sie haben will?

PERNER: ...was war früher anders...

A.: Moment! Jetzt sind wir bei einem Punkt. Ist Sexualberatung in *dem* Fall wünschenswert... oder, oder...

PERNER: Es *ist* wünschenswert! Ja. Es ist sinnvoll. Weil, es kommen ja mehrere Dinge zusammen: Was ich mitgekriegt hab von dem, was Sie mir gesagt haben, ist, daß offensichtlich *diese* Art des Geschlechtsverkehrs für Ihre Freundin lustvoll und angenehm ist, für Sie nicht *gleich*.

Ich teste, ob es hier wirklich die von mir vermutete Differenz gibt...

A.: Moment! Moment! „Lustvoll und angenehm" in der Art, daß es wirklich nicht äquivalent ist zu einem *normalen* Orgasmus, der in einem *normalen* Verkehr praktiziert wird, oder, oder...

...aber er läßt einen möglichen eigenen Standpunkt der Frau gar nicht zu...

PERNER: Sie ha... Sehen Sie, wie sehr wir aufpassen hier müssen, daß wir nicht aneinander *vorbei*reden? Ah, ich hör also von Ihnen: Auf die Art und Weise klappt es *jetzt*... und... ah... früher war es anders. Und um jetzt ganz genau herauszufiltern: War das wirklich so? Was sagt Ihre Freundin dazu? Dazu braucht man ja auch *ihre* Aussage, und das muß man doch ganz detailliert, Punkt für Punkt erarbeiten, das ist also eine hochkonzentrierte Erhebung von Fakten. Und auf der anderen Seite geht's aber um Ihre *Gefühle*. Auch: Wie geht's Ihnen *miteinander*? Ich mein, was bedeutet denn das für Sie, wenn Sie jetzt so Ihr Geschlechtsleben analysieren, wenn Sie so beobachten? Gerade *dort*, wo Sie sich einfach hingeben sollen und einfach überhaupt keine Gedanken darauf verschwenden, was mach ich,

...doch ich insistiere: ohne authentische Aussagen der Freundin will ich gar nicht mehr weiterreden.

Jetzt kann ich ihm endlich sagen, was ich ihm schon die ganze Zeit sagen will: Daß er sich den Kopf zerbricht, wo eigentlich das Herz sprechen sollte.

wie ist was?, sondern einfach nur einander spüren, einander in die Augen schauen und versuchen, zueinander also eine intensive Beziehung zu haben. Das ist für mich ein bißchen ein Widerspruch! Und jetzt denk ich mir, im Setting – also in der Sexualberatung – können wir da, ... weil da seh ich Sie ja auch, und da merk ich ja auch, wie Sie aufeinander reagieren, und dann fällt mir z. B. auf, ob Sie also in irgendeinem Fall sich zurücknehmen und eine gewisse Abwehrhaltung einnehmen, wenn Ihre Freundin was sagt, oder umgekehrt, d. h. ich kann Ihnen viel mehr Feed Back geben...

In der Beratungsstelle kann ich ihn auch besser mit meinem Empfinden vertraut machen, weil ich nicht unter diesem Zeitdruck stehe!

A.: Ja!

PERNER: ... als jetzt, wo wir vom Hirn her einfach da so drüber reden... Kann Ihnen also bestätigen, daß die Pille also Auswirkungen haben kann – nicht muß, nicht jede – muß man oft lang herumprobieren, bis man das richtige Präparat findet. Es gibt andere Verhütungsmethoden... Also ich kann Ihnen hier nur Informationen geben. Was mir eben auffällt, ist, daß ich bis jetzt noch nicht gespürt hab, wo das Grundproblem ist – außer daß ich mitbekommen hab, daß das für Sie doch nicht *die* Form ist, wie Sie sagen: So möcht ich leben, lieben!, sondern: Das ist für mich nicht normal! Und daher würd ich Sie schon einladen *(lächelt)*, wenn Sie in Wien sind oder im Raum Wien, doch einmal in die Sexualberatung kommen – *mit* der Freundin.

Da geht er freudig auf mein Angebot ein...

A.: Werden wir sehen... ja... Ob ich mich trau, ist eine andere Frage.

...und da ist er plötzlich schüchtern, verhalten.

PERNER: Es ist sicher nicht so einfach, aber... es ist anonym, Sie brauchen Ihren Namen nicht sagen... Es ist kostenlos...

Da werbe ich wie eine Hausiererin!

A.: *(lacht herzlich)*

Jetzt versuche ich nur mehr, freundlich zu sein. Innerlich bin ich traurig, daß es mir nicht gelungen ist, ihn zu erreichen.

PERNER: Sie rufen an... Sie machen sich einen Termin aus...

A.: Na, so ist es nicht gemeint.

PERNER: Und bei der Peinlichkeit des Sprechens oder so – da versuchen wir schon, dann zu helfen.

A.: Na gut. Eventuell. Wenn *Sie* das machen würden. Danke jedenfalls für den Tip.

PERNER: *(traurig)* Bitte.

Dieser Anrufer hat ordentlich Verwirrung gestiftet – auch bei Martina Rupp.

RUPP: Oft und ausführlich wurde heute schon der Internationale Welt-Frauentag strapaziert – ungefähr 25 Minuten lang dauert er noch – ah, Blödsinn... Also jetzt, sind wir jetzt, also das war jetzt... also nein... Jetzt sind wir ja schon „morgen", ja genau! Also *(lacht)*: er war!

PERNER: Er hat Nachwehen!

RUPP: Er ist vorbei! Er ist vorbei, aber Nachwehen hat er noch: Es geht um den weiblichen Körper – auch jetzt bei der I. Hallo, I.!

22.1.2

22.1.2 I.: Ja, hallo, guten Tag!

PERNER: Guten Tag.

I.: Ich hätte gerne eine Frage – vom weiblichen Orgasmus. Und zwar möcht ich gerne wissen, ob das jetzt weibliches Sekret ist, was man da ausstoßt, oder ob das ein Urin ist.

PERNER: Also Urin ist es sicher nicht...

I. klingt erleichtert und triumphierend.

I.: Ist es nicht!

PERNER: ... daher ist die Beantwortung: Es ist ein Sekret. An und für sich ist das etwas, das von alters her bekannt war. Dann im Zuge der immer größeren... hm ja... *Tabuisierung* all dessen, was mit vor allem dem weiblichen Körper zusammenhängt, passiert ist, verdrängt, vergessen, wegphantasiert wurde und eben in den letzten Jahren vor allem auch durch die Forschungen von Kollegen *Stifter* wieder... ja... in Erinnerung gerufen wurde. Viele Frauen haben jahrzehntelang darunter gelitten und sich als krank oder verrückt oder gestört empfunden, wenn sie Sekret abgesondert haben... *Stifter* spricht von der „Dritten Dimension der Lust" und findet das also als etwas eher Positives. Ich würde das auch so sehen. Bei manchen Frauen ist es viel, bei manchen ist es wenig, manche merken's gar nicht. Es ist unterschiedlich, so wie wir alle unterschiedlich sind. Es ist *sicher nicht so*, daß die Frau sich *anmacht*.

I.: Ja?

PERNER: Das ist also eine ganz böse, eher diskriminierende Unterstellung. Und es ist eher wichtig, daß schon die Mädchen wissen, daß... – die beste Garantie, das zu überprüfen, ist, eine entleerte Blase zu haben! Und genauso wie man also Mädchen aufklären sollte über die Menstruation, damit sie sich nicht schrecken, wenn das erste Mal Blut kommt, und nicht glauben, oh Gott, was hab ich angestellt! etc., genau so ist es wichtig, daß man eben auch diese Information verbreitet. Meine Erfahrung aus der Sexualberatung ist, daß *viele* Orgasmusstörungen bei Frauen davon herrühren, daß sie bei ihrem ersten sich ankündigenden Orgasmus glauben, sie machen sich an, und abzwicken, und dieses Abzwicken bleibt ihnen dann sehr, sehr lang. Es ist relativ schwer, so eine „Einübung" dann wieder wegzubekommen, weil's also ein Reflex werden kann.

Da schreck' ich mich, daß ich vielleicht zu forciert „aufkläre" (Nina Hagen im Gedächtnis, die in einem Club 2 zeigte, wie frau sich selbst glücklich macht) und verstumme.

I.: Ja?

PERNER: Weil eben bei vielen Frauen sich der Orgasmus mit dem Gefühl ankündigt, oh Gott, ich mach mich an. Dabei ist es ja die weibliche Ejakulation *(schmunzelt)*.

Da meine ich, korrekt formuliert: ein „Pawlowscher" – ein eingeübter – Reflex.

I.: *(übernimmt das Schmunzeln)* Also ich kann davon sicher ausgehen, daß es kein... also, daß ich mich nicht anmache?

PERNER: Davon können Sie ausgehen, und im übrigen denken Sie immer, daß im Zeitalter der Waschmaschine das alles kein Problem ist!

RUPP: *(lacht).*

PERNER: *(lacht)* Es ist nicht so wie vor hundert Jahren, wo's eine Katastrophe war, wenn man zusätzliche Arbeit hatte.

I.: Na, weil ich muß sagen, es kommt bei mir immer so viel, daß... ich habe echt bisher immer glaubt, ich mach mich an.

RUPP: *(liebevoll)* Nein wirklich: Bei manchen Frauen ist es ein Tröpfchen, und bei manchen ist es... Sie kennen vielleicht den herben Wiener Spruch: „Da geht ein Achtel ab!"

I.: *(lacht stolz).*

PERNER: Es gibt auch Frauen, bei denen ein Viertel abgeht.

RUPP: Vielleicht gibt's irgendein Buch, wo die I. sich...

(erschienen im Ullstein-Verlag)

PERNER: Ja, *Karl Stifter*, „Die dritte Dimension der Lust".

RUPP: Da können Sie *alles* darüber lesen!

I.: Mhmmm.

RUPP: Vielleicht schon dieses Wochenende!

I.: Ja! Das werd ich machen... O. k.

RUPP und ROTRAUD PERNER: *(lachen verschwörerisch)*

RUPP: Ja? *(lacht)* O. k.?

PERNER: Also – viel Spaß!

I.: Danke schön! Auf Wiederhören!

RUPP: „My beautiful love" – *Julian Cope* war das, und der G. ist am Apparat. Hallo G.!

22.1.3 G: Ja hallo – grüß dich, hier spricht der G., ja – hallo? 22.1.3

RUPP: Jaja, hallo.

G.: Ja also, mein Problem ist eben, das hab ich eigentlich erst seit – naja– seit ein paar Wochen aber... das... Ich wohn in einem Hochhaus, ja? *(schluckt)* Und gegenüber da ist halt auch so, sind eben sehr viele Fenster, und ich bin da vor einiger Zeit eben... einmal eine Nachbarin gesehen, die sich da auszieht, na. Und das hat mir irrsinnig taugt und, und... ich war eben da und bin eben am Fenster gestanden und hab eben dann aus dem Fenster onaniert. Und das ist eben bei mir – ich mein – am Anfang – na ja... Das ist halt einmal passiert, und dann hat mir das eben total taugt, und *(seufzt)* jetzt wart ich eben halt jede Nacht und immer drauf, daß ich halt irgendwas seh da gegenüber, und bin schon ganz gespannt. Und eigentlich der ganze Tag konzentriert sich auf das, daß ich dann immer auf den Abend wart und daß ich dann da hinausonanier, net? Und ich muß dazu sagen, ich hab früher mal eine ganz eine normale Beziehung gehabt, die ist dann eben zu Bruch gegangen, und jetzt ist das eben mein einziges Sexualleben, und und ich weiß eigentlich nicht mehr, wie ich da herauskomm, nicht? Ich bin *(drückt herum)* fast ein bissel verzweifelt jetzt und, und – ich mein, das gefällt mir schon irgendwie, aber ich denk mir, das ist ja nicht ganz normal, nicht?

PERNER: *(atmet tief)* Ah, Sie haben gesagt, Sie haben früher mal eine Beziehung gehabt, und jetzt leben Sie allein?

G.: Ja, momentan leb ich allein, ja.

PERNER: Und haben auch kein Bedürfnis...

G.: Ja?

Wieder eine Formulierung, mit der ich recht zufrieden bin.

PERNER: ... einer Frau näher zu kommen als von Fenster zu Fenster?

G.: Naja... Das ist eben so eine Sache... Irgendwie schon, aber es gefällt mir das momentan auch ganz gut, nicht? Ich mein, es ist halt...

PERNER: *(kameradschaftlich)* Was gefällt Ihnen denn so dran?

G.: Jaa, ... das Aufregende... ist das Dabeierwischt-Werden.

PERNER: *(mütterlich)* Aha.

G.: Also es ist...

Da scheine ich sein Gefühl gut in Worte gefaßt zu haben, so starkt kommt die Bestätigung.

PERNER: Das Sich-so-in-voller-Pracht-der-Öffentlichkeit-präsentieren-Können?

G.: Ja! Ja, ja!

PERNER: Auch wenn's im siebenten Stock oder im achten ist... oder so.

G.: Ja, na, eigentlich will ich natürlich nicht sagen, in welchem Stock.

Diese Passage ist für mich ein Musterbeispiel gelungener Beratung: Da ist es mir gelungen, mich wirklich ganz auf ihn einzustellen und zu spüren, was er fühlt. Ich taste mich da ganz langsam vor und warte, ob und wie er weitersprechen mag.

PERNER: Ja, das ist auch vollkommen uninteressant. Ich mein nur, das also mit der Höhe natürlich auch die Wahrscheinlickeit, *sofort* irgendwie bestraft zu werden, ... mhm... geringer ist, als wenn Sie im Erdgeschoß oder auf der Straße stehen, wo's...

G.: Ja!

PERNER: ...Ihnen sofort...

G.: Ja!

PERNER: ...an den Kragen gehen kann, und denk mir also, ...

Das entspricht auch der „regressiven Kommunikation", wie sie Harald Picker („Statt Leistunszwang Gefühl". Wien 1985.) immer wieder demonstriert hat:

G.: Jaja!

PERNER: ...dieses Risiko, so ein schlimmer Bub zu sein...

G.: Ja, ja – genau! Ja!

PERNER: ...und gleichzeitig also auch die Lust sich herzuzeigen, da haben Sie also eine tolle Schiene gefunden, ...

G.: Jaaa ...

PERNER: ...sich einen Nervenkitzel zu verschaffen!

gemeinsam „klein werden" und gemeinsam „erwachsen werden".

G.: Jaja, Sie sagen es ganz richtig, es ist irgendwie schon ein totaler Nervenkitzel, nicht, es ist irgendwie – irrsinnig spannend, nicht? Aber... ah, ah...

PERNER: Und Sie vermeiden vor allem die Beziehung zu einer Frau! Weil Sie könnten den Nervenkitzel genau so haben, wenn Sie einer Frau sagen: Sie gefallen mir, und ich möchte Sie gerne näher kennenlernen! Dann könnt es Ihnen passieren, daß sie sagt: Lassen's mich in Ruh, Sie Rüpel!

Jetzt kommt das „erwachsen werden": die „reife" Alternative.

G.: Aha!

PERNER: Der Nervenkitzel ist vielleicht... na... ein bisserl gefährlicher, hm?

G.: Naja, ha! Also, wann ich da nach Ihrer Stimme geh, Sie klingen mir sehr erotisch, und... das ist natürlich, ... ich mein, *Sie* würden mir da vielleicht irgendwie *(verschmitzt)* weiterhelfen können...

Er versucht gleich an mir zu üben! Diesen Versuch, mit mir in Beziehung zu treten, halte ich noch aus...

PERNER: Also ich denk mir, als ausgebildete Sexualtherapeutin bin ich's gewohnt, Menschen weiterzuhelfen, die Schwierigkeiten haben, Beziehungen aufzunehmen...

...setze eine zarte Grenze (Pfauenrad!) und verstecke mich hinter meiner Berufsrolle – ein Beratungsfehler! Auch meine Angst! Er ist mir zu nahe getreten.

G.: *(enttäuscht)* Ja?

PERNER: ...weil hinter *der* Schwierigkeit steckt meistens Angst ...

G.: *(ungeduldig)* Mhm, mhm.

Womit ich Frustration auslöse.

PERNER: *(langsam)* ...vor allem Angst, nicht angenommen zu werden, so wie man ist.

G.: *(nachdenklich)* Mhm, mhm.

Klartext: Wie er ist: zu direkt. Wie ich bin: sehr scheu.

PERNER: Und ich denk mir, daß Sie es ja selbst spüren – im Vergleich zur Vergangenheit –, daß Sie auch andere Möglichkeiten hätten, ein befriedigendes Sexualleben zu haben, und es ist Ihre Entscheidung, ...

G.: Na, aber das ganze Problem ist eben...

Eben: zu direkt!

ah... irgendwie das aufzubauen *(schnell)*, irgendwie an das heranzugehen...

PERNER: *(verständnisvoll)* Mhm ja!

So wie die Rundfunkberatung!

G.: ...und ich hab mir eben einfach jetzt – nach dieser Enttäuschung – Angst, irgendwie wieder an das heranzugehen. Also, verstehen Sie, das ist anonym, das ist ohne Gefahr, das ist unproblematisch in der Sache, nicht? Ich mein, nicht, daß mich Frauen nicht reizen würden oder so, nicht? Ich hab halt jetzt nur irgendwie Angst, irgendwie einer Frau zu nahe zu treten.

Das habe ich gut formuliert (gespürt)!

PERNER: Irgendwie bleiben Sie ja mit sich allein.

G.: Ja! Ich mein, ich bin nicht total unglücklich damit, aber ich merke, ich kann mir – ich bin noch relativ jung –, ich denk mir, so kann's irgendwie nicht weitergehen, nicht?

PERNER: Sie spüren, daß Sie gerne doch eine *Nahe*beziehung hätten? Wo Sie jemand angreifen und streicheln können und selbst angegriffen und gestreichelt werden?

Da bin ich ihm wieder nahegekommen, seine Bestätigung zeigt, daß ich wieder richtig gefühlt habe, er sich besser erkennen kann.

G.: *(sehr ernst)* Jaja, genau – Sie sagen es! So, wie Sie das sagen, ja, genau so! Sie treffen das irgendwie genau auf den Punkt, ja!

PERNER: Und das ist die Angst vor der Enttäuschung vom letzten Mal, die Sie irgendwie hemmt?

Jetzt ist er an dem Punkt, wo er sich selbst wieder spürt und sich weiterentwickeln kann...

G.: Ja – ja das stimmt. Ja, ich hab mich da eigentlich sehr... ich mein, das hat mir sehr viel bedeutet, und ich hab mich da eigentlich ziemlich reingelegt in die Beziehung, und es war für mich eigentlich dann momentan *(seufzt)* ziemlich schlimm und... Aber – hören Sie –, ich hab jetzt nicht irgendwie was gegen das weibliche Geschlecht an sich aber, ich hab irgendwie jetzt Angst – eben neu da zu beginnen *(gequält)*, und, und...

(Jetzt sollte ich eigentlich still sein!)

PERNER: So wie jemand, der einmal in einen Apfel beißt, der da einmal sauer ist, und jetzt sagt, ui je, in den nächsten Apfel mag ich gar nicht beißen, weil wer weiß, was dann wieder passiert...

G.: Ja, ja, genau so ist es irgendwie. Und ich mein, wie sollt ich an die Sache jetzt herangehen? Was würden Sie mir da jetzt raten?

PERNER: Ah, also ich werd Ihnen nicht raten, ja? Weil ich mir denk: Es ist *Ihr* Leben, und Sie sollten Ihre Enttäuschung und Ihre Angst, die Sie spüren, ernst nehmen... d. h. Sie brauchen offensichtlich noch Zeit, bis die Wunde wirklich verheilt ist. Das tut ja weh, wenn man eine Enttäuschung hat.

G.: Jaja.

PERNER: Also, ich denk mir, auf der einen Seite möchten's halt schon gern...

G.: *(erfreut)* Ja genau, ja!

PERNER: ... wieder was erleben, und ihr Körper reagiert. Und auf der anderen Seite sagt die Seele: Achtung! Gefährlich! ... Und das *ist's* auch *(holt tief Luft)*, und daher denke ich mir, also wenn Sie jetzt so einen Weg suchen, eher so Ihren Körper allein mit sich zu spüren, so find ich das schon o. k. nur... Es muß ja nicht unbedingt am offenen Fenster sein, nicht?

G.: Also Sie meinen, ich sollt vielleicht den Vorhang zumachen?

PERNER: Jaaa... Und Sie sollten vielleicht einmal wirklich sich selbst annehmen in Ihrem... ja... in diesem Zustand der Verletztheit *(sehr zart)*, in dem Sie noch sind... ja?

G.: *(nachdenklich)* Mhm! Also ich soll das durchaus akzeptieren und das nicht irgendwie als komisch oder irgendwie empfinden?

PERNER: *(innig)* Mhm!

G.: ...sondern sagen: O. k., so ist es halt, das

Auch wenn diese Metapher gut paßt, störe ich ihn bei seinem „Tiefgang", lenke seine Aufmerksamkeit von sich ab und wieder auf mich (Fehler!).

Daher lenke ich wieder zurück (bzw. wehre ab)...

...und versuche, zu einem Gesprächsende zu kommen, um ihm Zeit zum Nachdenken zu lassen.

Da hat er eine Alternative gefunden.

Jetzt spricht er fast

zu sich selbst: liebevoll.

arbeitet...

PERNER: ...das arbeitet noch in mir...

G.: Irgendwie tröst ich mich jetzt darüber hinweg und, und dann kommt das schon wieder, oder meinen Sie das irgendwie in die Richtung?

PERNER: Ich mein nicht „trösten", sondern ich mein einfach, das ist die natürliche Reaktion, und unser... also wenn man eine Beziehung leben will, dann ist das ja etwas, wo eine Resonanz kommen muß vom anderen, das ist ja nicht so, daß man in den Konsum geht und sich eine Frau kauft, ...

G.: Mhm.

PERNER: ...sondern das ist ja etwas, das entstehen muß und wo's also Hochs und Tiefs gibt und... das ist aufregend genug... Und ich denk mir, vor dieser Aufregung *(lächelt)* haben Sie ja Angst, deswegen suchen Sie sich ja eine andere...

G.: Ja ja ...

Tatsächlich sagte ich „handle-bar".

PERNER: ...die leicht handhabbar ist!

G.: Ja ja, Sie sagen es!

Das bin jetzt authentisch ich: Mir ist die Reihenfolge Schauen-Sprechen-Annähern wichtig.

PERNER: Ich würd also gerne eher Ihnen Mut machen wollen, einmal mit einer Frau, die Ihnen gleich vis-à-vis ist, einfach nur *Blick*kontakt aufzunehmen. Sie werden ja sehen, ob sie empört wegschaut oder Ihnen freundlich zulächelt... und...

G.: *(lacht)* Aber Sie meinen, das sollt ich dann eher also... *(lacht)* weniger sexuell probieren. Also ich mein, wenn ich da am Fenster steh, das würd wahrscheinlich vielleicht – könnt ich mir vorstellen – so nicht ganz das Ideale sein, nicht? Sondern so einmal versuchen, die zu treffen...

PERNER: Ja, Sie sagen es! In *der* Zeit, die einfach *notwendig* ist, um sich einfach anzunähern. Nicht gleich mit der Tür in's Haus fallen beziehungsweise in *dem* Fall haben Sie halt eine Kombination gefunden, von der Sie ja selber sagen, daß das nicht das Wahre ist, nicht? Auch wenn's vielleicht eine gewisse Lust bringt...

G.: Ja! Das ist eben das Problem, nicht? Die Lust steht irgendwie im Vordergrund... *(stammelt herum).* Irgendwie würd ich halt gern mit *dem* gleich anfangen... *(seufzt).*

PERNER: *(verständnisvoll)* Jaja – die Gier!

G.: Jaja, die Gier – Sie sagen es! Die Gier – es ist furchtbar *(seufzt).*

PERNER: Das ist eben dann ein Zeichen von Reife, daß man lernt, *(lächelt)* mit der Gier so umzugehen. Der Professor Lischke von der Freien Universität Berlin unterscheidet immer den „Haute Cuisine-Sex" vom „Pizza-Sex". Wir könnten auch vom „Burenhäutel-Sex" sprechen.

G.: *(lacht)* Aha, Sie meinen, ich bin mehr ein „Burenhäutel-Sex"... Aha!

PERNER: Eben! Sie können ja auch lernen zu zelebrieren und zu genießen, ... und sieben Gänge... und...

G.: Also so wie Sie das sagen... Alleinig Ihre Stimme, ... also ich muß sagen, also das ist schon sehr verführerisch... Also da werd ich schon ganz geil, allein beim Telefonieren...

Jetzt wird er wieder zu direkt!

PERNER: Das wollen wir möglichst verhindern...

Da bin ich auch authentisch: Ich strecke sozusagen die Hände abwehrend von mir... aber Martina Rupp verdeutlicht!

RUPP: Ja, das ist schön! Nein, nein, das wollen wir nicht verhindern...

G.: *(aufgeschreckt)* Geht das nicht – jetzt – live – so über den Äther?

RUPP: *(unerbittlich)* Das geht jetzt alles live über den Äther, aber nicht mehr lange, denn, lieber G., jetzt kommt eine Platte!

Martina reagiert souverän: In einem Ton, der zugleich ironisch und beschwichtigend ist, stellt sie ihn ab.

G.: *(beschwichtigend)*: O. k., o. k.!

RUPP: *(souverän)* Und Sie haben 578.000 Tips jetzt bekommen, und GO AND DO IT, BOY!

G.: Ja, danke!

RUPP: Am Apparat ist jetzt die M. Hallo M!

22.1.4

22.1.4 M: Hallo?

PERNER: Hallo.

M: Ja, ich hab ein Problem, ja, es ist ein bißchen schwierig. Vielleicht können Sie mir helfen. Und zwar, ich hab einen Freund, der ist Geschäftsmann und ist Mitte vierzig und ist öfters auf Geschäftsreisen und muß sich leider als Gerschäftsmann *(schnauft)* wahnsinnig über seine Kunden ärgern. Zudem ist er Choleriker und ärgert sich schon wirklich über jeden Autofahrer, der schlecht fährt, so. Er kommt nach Hause und ist wahnsinnig gereizt, man darf ihn also an sich die erste halbe Stunde nicht ansprechen, er nennt das „Clear-Phase". Und *dann* – nach einer Zeit – will er mit mir ins Bett gehen. *(verzweifelt)* Und jetzt müssen Sie verstehen, und dann sagt er: „Weißt du, das beste Abreagieren ist der Sex – mit dir ins Bett!" Der Sex!! Am Anfang war's nicht ganz so – weil ich kenn ihn jetzt über vier Jahre –, aber ich komme mir irgendwie – ich weiß nicht, ob Sie mich verstehen – benützt vor. Also ich selber hab sehr wenig *(traurig)* Freude daran, ich mach's ihm zuliebe, also o. k., er merkt's nicht, weil ich sehr gut das überspielen kann... hat noch nie was bemerkt, aber es macht mir persönlich keine Freude mehr. Schon lange nicht mehr. Jetzt weiß ich nicht, ist das... ist meine Handlungsweisc richtig? Oder ist wirklich... Für ihn ist Sex nur zum Abreagieren seines Ärgers. Er äußert das auch vor Kund... äh... vor Bekannten und Freunden von uns. „Das ist die einzige Art, wie man sich als Mann heutzutage vom Tagesärger abreagieren kann!"

PERNER: Das heißt, er hat eigentlich eine sehr frauenverachtende Haltung?

M: Ja! Er sagt: Dafür hab ich ja Dich! Dafür hab ich ja die M., damit ich ins Bett kann! Da kann ich mich abreagieren! Das sagt er aber auch vor anderen, was ich irgendwie – ich weiß nicht, ob zu Recht – aber als Demütigung empfinde.

PERNER: Und Sie lassen sich das gefallen?

M: Ja, ja, also ich frag ja heut an... Ich weiß nicht mehr, was recht ist oder nicht – ich weiß es nicht! Irgendwas stimmt da nicht, aber ich weiß es nicht, ich will ihm nicht unrecht tun, nachdem er ein wahnsinnig gestreßter Mann ist.

Nicht wissen, was recht oder unrecht ist – DAS klassische Symptom von Menschen, die in ihrer Kindheit physische, psychische oder sexuelle Gewalterfahrungen machen mußten; es passiert ihnen das Gleiche immer wieder, weil sie sich nicht abgrenzen können! (Vgl. Rotraud A. Perner (Hg.), Zuliebe zu Leibe. Bad Sauerbrunn, 1991.)

PERNER: Mhm. Das heißt, Sie merken, daß sein schlechtes Benehmen auch damit zusammenhängt, daß es ihm nicht gut geht?

M: *(erleichtert)* Ja!

PERNER: Und daß er so irgendwie sich zu Ihnen flüchtet und bei Ihnen eine Erleichterung sucht, aber Sie als Person nicht richtig wahrnimmt? Wie's Ihnen geht, wie Sie gerne behandelt werden möchten?

M: Genau! Ja, Sie sagen es – so ist es. Ja. Also er: „Komm, Schatzel, komm! Ich muß ins Bett! Ich hab einen Frust!" Und ich mein, wenn jemand so kommt... Ich hab noch nie jemand gehabt, der so gesprochen hätte mit mir. Und wenn ich etwas – paar Mal hab ich etwas erwähnt –, dann sagt er: „Na, die Prinzessin! Spielst du wieder die Prinzessin?" Also, jetzt weiß ich wirklich nicht mehr – naja.

Da habe ich kurz überlegt, ob ich betonen soll: Er will ja eine Bedienerin! Ließ es aber dann sein, um nicht zu sehr zu provozieren.

PERNER: Sie spüren es ja! Sie spüren ja, wie

Ich spüre, daß sie seine Ohnmacht schon auch wahrnimmt, will daher seine „Macht" nicht überbetonen...

es Ihnen geht, und Sie merken, daß Sie irgendwie Schwierigkeiten haben, mit ihm sich zu verständigen, daß er – genauso wie er Wünsche hat, haben Sie ja auch Wünsche –, und irgendwie geht das aneinander vorbei. Ihr trefft Euch nicht!

M: *(kleinlaut)* Ja, das ist richtig!

...sondern den innserseelischen Konflikt, den ich fühle.

PERNER: Sie haben zwar ein gewisses Verständnis für ihn, aber es kommt nicht das zurück, sondern ganz im Gegenteil, damit er abgesichert ist, sagt er's noch bei anderen Leuten, sodaß Sie... Wenn Sie nicht protestieren, kann er dann sagen: Na du hast ja eh zugestimmt! Nicht? Du hast ja nichts gesagt!

Ihre Spielregel ist Fairneß, seine nicht! Er darf nicht lächerlich gemacht werden, sie schon. Wieder steigen mir Phantasien über mögliche verursachende Kindheitsmuster auf; ich konzentriere mich aber auf das Übergeordnete: Selbstbehauptung!

M: Ja – und ich will ihn aber auch nicht blamieren vor anderen, vor unseren Freunden, weil dann ist er ja wirklich lächerlich gemacht, wenn ich also sag: Nana, so ist es aber nicht, ich mag eigentlich nicht, ich hab keine Lust!

PERNER: Das heißt, es geht um Ihre Selbstbehauptung!

M: Ja – schon auch. Ja! Und dazu muß ich vielleicht vorausschicken, er hat zwei gescheiterte Ehen hinter sich.

PERNER: Mhm. Wissen Sie warum? Deswegen?

Suche nach Solidarität bei den Vorgängerinnen! heißt auch: Bin ich allein mit meiner Gewalterfahrung?

M: *(windet sich)* Äääh... ich kam noch nicht darauf. Also an sich bin ich sowieso keine Schnüfflerin vor dem Herrn, was ich gehört oder herausgehört habe, war halt jedes... nein... die zweite Frau hat sich ihm verweigert.

PERNER: Aha!

Es fällt ihr hörbar schwer, so „indiskret" zu sein, ich merke, wie sehr sie sich bemüht, loyal

M: In kürzester Zeit, also nach ganz kurzer Zeit, und mit der ersten waren da so ganz komische Spiele, also das war auch nicht befriedigend... ich weiß nicht, was da war, jedenfalls aber...

PERNER: Aber es ist wieder um Machtspiele gegangen? Wenn Sie sagen: Die hat sich verweigert oder so...

M: Die zweite! Ja!

PERNER: Und Sie überlegen jetzt auch, darf ich mich das trauen oder darf ich das nicht?

M: Ja! Ich möcht ihn nicht... Er ist so geschlaucht, und dann kommt etwas, Frau Doktor, nach dem... Er ist also – wenn ich so sagen darf – ein extrem potenter Mann, unter einer halben Stunde ist nichts. Ich bin aber zart, und er hat 86 Kilo, also ein starkes Mannsbild... nicht, ich mein...

PERNER: Er ist sozusagen: eine *Wucht*!

M: Eine Wucht! Wir machen's bitte seitlich, darf ich das gleich sagen *(lacht)* aber, aber trotzdem... weil ich's nicht aushalten würde sonst. Aber trotzdem ist es für mich sehr anstrengend, zumal ich nicht sehr gesund bin, nicht? Und jetzt kommt dann noch etwas *(verschwörerisch, geheimnisvoll)* dazu: nachher steht er auf, er sagt, er ist wie neugeboren, er geht ins Bad unter die Dusche, er fühlt sich wie neugeboren! Und ich bin wie geprügelt, wie gerädert – ich kann kaum aufstehen, also ich schleich mich aus dem Bett...

PERNER: Also sozusagen ein Vampir.

M: Ja! Also er ist... er sagt, er sagt immer: „Ach bei der M., ich tanke! Sex ist für mich der größte Tank, der einzige Tank, den ich hab, wo ich auftanken kann!" Also das fällt mir auch dazu ein. Und ich bin nachher wie erschlagen – wie eine Fliege.

RUPP: Liebe M., liebe M., darf ich mich an dieser Stelle ganz kurz einschalten? Wir nähern uns den Nachrichten – wir unterbre-

zu bleiben.

Da treffe ich den Punkt genau: Ihre Bestätigung kommt „erleichtert".

Aber sie möchte gerne ein „braves" Mädchen sein, nach den Wünschen des bestimmenden Mannes!

Wieder eine Formulierung, die mir, glaube ich, gut gelungen ist.

Da denke ich an Volker Elis Pilgrim, Der Vampirmann. Düsseldorf 1989.

Martina Rupp ist sehr berührt!

chen jetzt kurz die Sexhotline. Aber ich denke, daß Ihr Fall oder die Geschichte, die Sie uns erzählt haben, so interessant ist, daß wir unbedingt noch hören möchten, wie das weitergeht bzw. was die Frau Doktor Perner dazu zu sagen hat.

M.: Mhm.

RUPP: Das heißt, ich würde sagen: Legen Sie nicht auf, bleiben Sie am Apparat, hören wir uns gemeinsam an, was es Neues gibt in der Welt.

M.: O. k.

RUPP: O. k. und fünf nach eins oder drei nach eins geht's dann wieder weiter, dann spielen wir mal eine Platte, und dann geht's weiter mit Ihnen. Machen wir das so?

M.: Ja, gut!

RUPP: O. k., und Sie bleiben dran und legen nicht auf, ja? O. k. bis dann!

PERNER: Bis dann!

M.: Bis dann! Danke.

RUPP: Also drei Frauen sind jetzt im Moment vereint, da hier in der Sexhotline, auf der Sexhotline, das ist die Frau *Doktor Rotraud Perner,* die Beraterin, *Martina Rupp,* die Moderatorin, die M. wartet noch am Telefon – aja, vier Frauen sind's: Eine singt jetzt, *Chi Coltrane:* „Thunder and lightning!".

RUPP: Falls Sie jetzt gerade dazu gestoßen sind zur Sexhotline: Noch einmal kurz die Geschichte der M. in einer kurzen Nacherzählung: M. hat einen Freund, der Geschäftsmann ist, der sich an ihr und in ihr und *über* ihr für seine tägliche Frustration mit den Geschäftsfreunden abreagiert. Sex als Sport und als... ja... als Erleichterungstätigkeit für den Mann. Was ihr keinen Spaß macht – um's mal so zu sagen –, was sie sogar sehr frustriert. Ich glaub, das ist es in kurzen Worten, was, M.?

M.: Ja? Ja!

RUPP: Und die Frau *Doktor Rotraud Perner* hat noch nicht geantwortet eigentlich!

M.: Ja. Danke Martina.

PERNER: Ja also, was ich schon vorher mit dem Begriff „Vampir" ansprechen wollte, ist so: Dem einen geht's gut, und dem anderen geht's schlecht; der eine holt sich Kraft vom anderen. Und ich denke mir, daß Sie eine *sehr geduldige* Frau sind.

Schwierig für mich, den Faden wieder aufzunehmen, weil das Gefühl von vorhin abgerissen ist. Mit der Formulierung „geduldig" kopple ich wieder an.

M.: Ja, das stimmt, *(leise)* das ist richtig.

PERNER: *(auch leise)* Und sich auch sonst *sehr viel* gefallen lassen...

M.: *(seufzt)* Ja – also... Es ist... ich bin in einer ziemlichen Zwickmühle. Also familiär, auch von meiner Familie aus und, und mein Elternhaus ,... das ist ein bissel eine... schwierige Situation, ... und das... Ich würde am liebsten weggehen, aber ich kann das nicht.

Fehler: Besser wäre: Sie wollen weggehen, aber irgendetwas hält Sie zurück?

PERNER: Warum nicht?

M.: Aus beruflichen Gründen, und dann habe ich alte Eltern hier... Also, wie gesagt, ... ich kann einfach nicht die Zelte... und dann auf und davon, ... obwohl ich so ganz gern möchte... also eine Zeitlang weg, ... also ganz weit weg.

PERNER: Das heißt also, die einzige Strategie wäre Flucht für Sie?

Gibt die Bestätigung und gleich darauf das Verbot! Ihre Aussage mit der Ausbildung irritiert mich – klingt nach Fehlinterpretation. Ich will aber nicht darauf eingehen.

M.: Ja. Natürlich ist das nicht richtig. – Ich bin also in einer psychotherapeutischen Ausbildung und weiß, daß ich das nicht machen darf. Und also, daß das... daß das... Fersengeld geben ist nicht richtig! Nur andererseits – ich weiß, wenn ich jetzt irgend etwas sag oder was... Er droht mir auch, er fährt mit dem Au-

Jetzt müßte ich auf ihre Angst, an einem Unfall Schuld zugewiesen zu bekommen, eingehen. Ich will aber herausfinden, ob sie diese komplexe „Verstrickung" nicht bei ihren Ausbildnern lösen könnte, da ich merke, daß Angelika schon unruhig vor dem Aufnahmestudio umherstreift. Sie fühlt sich von den Ausbildnern unverstanden! Sie spricht ihre Angst auch ohne direkte Ermunterung aus – offenbar ist Martina Rupps und mein Interesse an ihrer Person stark genug spürbar. Ich bestätige ihre Überlegungen (entängstigen!). Da wird jetzt die Atmosphäre sehr dicht: Ich spreche nicht nur für M. und ihre Bedürfnisse nach Zeit, Raum und Selbstbestimmung, sondern auch für meine, denn ich fühle mich in der Zwickmühle: sauber, d.h. regelrichtig zu beraten, oder mithelfen eine Unterhaltungssendung zu gestalten...

to gegen die Brücke oder in die Mur oder, oder... Ich mein... und er ist dazu imstand. *(leise)* Das ist wahr!

PERNER: Sie haben also jetzt gerade gesagt, Sie sind in psychotherapeutischer Ausbildung, d. h. Sie haben dort ja die beste Gelegenheit, dieses Problem aufzuarbeiten in Ihrer Eigentherapie.

M.: Ja, *(schnauft)* man hat nicht weitergewußt! Ich müßte das Mitleid oder Mitgefühl mit ihm komplett lassen, sozusagen – und das pack ich einfach nicht!

PERNER: Der Konflikt zwischen...

M.: Ja! Das ist es genau! Und ich hab Angst, wenn ich ihm jetzt einmal sag, oder ich wollt ihm auch schon einmal sagen, daß wir uns einmal drei Monate einmal nicht sehen. Ich weiß nicht, ob das ein Vorschlag wäre? *(gequält)* Äääăh...

PERNER: Das wäre *ein* Vorschlag! Wenn Sie sich überlegen, wie im Tierreich haben wir die Möglichkeit zu kämpfen *(M. seufzt)*, wir haben die Möglichkeit zu flüchten, und wir haben die Möglichkeit uns totzustellen!

M.: *(seufzt lächelnd)* Ja!

PERNER: Als Menschen haben wir noch die Möglichkeit zu *verhandeln*, und ich denk mir, das heißt, sich selbst behaupten, also sich als eine Person mit eigenen *Grenzen*, mit eigenen *Wünschen* und *Bedürfnissen* und auch mit einer eigenen *Abwehr* darzustellen. Und ich denk mir... ah... daß Sie, wenn Sie... ah... an sich selbst in Ihrer Ausbildung arbeiten – und offensichtlich brauchen Sie da noch Zeit, es ist offensichtlich noch nicht so weit, daß Sie diesen Punkt haben, wo Sie ganz *sicher* wissen, was Sie wollen und was Sie nicht wollen. Sie spüren's zwar schon, es kommt, aber Sie wissen noch nicht genau, wie Sie's anlegen sollen –, und ich denk mir, wenn Sie sich selbst ernst nehmen, dann heißt das auch, daß Sie sich selbst *die* Zeit erlauben, die Sie brauchen, bis Sie ganz sicher sind, wie Sie sich abgrenzen... gegenüber *Ausbeutung*...

M.: Ja, so empfind ich's, genau! Das ist es *(leise)* genau!

PERNER: *(leise, mitfühlend)* Mhm... und vielleicht auch in Ihrer – nach welcher Methode lernen Sie denn?, Sie sagen, Sie sind in Ausbildung... nach welcher Methode?...

M.: Familientherapeutischen...

PERNER: Vielleicht nehmen Sie doch... Ich weiß nicht, haben Sie die Auflage, daß Sie keine andere Therapieform gleichzeitig...

M.: Nein!

PERNER: ...konsumieren dürfen?

M.: Nein, hab ich nicht.

PERNER: Haben Sie nicht! Dann würd ich Ihnen vorschlagen, doch Selbsterfahrung zu machen, vielleicht in einer psychoanalytischen Gruppe? Weil, wissen Sie, es gibt also bestimmte Menschen, die von ihrer Erziehung her einfach ein Medium sind, ausgebeutet zu werden. Und da ist halt psychoanalytische Selbsterfahrung eine gute Möglichkeit, herauszufinden, wann hat man mir so beigebracht, zu schweigen und zu *dulden*? *(M. seufzt)* Und Sie wissen, es gibt einen Film, der heißt „Die Macht der Männer ist die Geduld der Frauen".

M.: *(betroffen)* Mhm.

PERNER: Und es gibt gleichzeitig den schönen feministischen Spruch – weil die Martina hat den Internationalen Frauentag angesprochen – „Eine Frau ohne Mann ist wie ein Fisch ohne Fahrrad."

Wie dramatisch diese Worte auch für mich gelten, beschließe ich doch nach dieser Sendung, mit der Sexhotline aufzuhören!

Hatte ich bereits vermutet: eine sehr effiziente, d. h. auch SCHNELL wirksame Methode für Veränderungen.

In einer psychoanalytischen Gruppe hätte Frau M. viel ZEIT, Entwicklungsschritte nachzuholen...

Wieder ein zartes Andeuten, daß sie möglicherweise ein mißbrauchtes Kind war.

Könnte ich ihr doch eine Perspektive eröffnen?

M.: *(lacht)* Herrlich!

PERNER: O. k.?

M.: Super! Ja, es ist richtig! Und ist das... ich wollte nur fragen: Frau Doktor, ist das Gefühl richtig, daß ich mich – ich mein, abgesehen daß ich wenig oder gar keinen Spaß an Sex hab, obwohl ich sonst wirklich – nicht? – Freude hatte –, aber mit ihm ist es irgendwie vergangen. Aber wirklich, der hat mir das *gründlich* ausgetrieben – wenn man so sagen kann.

PERNER: *(eindringlich)* Aber *überlegen* Sie sich: Sie fragen *mich*, ob *ihr* Gefühl richtig ist! Ihr Gefühl ist *immer* richtig!

M.: Das heißt, ich dachte mir, das kann doch nicht wahr sein, und er ist ein toller, sowieso ein potenter Liebhaber, ... und trotzdem gibt mir das *nichts*, aber wirklich *nichts*!

Martina Rupp schüttelt schon die ganze Zeit den Kopf und wundert sich nur.

RUPP: Also das Wort „Liebhaber" würd ich in *diesem* Fall nicht anwenden!

M.: *(lacht)* Ah Geliebter... wie würde man ihn so nennen?

RUPP: *(ernst)* Nein, also Liebe – wo ist die Liebe?

PERNER: „Love Machine"...

Da hat Martina Rupp den Nagel auf den Kopf getroffen.

RUPP: „Entlader"... ein potenter Entlader ist er.

M.: Ja, das ist es. Ja, und er sagt, jede Frau hat ihn noch gelobt, was er...

RUPP: Na dann gibt es ja genug andere. Na, Entschuldigung – ich bin nicht psychotherapeutisch...

PERNER: Na, ich denk mir halt...

Martina kann es gar nicht fassen!

RUPP: Ich bin fertig, ... ich bin fertig... über diesen Typen – wirklich! Also *(beschwörend)* gehen Sie weg von ihm! Gehen Sie weg!

PERNER: Also ich mein, das ist ja offensichtlich das Problem, daß Sie auf der einen Seite durchaus halt Macht erleben – nämlich...

M.: Als Ohnmacht erleb ich's!

Perner: Ja, Sie haben also dieses Wechselspiel, nicht? Die ganze Macht ist bei *ihm*, und die ganze Ohnmacht ist bei Ihnen. Und die „Wahrheit" wär genau in der Mitte. Und die eine Möglichkeit, sich ein Stückchen Macht zu holen, daß Sie es wieder spüren, daß Sie sich nicht so ohnmächtig vorkommen, wär natürlich, indem Sie ihm eine Grenze setzen.

M.: Und was würden Sie da vorschlagen, Frau Doktor?

Perner: Ich schlag gar nichts vor, weil das müssen *Sie* herausfinden!

M.: Soll man ein Limit setzen? Ich hab ihm einmal... einmal hab ich ihm gesagt, er soll bitte gehen und die Tür von außen schließen und sie nie mehr aufmachen. Und drauf ist er am nächsten Tag – da hatten wir Flohmarkt –, ist er mir nachgelaufen also... Vor einer älteren Dame, einer Professorin von mir, hat er sich niedergekniet am Boden, hat er gesagt: „Wenn du mich verläßt, ich fahr jetzt mit dem Auto, ich fahr runter – ins nächste Auto rein!" Es war ihm wurscht, daß die Leute dabei waren, also... also... ich weiß... und die hat dann gesagt: Um Gottes willen! Du kannst ihn doch nicht so lassen, um Gottes willen! Schau den armen Mann an! Der wird ja kaputt, um Gottes willen!

Immerhin beginnt sie jetzt nachzudenken, es fallen ihr Möglichkeiten ein...

...aber auch gleich darauf, was dagegen spricht.

Perner: Was ist da *arm*, wenn er Sie erpreßt und Ihnen droht?

M.: *(höhnisch)* Ja, und ich möcht dann nicht ewig mit einem schlechten Gewissen herumlaufen, Frau Doktor, das... d.h., ja...Ich hab jemanden, und er ist imstande und... daß er sich irgendwas... aus Wut...

Perner: Liebe M., das versteh ich schon. Das ist ja auch wieder eine Form, *Macht* aus-

Jetzt endlich kommen auch die gegenteiligen Gefühle heraus: Empörung, Ablehnung, Wut (nicht nur seine, sondern auch ihre!).

Da scheint mir auch wieder gelungen zu sein, genau ihr Gefühl zu verbalisieren...

...und versuche ihr einen Weg zu zeigen, sich selbst nicht unter Druck zu setzen, womöglich vorschnell zu handeln...

...sich noch andere Hilfsquellen zu erschließen...

z. B. in der Fachliteratur...

...oder bei konkreten TherapeutInnen.

zuüben! Das heißt, Sie werden wieder ohnmächtig gemacht. – Einerseits kriegen Sie die totale *(M. seufzt)* Verantwortung für sein Leben aufgepfropft...

M.: Ja! Ja!

PERNER: ...ob Sie's wollen oder nicht, und auf der anderen Seite stehen Sie da, gelähmt, und haben keine Chance, sich zu rühren!

M.: Ja!

PERNER: Und ich denk mir, Sie werden schon wissen, warum Sie eine systemische Familientherapieausbildung machen. Weil da haben Sie genau dieses Wechselspiel, und ich denke mir, bringen Sie's bitte wirklich als Übungsbeispiel ein! Wir müssen alle an unseren eigenen Leben auch *lernen*! Und ich denk mir... ah... also bitte, erwarten Sie nicht von mir, daß ich Ihnen jetzt irgendwelche Tips geb etc., weil das wären *Hirn*-Lösungen, das wär so Modell eins, Modell zwei – da können Sie also Fallgeschichten bei der *Virginia Satir* nachlesen...

M.: Die hab ich eh!

PERNER: ...oder bei der *Selvini*, nicht? Ich denk mir, es ist hilfreicher, wenn Sie vielleicht – ich hab also mitgekriegt, daß Sie im Raum Graz zu Hause sind –, wenn Sie also in dem Bereich sich... *(seufzt)* ah... jemanden suchen und ein paar Stunden Selbsterfahrung nehmen, wo Sie daran konkret arbeiten. Sie müssen eh die Technik lernen, also nehmen Sie sich gleich selbst als Übungsbeispiel. Ich kann Ihnen auch ein paar Personen sagen, das möcht ich nicht unbedingt jetzt – über Sender – machen, aber wenn Sie... wenn wir jetzt die nächste Musik spielen, glaub ich, das geht ja, *Martina*, daß wir die Frau M. noch auf Schwebe halten?

RUPP: Na klar!

PERNER: Und ich geb Ihnen aus dem Raum Graz ein paar Namen, und Sie suchen sich's dann aus dem Telefonbuch, wo ich glaube, daß die Ihnen helfen werden, diesen *Knoten*, der da bei Ihnen besteht, so zwischen dem gesunden Impuls „das laß ich mir nicht gefallen!" und dem mitleidsvollen Impuls „irgendwie ist ja der andere auch ein armer Kerl und gefangen in seiner Biographie".

M.: Freilich! Und ich bin die einzige, die je gut zu ihm war und die ihn rettet und, und, und...

Achtung: Erlöser-Falle! „Ich bin die einzige auf der ganzen Welt", oder „Wenn ich's nicht tu, wird's nie getan" als Schiene zur Selbstausbeutung. (Carmen R. Berry, Die Erlöser-Falle. München 1990.)

PERNER: *(abrupt)* Also da rat ich Ihnen zu einem Buch, das ist für mich eines der wichtigsten Bücher, die's gibt, das heißt „Die Erlöser-Falle" und ist von der *Carmen R. Berry*. Und die Erlöser-Falle ist erstens: „Ich bin der *einzige*, der das Problem lösen kann", und zweitens: „Wenn ich's nicht tu, tut's niemand!" ... So können Leute in Helferberufen sich unheimlich sich selber fesseln...

M.: Mhm?

PERNER: *(ungeduldig)* ...und zu keinem eigenen Leben mehr kommen. Und ich denk mir: Also bitt' schön, das Wichtigste ist, daß es Ihnen gutgeht. Und ich denk mir, es gibt so viele Kombinationen und Möglichkeiten, wie Sie – von mir aus auch mit *diesem* Mann, der nicht unproblematisch ist – zusammenkommen können. Es wird nicht leicht gehen, es wird nicht schnell gehen. Sie müssen sich überhaupt einmal klar sein, ob Sie das überhaupt *wollen (sanfter)*. Ob genug da ist, was für Sie Attraktion ausmacht. Und das können wir jetzt, würd ich sagen, nicht lösen, da wär's wirklich gescheiter – da brauchen Sie ungefähr zehn Stunden Selbsterfahrung –, ich sag Ihnen gern bei wem.

Das ist natürlich von mir nicht abzuschätzen und daher eine unvorsichtige Aussage!

RUPP: O. k. M., also noch einmal dran bleiben. Alle anderen Hörer: Wir haben trotzdem noch genug Leitungen frei. Sie können anrufen: 0660 69 69.

RUPP: Und am Apparat ist der H. Schönen guten Morgen!

22.2.1 22.2.1 H.: Ja, mein N..., mein Problem ist folgendes: Ich bin früher... bin ich nur auf Aufriß gestanden. Und da hab ich dann einmal eine Fachfrau aufgesucht und hab gefragt, und sie hat gesagt, ich muß mir diese Triebhaftigkeit abgewöhnen und soll Sport machen, wenn diese sexuellen Gedanken kommen. Und das hab ich dann gemacht. Also ich habe jetzt ein paar Jahre in freiwilligem Zölibat gelebt, könnt man sagen. Und es ist auch so, daß mich Pornographie oder so was nicht antörnt und so... Nur hab ich jetzt eine Freundin und – ich denk eigentlich gar nicht an Sex mehr.

PERNER: Das heißt, Sie haben sich's zu gut abgewöhnt?

H.: *(lacht)* Ja!

PERNER: Wie sind Sie dann zu der Freundin gekommen?

H.: Ja... wie? *Sie* hat eigentlich Kontakt aufgenommen... und

PERNER: Mhmm.

H.: ... und... wir sind Schifahren gegangen und, und das ist das Eigenartige, also diese Intimität so... also mit Streicheln und so, das gefällt mir ja sehr gut, aber es ist so, ich denk eigentlich gar nicht an Sex!

Betonung des Zwanghaften!

PERNER: Sie glauben, Sie *müßten* an Sex denken, es müßte so die Initiative von Ihnen ausgehen?

H.: Naja. Sie hat natürlich schon... *(lacht)* ... ich mein, es ist ja auch so, daß ich mir denk, ich ja auch mal... sie... sie ist ja bedrückt durch das... das Ganze.

PERNER: Sie sind sehr pflichtbewußt.

H.: *(stolz)* Naja.

PERNER: Sie möchten also nicht, daß Ihre Freundin allein diejenige ist, die die ganze Arbeit der *Werbung* hat.

H.: Ja, sie hat ja gesagt, ... sie hat schon einmal gesagt, sie macht die ganze Arbeit.

PERNER: Ist sie erfolgreich – mit Ihrer Werbetätigkeit?

H.: *(lacht verlegen)* Ja, ... ich weiß jetzt nicht, was Sie mit Erfolg meinen.

PERNER: Naja, ich denk mir: bringt sie Sie in Stimmung?

H.: *(hart)* Nein.

PERNER: Mhm, d. h. es bleibt Ihnen die Lust weg?

H.: Ja.

PERNER: Mhm. Ich hab deswegen gefragt, weil ich eben ausschließen möchte den Zwang, der Mann muß der Aktive sein – er muß nicht. Derjenige, der mehr Lust hat, darf ruhig initiativ sein. Und das zweite ist eben die Frage, die ich abzuklären habe: Wieweit reagieren Sie dann darauf?... Und wenn ich das jetzt richtig mitgekriegt hab, also: Sie reagieren nicht drauf. Es ist nicht so, daß Sie außer einem gewissen Wohlgefühl in sexuelle Erregung kommen?

H.: Ja, das Eigenartige ist: Wenn wir spazieren gehen...

PERNER: Ja?

H.: ... also da könnt ich mir vorstellen einmal – *(lacht)* ich weiß es nicht –, aber da könnt ich mir vorstellen, daß einmal was passieren würde. Also beim letzten Mal ist es so... so... durch den Kopf gegangen.

PERNER: Und? Wär das für Sie möglich?

Typisch sozialtherapeutisches „Verrücken": „pflichtbewußt" statt „zwanghaft".

Er fühlt sich offenbar verpflichtet, zumindest 50 Prozent zu übernehmen.

Das ist jetzt wieder eine Predigt für die ZuhörerInnen. Weiß ich doch aus mehr als fünfzehn Jahren Paarberatung, wie weit verbreitet solche „Glaubenssätze" sind und wie sie Spontaneität verhindern!

Also in „ungefährlichen" Situationen ist die Lust da. – Wenn aber die Stunde der Wahrheit schlägt, drückt er sich dann vor dem Beweis?

Nämlich – ich denk mir, wenn Sie spazieren gehen – das ist ja eine eher ungefährliche Situation, nicht? Weil üblicherweise schmeißt man sich am Spazierweg nicht gleich hin.

Die Vorstellung scheint ihm zu gefallen!

H.: Jaja!

PERNER: Und jetzt die Frage: Also wenn wirklich am Spaziergang bei Ihnen die Lust kommen würde – würden Sie das dann sofort ausnützen?

H.: Jaaa!

PERNER: Mhm. Also, da ist keine Hemmung. Sie würden hinterm nächsten Baum verschwinden?

H.: Nein, da ist keine Hemmung... nein, nein.

PERNER: Ja, ... warum lassen Sie es nicht darauf ankommen?

H.: *(ist sprachlos, schnauft)*

PERNER: Was hemmt Sie?

Jetzt fällt mir die Betonung „ja früher" auf: Hat er zu lange „gerastet" und Angst davor, „gerostet" zu sein? Die Passage habe ich immer wieder abgehört – aber so hat er es gesagt!

H.: Jahaha *(lacht)* Na, ich sag ja, ich hab in der Beziehung keine Hemmungen... also, ja, was heißt Hemmung? Ja früher beim Aufriß hatte ich überhaupt keine Hemmungen... Da ist das ganz locker gegangen... bei, ... also wenn ich jemand kennenlernte, die nett war, da war scheinbar Hemmung, da hat's ja nicht geklappt – so war das.

PERNER: Das heißt, Sie würden gerne herausfinden, woran es hängt, daß Sie früher einmal keine Hemmungen hatten und Lust in Hülle und Fülle und Ihnen dann auf einmal die Lust weggeblieben ist.

H.: Es war ja auch so: Als Teenager hatte ich auch überhaupt keine Hemmungen, da unter Gleichaltrigen ist immer... da ist's überhaupt ganz leicht gegangen.

PERNER: Gut – das ist aber auch eine Frage des Alters.

H.: Ja! Ja!

PERNER: Also der Mann hat halt seine Leistungsspitze so um die zwanzig. Und von da an wird er ruhiger...

H.: Ja! Ja!

PERNER: ...und immer ruhiger,... und immer ruhiger. Und ein vierzig-, fünfzigjähriger Mann braucht schon viel stärkere Stimulation und Reize und ist nicht mehr so schnell erregbar. Die meisten Frauen finden das recht *angenehm*, wenn der Mann dann also nicht mehr herumrennt wie so ein supergeiler Zwanzigjähriger.

RUPP: :*(kichert)*

PERNER: Die Frage ist eher die... – Was ist so lustig?

RUPP: Entschuldige, nein!! Süß! Süß! Die supergeilen Zwanzigjährigen haben mir gefallen!

PERNER: Gibt's die nicht mehr? Du bist viel jünger als ich!

RUPP: Jaa, ... ich weiß es nicht! *(lacht)*... also nein... also nein. Gut.

PERNER: Ich denk mir bei der Frage so: Wenn die Lust wegbleibt, müssen wir uns natürlich schon auch fragen, was in Ihrem Leben gibt es sonst, was Ihnen die Lust vertreiben könnte? Weil wir müssen schon auch natürlich die Frage stellen: Wenn Sie so... ähm... jetzt nur auf Ihr Liebesleben achten und merken, daß sich da was verändert hat... Es gibt ja noch andere Aspekte in Ihrem Leben, die auch die Lust dämpfen können, also z. B. Überarbeitung, Überforderung, Krisen, Frustrationen, Medikamente.

H.: Ah, naja, also in der Beziehung... das hab ich hinter mir... also... Ich bin trockener Alkoholiker. Also ich hatte dann Alkoholprobleme gehabt, und das hab ich hinter mir. Ich

Jetzt kommen wir dem Kern der Sache schon näher, scheint es.

Jetzt beruhige ich auch ihn!

Die Formulierung scheint's Martina Rupp angetan zu haben!

Jetzt versuche ich, die Möglichkeiten „denkbar" zu machen, daß es auch andere Veränderungen geben könnte...

Richtig vermutet: Der Mann hat einige Krisen erfolgreich bewältigt, das heißt aber auch, er hat sich verändert und fragt sich natürlich auch, ob sich nicht auch seine Manneskraft verändert hat.

nehme keine... Ich lebe sehr gesund, ... also mein Arzt sagt, ich habe die herrlichsten Blutwerte und alles, also. Und ich hab einmal Body Building gemacht – also, weil ich mir da gedacht hab, ich hab mehr Spaß dann am Sex, wenn ich einen guten Körper hab, also z. B.

Perner: Mhm, mhm. Mhm.

H.: Aber das war nicht der Fall.

Perner: Also das können wir einmal ausschließen. Weil es ist schon auch wichtig – wissen Sie –, weil ich spür da schon so heraus,

Ich kehre wieder zur Zwanghaftigkeit zurück.

daß Sie sich selbst unter Druck setzen, Sie sollten Lust haben. Und ich denk mir, die Lust kommt, wenn sie da ist – vom Hirn her. Je mehr Sie sich da vornehmen, desto weniger wird's funktionieren, weil dann ist die ganze

Das habe ich richtig gespürt...

Energie in dem „Ich muß", und Sie brauchen ja die Energie frei fließend.

H.: Ja! Ja!

Perner: Auf der anderen Seite haben Sie so eine Vermutung geäußert, daß das mit der Fachfrau zusammenhängen könnte, die Ihnen

...und das nicht.

damals zum Sport geraten...

H.: Nein, nein.

Perner: ...hat, glauben Sie nicht?

H.: Nein. Es ist nur so, ob's schon Erfahrungen gibt, wenn jemand so lange Zeit keinen

Also doch die Angst vor dem „Rost"!

Sex gemacht hat, ob man(n) da wieder einsteigen kann? So hab's ich gemeint.

Perner: Das ist unterschiedlich. Es gibt keine physiologische Hemmung! Es ist also nicht so, daß die Fähigkeit kaputt geht, es ist nur so, wie ein Muskel, den sie lange nicht trainieren. Wenn man dann wieder beginnt, gibt's einen Muskelkater, und dann gibt's so Ängste: Werd ich – Sie haben also vom Body Building gesprochen – werd ich das auch wieder können?

H.: Mhm!

Perner: Das sind also Befürchtungen, aber die macht man vom Hirn aus...

H.: Ja! Ja!

Perner: ... und... natürlich ist es so, daß gerade in der Sexualität, wenn's also um unseren Intimbereich geht, *(liebevoll)* die Ängste am größten sind. Nur – so wie ich Sie erleb und wie ich Sie spür, denk ich mir, da geht's eher darum, daß Sie offensichtlich ganz andere Bedürfnisse haben, nämlich mehr Bedürfnisse nach Gemeinsamkeit und nicht eben nach dem Aufriß. Offensichtlich ist da ein Sättigungsgrad also damals erreicht worden.

H.: Hm. Hm.

Perner: Und das ist nicht mehr das, was Ihnen *wichtig* ist.

H.: Ja, das ist ja so, daß ich mir damals gedacht hab, ich tät ja viel lieber drüber reden als ins Bett gehen!

Perner: Aha! Und das scheint ja heute auch so zu sein! Beim Spazierengehen und so, da kommt die Lust...

H.: Ja!

Perner: ...und ich denke mir, es ist sicher für Sie entlastend, wenn Sie einfach zu sich stehen und sagen: Entweder es ergibt sich etwas von mir aus..., aber nicht: Ich *muß* unbedingt eine Leistung bringen. Also die Leistung wäre in *dem* Fall: Ich muß Lustgefühle haben.

H.: Mhm – ja, ja – mhm, mhm.

Perner: Weil... das kommt mir so vor wie jemand, der sich hinsetzt und sagt, ich muß jetzt unbedingt essen, weil es zwölf Uhr ist, der aber keinen Hunger hat, weil er halt weniger Kalorien braucht, weil er vielleicht eben ein Glas Wasser getrunken hat und daher der Magen gefüllt ist, oder der aber glaubt, weil halt die Partnerin Appetit und Hunger hat und

Ich hätte ihn vielleicht direkt fragen sollen, ob er gerne sein Denken ausschalten möchte, aber ich versuche abzukürzen, weil Angelika Lang bereits deutet: zu langatmig! Wieder ein Parallelprozeß: Ich spüre auch bei mir das Bedürfnis nach Gemeinsamkeit (mit ihm, mit Angelika Lang) und nicht nach „Aufriß" von vielleicht interessanten AnruferInnen. Noch einmal Bestätigung: miteinander reden, nicht action, action...

Auch eine Botschaft an die SendungsmacherInnen!

sagt: „Ich mag nicht allein essen! Bitte iß auch!", oder: „Was ist mir dir?" etc. Er müßte gleich reagieren! Und ich denk mir, wenn Sie nicht darauf achten, sondern eher versuchen zu spüren: Will ich jetzt oder will ich nicht? *Was* will ich? Sie sagen, Sie wollen lieber reden oder zärtlich sein, dann denk ich mir... ja, ... dann wissen Sie, was Sie wollen, und wenn Ihre Freundin etwas anderes möchte, dann gibt's ja verschiedene Möglichkeiten eben des Werbens. Und in dem Fall ist sie sozusagen diejenige, die mehr Aktivität aufbringt. Also ist es *ihr* Part.

Betonung seines Selbst-Gefühls!

H.: Mhm.

PERNER: Und genauso wie es viele Frauen gibt, die dann also sagen: Es geht mir auf die Nerven, daß mein Mann mich bedrängt, und ich will aber jetzt nicht! Wo's also hilfreich ist, wenn Männer das respektieren und sagen: O. k., nicht meinen Willen durchsetzen, sondern auch die Wünsche der Partnerin ernst nehmen, so gilt das bitte auch umgekehrt, daß eben auch die Frau die Wünsche des Partners zu respektieren hat, wenn er halt *noch nicht* Appetit hat!

Das gefällt ihm!

H.: Mhm,mhm!

PERNER: Also... das wär so... würd ich sagen, was in einem kurzen Telefonat dazu zu sagen ist. Das andere, was ich eben nur in den Raum stellen wollte, ist, daß das Ausbleiben der Lust auch eine Begleiterscheinung einer „lavierten" Depression sein kann, also... In dem Fall müßte man eben schauen, gibt's sonst was: Arbeitsplatz, Wohnung oder irgend... Todesfall in der Familie, irgend jemand, der krank ist.

Das ist wieder Information für die anderen ZuhörerInnen.

H.: Nein, nein, nein.

PERNER: Nicht? Deswegen habe ich da vorhin auch in die Richtung auch gefragt.

RUPP: H., ich glaube, wir sollten jetzt langsam Schluß machen! O. k.?

H.: O. k. Und danke.

RUPP: Ja! Dann wünschen wir alles Gute.

H.: Danke.

PERNER: Und zwingen Sie sich nicht! Bitte! *(lacht)*

H.: O. k.! Wiederhören!

Endlich springt mir Martina Rupp hilfreich zur Seite; von mir aus würde ich noch weiterreden – ich spüre, daß er noch etwas auf dem Herzen hat –, aber Angelika deutet schon wieder...

RUPP: Es kommen die ersten Anrufe, es kommen die ersten Anrufer, die sich beschweren, daß wir heute so lange sprechen mit den einzelnen Problemfällen. Also es liegt daran, daß es heute wirklich etwas komplexer ist als sonst. Und es ist dann halt also schwierig zu unterbrechen, wenn man da gerade am Höhepunkt einer Problemlösung ist. Mal sehen, wie's mit dem P. ist. P., sind Sie damit einverstanden, wenn wir versuchen, das Ganze ein bißchen geraffter zu machen?

22.2.2 P.: Jaaa...

22.2.2

RUPP: Mhm! Probieren wir's mal, also...

P.: Also mein ...

PERNER: Worum geht's?

P.: Also mein Problem ist eigentlich meine Freundin, und zwar... ich bin jetzt seit vier Monaten mit ihr zusammen und... ah... Das Problem sind eigentlich ihre Hunde. Sie besitzt zwei Hunde und... oh... ich bin irgendwie in einer... ah... verzwickten Situation. Ich hab meine Freundin sehr , sehr gerne, aber ich hab irgendwie das Gefühl, daß... ah... ihre Hunde dazwischen stehen... ah... in sexueller *(stammelt)*... ah... wie auch in anderer – normaler – Beziehungskiste.

PERNER: Sie glauben, daß die Freundin die Hunde lieber hat als Sie? Und eine innigere Beziehung...

Ich taste mich langsam vorwärts und versuche, Kontakt mit ihm zu bekommen.

P.: Ja –

PERNER: …als zu Ihnen?

P.: Mhm, das ist eine. Und ich vermute auch, daß sie's mit ihren Hunden treibt! *(klagend)* Daß sie sich von ihnen schlecken läßt und… äh… das greift irgendwie die Psyche eines Mannes an, wenn man sieht, daß… äh… man eigentlich nichts… nur …

Ich spüre da eine Hemmung und versuche herauszufinden, ob es eine Sprach-Hemmung ist.

PERNER: Und… haben Sie Ihre Freundin schon darüber gefragt? Oder trau'n Sie sich nicht?

P.: *(gedehnt)* Jaaa. Sie weicht irgendwie immer aus, und sie nimmt… Sie versucht, es irgendwie ins Lächerliche zu ziehen.

Ich bin mir noch nicht klar, was er wirklich will. Doch ein „Scherzanruf"?

PERNER: Mhm. Und was erwarten Sie jetzt von mir?

P.: Daß Sie mir einen Rat geben, wie ich mich verhalten soll.

PERNER: Also ich denk mir, das werd ich nicht tun, weil… wie Sie sich verhalten wollen – nämlich ob Sie das Risiko eingehen wollen, daß Ihre Freundin *wirklich* die Hunde lieber hat als Sie –, oder die Chance wahrnehmen, daß Ihre Freundin *Sie* einmal wahrnimmt als jemanden, dem man nicht wie einem Hündchen befiehlt: Sitz! oder: Mach das! – ich denk mir, *diese* Entscheidung müssen *Sie* ja treffen. Ob Sie sich das trauen, ja? Denk mir, das ist eine unheimliche Chance, einander näherzukommen. So bleiben Sie in der Distanz, suchen bei jemand Dritten, also in dem Fall *(lächelnd)* bei mir…

P.: Ja!

Ich bin mir nicht sicher, ob er nicht etwa unter Zwangsvorstellung leidet, eine weitere Möglichkeit.

PERNER: …sozusagen eine Mutspritze oder eine Beruhigung, Dämpfung, und im Endeffekt geht's darum, sich wirklich zu konfrontieren. Und ich denk mir, da haben Sie ein bisserl Angst, weil's doch ein bisserl… es könnt ja auch nur eine Phantasie von Ihnen sein.

P.: Nein, das ist leider nicht der Fall. *(gepreßt)* Es ist für mich – das ist leider blöd – ich *(gequält)* kann nur nicht mit zwei Hunden konkurrieren, das *(gepreßt)* ist eine perplexe Situation.

Wahrscheinlich meint er „komplexe" Situation.

PERNER: Das trauen Sie sich nicht zu? Sie trauen sich nicht zu, zu konkurrieren?

P.: Doch, aber ich glaube dadurch meine Freundin zu verletzen und daß sie... mich dadurch verläßt. Sie war – bevor wir zusammen sind, das ist jetzt seit vier Monaten – war sie längere Zeit alleine, und ich glaub, daß ist bei ihr so einfach reingewachsen... daß sie einfach die Hunde! Die sind immer da und...

Jetzt wirkt er auf mich echt – auch im Bemühen, nichts zwischen sich und seine Freundin zu lassen.

PERNER: Mhm – naja, und es gibt eben gewisse Situationen, wo die Hunde – in einen entsprechenden Abstand gehören – weil sie nur stören – und ich denk mir, das ist genau die Konfrontation, vor der Sie Angst haben, ihr zu sagen: Du bitte, wenn ich mit dir im Bett lieg, gehören die Hunde raus aus dem Zimmer!

P.: Ja... *(murmelt)*

Ich spüre so eine Sturheit bei ihm und ein Bocken: Ich will's nicht sagen!

PERNER: Und dann werden Sie vielleicht...

P.: Aber daß sie's mit den Hunden macht, daß sie sich schlecken läßt! Ich hab das Gefühl, sie... mag mich nur, weil ich einfach den größeren Penis *(triumphierender Unterton in der Stimme)* habe als die Hunde und... *(unverständlich)*

PERNER: *(ungeduldig)*: Also ich... *(ruhiger)*, also ich denke mir, daß Sie offensichtlich... mhm... sich Ihrer eigenen Persönlichkeit nicht sehr sicher sind, ... daß Sie... äh... also ich würde jetzt... mhm... recht grob sagen: Sie sprechen also an eine tiefe Selbstwertproblematik: Weswegen mag man mich? Kann ich

Wieder erinnere ich mich an schwer psychisch gestörte Menschen, wie ich sie aus der Zusammenarbeit mit dem Psychiatrischen Krankenhaus kenne. Jetzt kalkuliere ich bereits ein, daß er nicht „einen Komplex hat", sondern „der Komplex ihn hat", er sozusagen von Zwangsgedanken besessen ist.

konkurrieren mit diesem oder jenem?

P.: Ja.

Perner: Und ich denk mir, wenn das für Sie Seelenqualen bedeutet, dann wäre das also eine Sache, wo Sie wirklich in eine Langzeittherapie gehen sollten, um mal herauszufinden... äh... wie kommen Sie auf die Idee... daß... bei Ihrer individuellen Ganzheit nur dieser eine Körperteil – und auch nur im Vergleich mit anderen entsprechenden Körperteilen, nicht einmal von Menschen, sondern von Tieren – zählt? Wenn sonst überhaupt *nichts* an Ihnen attraktiv oder fesselnd wäre.

Ich biete ihm Psychotherapie als Möglichkeit an...

...und forsche durch meine Fragestellung nach, ob er irgendwo dazu eine Resonanz erkennen läßt.

Er will wieder auf sein Thema zurück.

P.: Doch! Das glaub ich schon... aber... ich mein jetzt nur, wenn... bezüglich dem Sex.

Perner: In der Sexualität sind wir auch nicht anders, als wir sonst auch sind. Wenn ich in meiner Sexualität Ängste habe, ich wäre nicht o. k., dann habe ich die in der Gesamtheit auch. Es fokussiert sich dann halt nur auf eine bestimmte Verhaltensform oder einen bestimmten Körperteil... Und ich denk mir, was ich raushör bei dem Ganzen ist also diese immense Angst... äh... diese Phantasie, da wären also zwei Hunde, und die sind also... vielleicht aggressiver, potenter, attraktiver als Sie, und jetzt denk ich mir, entweder Sie... Sie fassen sich ein Herz und gehen also die Sache insoferne an, daß Sie... ja ...

Jetzt kommen Aggressionen heraus. Ich spüre deutlich Haß.

P.: *(lauernd)* Die Hunde einfach... um die Strecke bringe?

Ich weiche aus.

Perner: Aha! Da mein ich eben, so wie man mit Hunden normalerweise umgeht, nämlich ihnen einen Befehl gibt. Und das wäre dann möglicherweise ein Machtkampf mit ihrer Freundin, d. h. es kommt auf die Frage raus: Wie sehr magst du mich? Bin ich dir wichtiger als die Hunde? Und ich denk mir, genau *das* ist ja die Frage, die Sie ja vermeiden, vor der Sie Angst haben.

P.: Ich könnte ja auch so reagieren, daß ich einfach die Hunde... ein... Messer nehme... *(heftig)* erschlage... ersteche.

PERNER: Das wäre Über...

P.: *(unverständlich)* ...vor eine fixe Situation stelle...

PERNER: Jaaa, das wäre eine *(beruhigend)* Überreaktion, wo Sie nur durch Aggression... äh... Ausgleich schaffen können für Ihre Ohnmacht, die Sie derzeit empfinden. Also es wäre genauso eine *Extrem*reaktion wie die, in der Sie jetzt sind – nämlich die, wo Sie irgendwie gelähmt sind und sagen, was soll ich machen?

P.: Aber ich könnte meine *(triumphierend)* Potenz beweisen!

PERNER: *(ruhig)* Haben Sie keine bessere Methode? Eine *menschlichere*?

P.: *(leise)* ...schwer...

PERNER: Also wenn Sie im Augenblick da keine Möglichkeit sehen, würd ich sagen: Bitte versuchen Sie wirklich, sich die Zeit zu nehmen, mit dritter Hilfe – ich weiß nicht, sind Sie im Raum Wien...?

P.: Nein, leider nicht.

PERNER: Also Sie könnten – wenn Sie wollen –, wenn Sie mich nach Ende der Sendung anrufen, hier – kann ich Ihnen eventuell in Ihrem Raum jemanden sagen, oder einen Hinweis geben, wo Sie jemand finden, der mit Ihnen... der Ihnen da längerfristig für Gespräche zur Verfügung steht...

P.: Ja – ist aber auch wieder ein Armuts-... oder für mich, wenn ich wieder einen Dritten brauche...

PERNER: *(holt tief Luft)* ... ah... Sie werden in dem Fall zu dem Dritten wirklich in eine

Gleich bricht der Haß voll aus. Wem gilt er? Der Freundin? Den Hunden? Mir? Allen Frauen dieser Welt? Allen Menschen?
Ich verlege mich jetzt auf „Beruhigen", ihn ausagieren lassen und runterbremsen bis zur Stille. Ich suggeriere „Lähmung", denn ich spüre sein Bedürfnis nach „Erleichterung". Ich meine, er steigert sich in etwas hinein, so wie er jetzt wieder aufdreht, auch mir gegenüber seine Potenz, Macht beweisen will.
Jetzt ist er ehrlich. Ich warte, aber es kommt nichts nach. Ich hätte erhofft, daß er zugibt, sein Anruf in der Sexhotline habe den Zweck, seine Aggressionen loszuwerden.

Ich erlebe ihn noch immer ehrlich: Das genau ist sein Problem.

Jetzt werbe ich um Verständnis für meine Situation: Ich kann ihm zeigen, daß ich ihn aushalte, so wie er ist – mehr Möglichkeiten des Eingehens sehe ich derzeit nicht.

Beziehung treten, die Sie zu mir nicht können, weil ich ja da – über den Äther – Ihnen nicht vis-à-vis sitze...

P.: Ja?

PERNER: ...und auch nur eine beschränkte Zeit für Sie hab. In dem Moment, wo Sie zu einem Berater, zu einem Therapeuten gehen – und es ist eben die Frage: Wo gibt's in Ihrer Nähe jemanden? –, da haben Sie dann wirklich eine nahe Person, wo Sie es vielleicht leichter schaffen, ... in der direkten Konfrontation Ängste zu bearbeiten, und damit zu üben, auch dort, wo Ihr Herz und Ihre Liebe dranhängt, eben diese Nähe zu schaffen.

Jetzt kämpft er wieder um sein Selbstwertgefühl. Da hätte ich nachfragen sollen – etwa: „Sie meinen, Ihre Umwelt hat großen Anteil daran?" Ich bin aber schon müde, will nicht mehr „anregen"... Ich spüre auch seine Verletztheit, aber er steigt auf mein Angebot nicht ein, verschließt sich wieder.

P.: Ja aber, wieso soll ich das Problem immer nur bei *mir* suchen?

PERNER: Weil Sie's haben! Ihre Freundin hat's ja nicht.

P.: *(murmelt)*

PERNER: Weil die hat ja ihre Hunde... und dazu noch einen Freund...

P.: Ja, sie hat's gut.

PERNER: Ja? Und ich denk mir, es geht darum, daß Sie sich der Freundin zeigen in Ihrem Schmerz.

P.: Ja aber, eigentlich...

PERNER: ... und auch in Ihrer Wut.

Jetzt wird er wieder bockig, stur.

P.: ... Problem mit den Hunden, weil *ich* will ja von den Hunden nichts. Ich will's ja nur loswerden. Aber Sie hat ja eigentlich das Problem!

PERNER: Es sind *ihre* Hunde, es sind ihre Hunde! Es geht da um die Grenze. Sie kann in *ihrem* Bereich machen, was sie will. Und Sie schwanken jetzt, wie komm ich in den Bereich rein, wie bring ich die raus? Und Sie schwanken zwischen Ohnmacht und Aggression, und ich denk mir, es gibt noch andere... Mittelwege, aber offensichtlich liegen die Ihnen nicht so nahe, und offensichtlich brauchen Sie da Zeit, um *selbst* den Weg zu finden, der *Ihnen* entspricht. Und das kann ich in der... so kurz geht das nicht! *(Ringt um Worte)* Also wenn Sie mein Klient wären, da würd ich sagen, da brauch ich mindestens zehn Stunden dazu...

P.: Das ist natürlich wieder eine langwierige Sache.

PERNER: *(bestimmt)* Ja, so ist es!

P.: ... und auch nicht fix, daß sie Erfolg hat!

PERNER: Ja, so ist es. Das ist das Risiko in Beziehungen.

P.: Ja, die einfachste Methode wäre natürlich: Hacke nehmen und die Hunde erschlagen...

PERNER: Damit setzen Sie sich ins *Unrecht*!

RUPP: *(räuspert sich)* Mhm.

P.: ...oder kastrieren!

PERNER: Damit setzen Sie sich auch ins Unrecht. Zwischen boshafter Sachbeschädigung, Tierquälerei. Was Sie tun in der Richtung – Sie kastrieren sich selbst, weil Sie sich damit ...

P.: Ja aber das Problem *(lauernd)* wäre gelöst! Und mit der Zeit würde ich auch... mein Selbstvertrauen finden, glaub ich.

PERNER: Nein, das Problem wäre *nicht* gelöst! Überlegen Sie sich einmal – Sie denken offensichtlich nicht soweit –, daß das Problem dann erst beginnt, weil Sie das Strafgesetz verletzen.

P.: Ja – ich glaube nicht, daß... meine Freundin... da etwas einleiten würde.

PERNER: Das ist bitte nichts, wo man die Anzeige einer Privatperson braucht, das geht von Staats wegen! Die Allgemeinheit hat die Norm, daß Lebewesen nicht verletzt und in

Ich merke: Die Widerstände sind zu groß, obwohl er jetzt recht ruhig ist und zugänglich.

Da schwingt Verbitterung mit.

Noch mehr Verbitterung. Egal, ob es real die Hunde sind oder für wen oder was immer sie herhalten müssen, der Mann ist zutiefst verletzt worden.

Jetzt entschließe ich mich zur Konfrontation: Meine Grenze, auch schwierigste Menschen – ich mag das Wort Patienten nicht – zu verstehen zu suchen ist erreicht.

Kurze Information für die Zuhörerschaft – und ein

kurzes Erholungs-Umschalten auf Juristin – und ich zeige mich ihm in meiner Echtheit: „erschreckt". (Vielleicht wollte er auch das: Schrecken verbreiten.)

ihrer körperlichen Integrität beeinträchtigt werden dürfen. Da gehören auch *Tiere* dazu. Sie leben genauso wie wir!

Also ich denk mir, ich bin recht schockiert, daß Ihnen keine andere Lösung einfällt als eine inhumane, eine brutale. Ich mein, ich versteh zwar, wie's Ihnen geht, wieviel Wut da in Ihnen drinnen ist, aber ich denk mir, Sie schaden sich damit wieder selbst! *(verzweifelt)* Sie brauchen mehr Zeit, um eine Lösung zu finden, die nicht auch *Ihnen* schadet! Und *die* Zeit sollten Sie sich eigentlich schon nehmen!

P.: Na, das ist eigentlich ein ziemlich intimer Bereich meiner Freundin, eine ziemlich intime Angelegenheit.

PERNER: *(ärgerlich)* Dann lassen Sie ihn ihr doch bitte!

Jetzt tritt er wieder in den unendlichen Kreis seiner Zwangsgedanken ein, kapselt sich ab von der Außenwelt, sprich mir, bleibt Gefangener seiner Dialektik von Verletzen und Verletzt-Werden.

P.: *(geht nicht darauf ein)* Und wenn ich sie jetzt darauf anspreche... Weil ich hab so das Gefühl, daß ich sie beleidige und schockiere, weil für sie ist das gang und gäbe, daß sie sich... daß sie es mit ihren Hunden treibt.

PERNER: Also – sind's mir jetzt nicht bös – ich werd jetzt schön langsam ärgerlich! Für mich ist das noch überhaupt nicht klar, wie weit das *Ihre* Phantasie ist. Entweder Sie haben ihr zugeschaut – wenn Sie ihr zugeschaut haben, dann machen Sie sich das wirklich *mit ihr* in der Beziehung aus. Sie können nur sich konfrontieren und ihr sagen entweder, ich will das nicht – oder ich geh. – Oder sie geht. Ich mein, auf jeden Fall wird's einen Konflikt geben. Ich *kann* Ihnen nicht sagen, was Sie tun sollen. Ich kann ihnen nur zeigen, wo *Ihre* Probleme in dem Zusammenhang sind. Und Ihr Problem ist einfach, daß Sie hin- und hergerissen sind, daß Sie sich eben nicht hineintrauen in diesen... in diesen Konflikt und daß

Sie glauben,wenn Sie das jetzt auf *mich* verschieben... und... sich da vielleicht Erleichterung verschaffen, indem Sie Ihre aggressiven Phantasien ausleben, dann möcht ich eigentlich nicht mitspielen. Weil ich denk mir, da gehören Sie wirklich zu einem Kollegen vor Ort, mit dem Sie sitzen, wo Sie Stunden Zeit haben, das langsam aufzuarbeiten, wo Sie... wo der Kollege auch die Chance hat, methodisch *richtig* – nämlich *vorsichtig,* ohne Zeitdruck...

Aus seiner erleichterten Bestätigung schließe ich, daß er wirklich eine Langzeittherapie braucht und abtesten wollte, wie die Reaktion auf ihn wäre.

P.: Jaja!

PERNER: ...mit Ihnen zu arbeiten – die Chance *hab* ich hier nicht!

RUPP: Jaaa.

P.: Ja!

RUPP: P., mir ist auch schon ganz schlecht... und irgendwie... Diese „Hundeerschlagungsnummer" find ich ziemlich fies von Ihnen, und ich glaube, wir haben jetzt lang genug gesprochen... und... ja?

Martina Rupp reagiert wieder unverfälscht durch „zuviel Wissen". (Ein alter Juristenspruch lautet: Zuviel Wissen stört den Schwung des Plädoyers!)

P.: Gut!

RUPP: Und – ich glaube, Sie brauchen wirklich Hilfe, und ich glaub, die *Rotraud Perner* hat Ihnen das klar genug gesagt.

P.: Gut. Danke schön.

RUPP: Und ich würde bitten, daß Sie ...

P.: Danke für das Gespräch!

RUPP: Ja, danke. Wiederhören.

P.: Den Letzten beißen die Hunde!

Wäre seine Stimme nicht so verbittert gewesen, hätte ich den Satz als Bonmot gewertet!

22.2.3 Die letzte Anruferin, Ch., wurde vom Band nicht mehr aufgenommen. Ihre Frage betraf Erregungsstörungen beim Mann. Wir plauderten kurz über die verschiedenen Möglichkeiten, einander bioelektrische Schwingungen zuzusenden: Berührungen, Stimmungen, Blicke. Sie versteht und ist dankbar.

Glossar

AIDS

Eine Erkrankung, die auf einen zugrunde liegenden zellulären Immundefekt (Abwehrschwäche) hinweist; derzeit nicht heilbar.

AIDS-Prävention

Da AIDS über Blut oder Geschlechtssekrete übertragen wird: besondere Vorkehrungen bei Geschlechtsverkehr (Safe Sex = Sicherer Sex = unter Verwendung von Kondomen)

Analverkehr

Eindringen des Penis (oder Penisersatzmittels) in den After einer Frau oder eines Mannes (Gefahr der AIDS-Übertragung bei Schleimhautverletzungen, wenn ein Partner HIV positiv ist)

Animalität

(unbewußte oder bewußte) tierische Anteile in der Menschenseele

Antikonzeptiva

(meist: hormonelle) empfängnisverhütende Mittel

Anus

After

Aphrodisiakum, MZ Aphrodisiaka

Mittel, die den Geschlechtstrieb anregen

Autosuggestion

Selbstbeeinflussung (z.B. durch Autogenes Training, Selbsthypnose etc.)

Bisexualität

Doppelgeschlechtlichkeit: meist verstanden als Wahl von Geschlechtspartnern des eigenen wie des anderen Geschlechts

bioelektrische Schwingungen
die über den (elektrischen) Hautwiderstand meßbaren Ausstrahlungen der Gehirnstrom- bzw. Herzstromaktivität (EEG, EKG)

Ecouteur
frz., „Lauscher": gewinnt sexuellen Genuß durch Zuhören bei erregenden Geräuschen (z.B. Geschlechtsverkehr, Stuhlgang ... oder Gesprächen über Sex)

Ecoutismus
zwanghaftes Belauschen fremder Geschlechtsaktivitäten

eiaculatio praecox
Vorzeitiger Samenerguß: vor, bei oder kurz nach dem Eindringen in die Scheide

eiaculatio retardata
Verzögerter Samenerguß

ejakulieren
Samen ausstoßen

Erektion
Gliedversteifung

Erektionsstörung
Verzögerte, ausbleibende oder nur kurz anhaltende Gliedversteifung

Erlöser-Falle
Zwanghafte Ausübung von Berufspflichten oder Ehrenämtern zum betonten Vorteil für andere und Nachteil für sich selbst (Formulierung stammt von der amerikanischen Psychotherapeutin *Carmen R. Berry*)

Erotophone
Menschen, die sexuelle Lust durch sexuell gefärbte Telefonanrufe gewinnen

Exhibition
das „Herzeigen" besonders der Geschlechtsorgane

Fellatio
lat., Reizen des Gliedes mit dem Mund

Fertilitätsambulanz
Ambulanz des Allgemeinen Krankenhaus in Wien, die auf Probleme mit der Fruchtbarkeit von Männern oder Frauen spezialisiert ist

Fetischist
Ein Mensch, der zur Erzielung sexueller Lust von bestimmten Dingen, Materialien oder Eigenschaften (z.B.: Gerüchen) abhängig ist

frigid
veraltete Bezeichnung für geschlechtskalt, unerregbar

Gynäkologe/in
Frauenarzt/Frauenärztin

HIV-positiv:
mit dem HIV infiziert

HIV-Virus:
umgangssprachlich – V steht bereits für Virus! Das Virus, das zu Erkrankung an Aids führt

Herpes
ein Virus, das Hautkrankheiten auslöst (z.B. Bläschen im Mund oder Geschlechtsbereich)

Heterosexuelle
Menschen, die sich in ihrer Partnerwahl aufs andere Geschlecht beziehen

Homosexuelle
Menschen, die sich in ihrer Partnerwahl aufs eigene Geschlecht beziehen

Hypnotherapie
von *Milton H. Erickson* entwickelte Therapieform, in der KlientInnen in Trance versetzt werden

Intrauterinpessar
Kleines Metall- oder Kunststoffgerät zur Schwangerschaftsvermeidung, das in die Gebärmutter eingesetzt wird. Katholischerseits als Abtreibung gewertet.

Impotenz
veraltete Bezeichnung für Erektionsstörung

„Kaviar"
Tarnwort für Kot (in Werbeanzeigen für Prostitution oder Partnersuche)

Kegel-Übung
Nach dem Arzt Dr. Kegel benannte Gymnastik zur Kräftigung der Beckenbodenmuskulatur. Ursprünglich empfohlen gegen Harnverlust zur Stärkung des zuständigen Schließmuskels fördert sie die Orgasmusfähigkeit der „trainierenden" Frau

Klistier
Verabreichung eines Einlaufs mit verschiedenen Flüssigkeiten

Kondom
Verhütungsmittel für den Mann, erhältlich in Apotheken, Drogeriemärkten oder Automaten

larvierte Depression
durch die Larve einer körperlichen Erkrankung getarnte Depression (z. B. oft hinter einem „Hexenschuß")

Libido
die einem Menschen individuell zur Verfügung stehende Energiequantität, jemand oder etwas zu lieben (besonders wichtig zu nehmen)

Lubrikation
Feuchtwerden (der Scheide)

Masochist
Ein Mensch, der aus eigenem Leiden sexuelle Lust gewinnt

Masturbation
Selbststimulation, Selbstbefriedigung

masturbieren
lat.: mit der Hand erregen: sich selbst sexuell stimulieren, befriedigen

Menstruationszyklus
die Zeitspanne, in der die Monatsblutung einer Frau wiederzukehren pflegt

Narzißt
psychoanalyt.: selbstverliebter Mensch (oder ein Mensch, der in unzulänglicher Weise versucht, erlittene Kränkungen wieder heil zumachen)

Natursekt:
Tarnwort für Urin (in Werbeanzeigen für Prostitution oder Partnersuche)

„Neue Sexualtherapie" nach Helen Singer Kaplan:
eine Kombination von Verhaltensanleitungen mit Gesprächen über individuelles Erleben von Lust und Partnerbeziehung

Neurotransmitterausschüttung
chemisch-elektrische Prozesse im Gehirn

nymphoman
veraltete Bezeichnung für Frauen, die auffallend großes Bedürfnis nach Geschlechtsverkehr zeigen

Orgasmus
der spannungslösende Höhepunkt im Geschlechtsakt

Pädophile
Menschen, die sich sexuell zu Kindern hingezogen fühlen

Papaverin
Präparat, das, in die Peniswurzel injiziert, zur Gliedversteifung führt

Paranoia
Verfolgungswahn

Pathogenese
Krankheitsursache

Pawlow´scher Reflex
Antrainierter (im Gegensatz zum angeborenen) Reflex (Körperreaktion)

PCC-Muskel
musculus pubococcygeus: umgibt die Scheidenöffnung (und die gesamte Beckenfläche von Schambein bis Steißbein). Wird er trainiert (durch Anspannen und Loslassen), steigert sich die Durchblutung der Genitalregion, damit das Lustempfinden und die Bereitschaft zum Orgasmusreflex (vorausgesetzt, frau findet die dadurch ausgelösten Gefühle lustvoll)

Penetration
Das Eindringen des Gliedes in die Scheide

Petting
Sexuelle Stimulation der Geschlechtsteile ohne Eindringen des Gliedes

Phallus
das männliche Glied in voller Größe

Prüderie
Übertriebene Keuschheit und Sexualunterdrückung

regressive Kommunikation
eine von *Harald Picker* enwickelte Psychotherapietechnik

Sadist
Mensch, der aus dem Leid der anderen sexuellen Lust gewinnt

Setting
die Erstellung bestimmter Bedingungen von Zeit, Raum, Bezahlung etc. in der Psychotherapie oder Beratung

Sexuologe/in
SexualwissenschafterIn oder -forscherIn (sagt nur etwas über den Gegenstand des besonderen Interesses, nicht unbedingt etwas über die Qualifikation aus!)

Sexuelle Dysfunktion
Nichtfunktionieren eines Geschlechtsorganes

Sexualanamnese
Erhebung der Lebens- und Erlebensgeschichte eines Menschen als sexuelles Wesen

Sexualökonomie
Planvoller Umgang mit den Geschlechtskräften

Sexismus
Diskriminierung eines Menschen (Frauen!) aufgrund seines Geschlechts

Sicherer Sex (safe sex)
Verwendung von Kondomen zur Vorbeugung einer AIDS-Infektion

SKAT (Schwellkörperautoinjektionstherapie)
Injizieren von Papaverin in die Peniswurzel (kann vom Arzt beigebracht werden) zur Herbeiführung einer ca. halbstündigen Gliedsteife

Spanische Fliege
eine südeuropäische Käferart, aus denen Kantharidin gewonnen wurde, das als Aphrodisiakum verwendet wurde; hochgiftig, führt zu Krämpfen, Lähmungen, in Überdosen zum Tod, daher verboten

Squeeze-Technik
Druckausübung auf den Übergangspunkt Eichel-Gliedschaft zur Verzögerung des Samenerguß´

supervidiert
durch erfahrene Kollegen/Innen fachlich begleitet und kontrolliert

Supervision
die regelmäßige Überprüfung von Sozialarbeit, Beratung oder Therapie durch Einzel- oder Gruppengespräche nach methodischen und ethischen Gesichtspunkten

Systemische Familientherapie
eine effiziente Psychotherapietechnik, nach der gerne in Familienberatungsstellen gearbeitet wird

systemische Frageweise
eine Technik der Systemischen Familientherapie, um KlientInnen zu helfen, ihre Ziele und ihre Lösungsmöglichkeiten selbst zu finden

Transsexualität
„Das Leben im falschen Körper": die seelische Identifikation mit dem Gegengeschlecht

Transzendentaler Sex
Erweiterung des sexuellen Empfindens durch Atem-, Meditations- und Massagetechniken

toxisch:
mit vergiftender Wirkung

Uterusperforation
Durchstoßung der Gebärmutter

Vaginismus
Scheidenkrampf (macht das Eindringen des Gliedes unmöglich)

Verbal-Exhibitionisten
Wortschöpfung zur Bezeichnung von Menschen mit demonstrativ-unflätiger Sprache

Verhaltenstherapie nach Masters & Johnson
eine Zusammenstellung von Berührungstechniken und Verhaltensanleitungen zur Behebung sexueller Dysfunktion

Zölibat
Freiwillige Verpflichtung zur Ehelosigkeit der katholischen Priester. Freiwilliger Verzicht auf Geschlechtsverkehr

Zyste
sackartige Geschwulst mit dünn oder dickflüssigem Inhalt, meist gutartig, neigt aber oft zu Wachstum

Adressen

AIDS
Beratungsstellen der Österreichischen AIDS-Hilfe:

Bregenz 6900, Neugasse 5, T. 05574/46526
Graz 8010, Glacisstraße 69, T. 0316/815050
Innsbruck 6020, Bozner Platz 1, T. 0512/563621
Klagenfurt 9020, Sponheimerstraße 5, T. 0463/55128
Linz 4020, Langgasse 17, T. 0732/2170
Salzburg 5020, St. Julienstr. 31, T. 0662/881488
Wien 1080, Wickenburggasse 14, T. 0222/4086168
Zentrum für Sozialarbeit:
1080, Lenaugasse 17, T. 0222/433374 oder 486749

Vergewaltigung: Notrufe für vergewaltigte Frauen:
Graz 0316/36321
Innsbruck 0512/574416
Klagenfurt 0463/44966 (Frauenhaus)
Linz 0732/2129 (Frauenzentrum)
Salzburg 0662/881100
Steyr 07252/65749
Wien 0222/932222 Wien 0222/315656

Sexualberatungsstellen:
Linz „Billy" 4020 Weissenwolffstr. 17a, T. 0732/270497
Salzburg 5020 Auerspergstraße 10, T. 0662/70870
Wien 1090 Lustkandlgasse 50, T. 0222/346535 DW 279 1210
Freytaggasse 32, T. 0222/386205 Do 16-18h Fr 16-18h

Herzklopfen-Telefonische Sexualberatung für junge Leute
0222/4082290 oder 4083390, Sa 14-18h

Telefonseelsorge:
Vorwahl der jeweiligen Landeshauptstadt und dann 1770
(auch Nachtdienst)

Krisenintervention 0222/439966 oder 439595

Wenn besonderer Hilfseinrichtungen erfragt werden sollen:
Kummernummer 5873587
Sozial-Service des Bundesministerium für Arbeit und Soziales:
0222/567265

Familien-Service des Bundesminsterium für Umwelt, Jugend und Familie:
0660201 (Ortstarif aus ganz Österreich)

Beratung für Homosexuelle Männer und Frauen:
Dornbirn 05574/368675 (Donnerstag 18-20h)
Innsbruck 0512/562403 (Donnerstag ab 20h30)
Linz 0732/282051, Rosa Telefon Montag 20-22h, 0732/667469
Lila Lesben Line, Montag 20-22h
Salzburg 0662/327343, Freitag 19-21h
Wien HOSI 0222/266604, Dienstag, Freitag 18-20h, Mittwoch 19-21h (Lesbentelefon) Donnerstag ab 19h (Jugendtelefon)
Rosa Lila Villa 0222/568150, Montag bis Freitag, 17-20h

Sonderformen sexueller Wünsche oder Probleme:
Transsexuelle Initiative, 1011 Wien, Postfach 201,
8055 Graz Postfach 95
Libertine- Sadomasochismus Initiative, 1011 Wien, Postfach 63
Polymorph-perverse Klinikliebe Wien 1060 Wien, Postfach 535
Leather & Motorbike Community Vienna, 0222/5873630
Club zur Förderung der Leder- und Motorradkameradschaft 0222/7860835
Club Anal: 8010 Graz, Kaiserfeldgasse 15

Familienplanung-Empfängnisverhütung:
Österreichische Gesellschaft für Familienplanung, 1090 Wien, Spitalgasse 23, 0222/40400/DW 2924

Frauen:
Kanzleramtsministerium für allgemeine Frauenfragen 0222/531 15 DW 2725 oder 2414 (dort erhältlich: Susanne Feigl: Frauenratgeber- Information und Adressen von A bis Z)

Sexuelle Mißhandlung von Kindern und Jugendlichen:
Beratungsstelle für gewaltlose Er- und Beziehung (Die Möwe)
1220 Wien 22, Schüttaustr. 1-39/III Montag 17-21h,
0222/2362254

Beratungsstelle für mißhandelte Frauen und Mädchen, 1080 Wien, Breitenfeldergassse 6-8/2, Mo-Fr 9-12h, Do 15-18h, 0222/425415

Frauen gegen sexuelle Ausbeutung von Mädchen, Postfach 531, 1040 Wien, 0222/5264934, 5236990, Mo-Fr 9-13h, Mi 19-21h

Kindertelefon ORF Rat auf Draht:
0660 6960 (Ortstarif aus ganz Österreich)

Kindertelefon:
Wien 0222/316666

Sexualerziehung:
Die „Materialien zur Sexualerziehung: Partnerschaft-Liebe mit Verantwortung" (populär: „Sex-Koffer") bestellt man bei: Österreichischer Bundesverlag, 1010 Wien, Schwarzenbergstraße 5, 0222/514-05 Dw 255

Schwangerschaftsabbruch:
Familien und Partnerberatungsstellen, Geburtenkontrolle
1975 ist in Österreich die Fristenregelung in Kraft getreten. (50 Jahre nachdem Sozialistinnen erstmals im Parlament den Antrag auf Straffreiheit für Abtreibung gestellt hatten.)
Seither kann eine Schwangerschaft bis zum dritten Monat straffrei abgebrochen werden. (Danach nur noch aufgrund medizinischer Indikation.)
Voraussetzung für die Durchführung eines Schwangerschaftsabbruches ist eine vorhergehende ärztliche Beratung und die Durchführung durch einen Arzt. Ärzte können sich aus Gewissensgründen weigern, einen Schwangerschaftsabbruch vorzunehmen. Tatsächlich wird die Fristenregelung keineswegs in allen öffentlichen Spitälern durchgeführt.
Die Kosten für einen Schwangerschaftsabbruch werden von der Krankenkasse nicht übernommen!

Folgende Krankenanstalten und Ambulatorien nehmen Schwangerschaftsabbrüche vor:

Kärnten:
Landeskrankenhaus Klagenfurt, Sankt-Veiter-Straße 47, 9020 Klagenfurt, 0463/538,

Landeskrankenhaus Wolfsberg, Paul-Hackhofer-Straße 40, 9400 Wolfsberg, 04352/34510,

Niederösterreich:
Landeskrankenhaus Gmünd, Contathstraße 17, 3950 Gmünd, 08252/2525, 3841, 3843 und 3844,

Landeskrankenhaus Wiener Neustadt, Corviniusring 3-5, 2700 Wiener Neustadt, 02622/52121-0, 23521-0 und 23624-0

Oberösterreich:
Allgemeines öffentliches Krankenhaus der Stadt Linz, Krankenhausstraße 9, 4020 Linz, 0732/2806-0

Steiermark:
Landeskrankenhaus Weiz, 8172 Weiz, 03172/2214

Wien:
Ambulatorium für Schwangerenhilfe, Fleischmarkt 26, 1010 Wien, 0222/5129631

Elisabeth-Spital, Huglgasse 1-3, 1150 Wien, 0222/956521/265, Beratung und Auskunft: Mo 13-15.30 Uhr

Franz-Joseph-Spital, Kundratstraße 3, 1100 Wien, 0222/60191/280, Beratung und Auskunft: Mo+Mi 15-17 Uhr

Hanuschkrankenhaus, Heinrich-Collin-Straße 30, 1140 Wien, 0222/942151/147, Beratung und Auskunft: Mo 14-16 Uhr

Krankenhaus Floridsdorf, Hinaysgasse 1, 1210 Wien, 0222/381614/225, Beratung und Auskunft: Di 13-15 und 16-18 Uhr

Rudolfstiftung, Juchgasse 25, 1030 Wien, 0222/757511/638, Auskunft und Beratung: Mo+Do 15-18.30 Uhr

Sanatorium Hera, Löblichgasse 14, 1090 Wien,
0222/345501/252, Auskunft und Beratung: Mo-Fr 8-10.30

Semmelweis Frauenklinik Bastiengasse 36-38, 1180 Wien,
0222/471515

Frauenhäuser:

Kärnten:
Frauenhaus Klagenfurt, 0463/44996

Burgenland:
Frauenhaus Burgenland, (Jugendamt), 7000 Eisenstadt,
02682/2363

Niederösterreich:
Frauenhaus Mödling, 02236/86549

Frauenhaus St. Pölten, 02742/2014

Oberösterreich:
Frauenhaus Linz, 0732/231515

Haus für Frauen in Not, 4600 Wels, 07242/67851

Salzburg:
Frauenhaus Salzburg, 0662/28333

Steiermark:
Frauenhaus Graz, 0316/912592

Tirol:
Frauenhaus der Initiative „Frauen helfen Frauen",
Kontaktadresse: 6020 Innsbruck, 0512/580977

Tiroler Frauenhaus für mißhandelte Frauen und ihre Kinder,
Postfach 24, 6025 Innsbruck, 0512/42212

Vorarlberg:
Krisenwohnungen: 6800 Feldkirch, 05522/27855

6850 Dornbirn, 05572/69075

6900 Bregenz, 05574/37141

Wien:
1. Frauenhaus Wien, 0222/315656

2. Frauenhaus Wien, 0222/4083880

Literatur

Diese Bücher finde ich informativ und leicht zu lesen und daher empfehlenswert:

Allgemeines über Sexualität und Fortpflanzung:

Haeberle, E. J.: Die Sexualität des Menschen. Berlin – New York 1985.

Kitzinger, Sheila: Sexualität im Leben der Frau. München 1984.

Swanson, Janice M. & Forrest, Katherine A.: Die Sexualität des Mannes. Köln 1987.

Unser Körper – unser Leben. Ein Handbuch von Frauen für Frauen. Band 1 und 2. Reinbek bei Hamburg 1980.

Knaurs Babybuch von Sybil Gräfin Schönfeldt. München 1985.

Spaß am Sex:

Comfort, Alex: Joy of sex – Freude am Sex. Frankfurt 1976.

Comfort, Alex: More Joy of sex – Noch mehr Freude am Sex. Frankfurt 1978.

Downing, George: Partnermassage. München 1978.

Gillies, Jerry: Transzendenter Sex. München 1982.

Inkeles, Gordon & Todris, Murray: Die Kunst der zärtlichen Massage. Freiburg/Breisgau 1982.

J...: Die vollkommene Partnerschaft. Reinbek bei Hamburg 1980.

J...: Die sinnliche Frau. Reinbek bei Hamburg 1983.

Lidell, Lucy: Die neue Schule der Sinnlichkeit. München 1988.

M...: Der sinnliche Mann. Reinbek bei Hamburg 1980.

Senger, Gerti: Was heißt schon frigid? Genf 1983.

Senger, Gerti: Sinnenfreude – Lebenslust. Genf 1985.

Störungen beheben – Selbsthilfe/Therapie:

Für Paare:

Barbach, Lonnie: Füreinander. Das gemeinsame Erleben der Liebe. Reinbek bei Hamburg 1985.

Raley, Patricia E.: Making Love. Frankfurt 1973.

Für Frauen:

Barbach, Lonnie: For Yourself – Die Erfüllung weiblicher Sexualität. Frankfurt 1975.

Heiman, Julia & Lopiccolo, Leslie & Joseph: Gelöst im Orgasmus. Frankfurt 1978.

Meulenbelt, Anja: Für uns selbst. München 1980.

Minker, Margaret: Mit eigenen Augen sehen. München 1989

Für Männer:

Zilbergeld, Bernie: Männliche Sexualität. Tübingen 1983

Kommunikation und Selbstbehauptung:

Bach, George R. & Goldberg, Herb: Keine Angst vor Aggression. Frankfurt 1981.

Dickson, Anne: Frau sein – Selbstfindung, Selbstvertrauen, Selbstbewußtsein. München 1985.

Fensterheim, Herbert & Baer, Jean: Sag nicht Ja, wenn Du Nein sagen willst. München 1977.

Smith, Manuel J.: Sage nein ohne Skrupel. Reinbek bei Hamburg 1979.

Kontaktschwäche:

Selby, John: Einander finden. Reinbek bei Hamburg 1986.

Wege aus unbefriedigten Beziehungen – Prävention:

Moeller, Michael Lukas: Die Wahrheit beginnt zu zweit. Das Paar im Gespräch. Reinbek bei Hamburg 1988.

Bach, George R. & Deutsch, Ronald M.: Pairing. Reinbek bei Hamburg 1979.

Benard, Cheryl & Schlaffer, Edit: Laßt endlich die Männer in Ruhe. Reinbek bei Hamburg 1990.

Brückner, Margit: Die Liebe der Frauen. Frankfurt 1988.

Körner, Wolfgang: Meine Frau hat mich verlassen. Frankfurt 1987.

Krantzler, Mel: Kreative Scheidung. Reinbek bei Hamburg 1977.

Norwood, Robin: Wenn Frauen zu sehr lieben. Die heimliche Sucht, gebraucht zu werden. Reinbek bei Hamburg 1986.
Schellenbaum, Peter: Das Nein in der Liebe. Stuttgart 1984.
Steinbrecher, Sigrid: Funkstille in der Liebe. Stuttgart 1990.

Sonderformen sexuellen Verhaltens:

Krafft-Ebing, Richard v.: Psychopathia sexualis. München 1984.
Eskapa, Roy D.: Die dunkle Seite der Sexualität. München 1991.
Carnes, Patrick: Zerstörerische Lust. Sex als Sucht. München 1987.
Friday, Nancy: Die sexuellen Phantasien der Frauen. Reinbek bei Hamburg 1980.
Friday, Nancy, Die sexuellen Phantasien der Männer. Reinbek bei Hamburg 1983
Pilgrim, Volker Elis: Der selbstbefriedigte Mensch. Reinbek bei Hamburg 1985.
Burgard, Roswitha & Rommelspacher, Birgit: Leideunlust. Der Mythos vom weiblichen Masochismus. Berlin 1989.
Perner, Rotraud A.: Der Mythos vom weiblichen Masochismus. In: Huemer, Peter & Schurz, Grete: Unterwerfung. Über den destruktiven Gehorsam. Wien 1990.
Califia, Pat: Sapphistrie. Das Buch der lesbischen Sexualität. Berlin 1985.
Handl, Michael / Hauer, Gudrun / Krickler, Kurt / Nussbaumer, Friedrich & Schmutzer, Dieter: Homosexualität in Österreich. Wien 1989.
Glöer, Nele & Schmiedeskamp-Böhler, Irmgard: Verlorene Kindheit. Jungen als Opfer sexueller Gewalt. München 1990.

Geschlechterkampf, Rollenbilder, Mythen:

Auer, Karl & Frantsits, Anneliese (Hg): Sexualität zwischen Verdrängung und Befreiung. Wien 1989.
Fausto-Sterling, Anne: Gefangene des Geschlechts? Was biologische Theorien über Mann und Frau sagen. München 1988.
Friedan, Betty: Der Weiblichkeitswahn oder die Selbstbefreiung der Frau. Reinbek bei Hamburg 1970.
Hollstein, Walter: Nicht Herrscher, aber kräftig. Die Zukunft der Männer. Hamburg 1988.

Nørretranders, Tor (Hg.): Hingabe. Über den Orgasmus des Mannes. Reinbek bei Hamburg 1983.
Pilgrim, Volker Elis: Manifest für den freien Mann. Reinbek bei Hamburg 1983.
Scheu, Ursula: Wir werden nicht als Mädchen geboren – wir werden dazu gemacht. Frankfurt 1977.
Schwarzer, Alice: Der „kleine Unterschied" und seine großen Folgen. Frankfurt 1975.

Die Autorin

Da ich gerade, was meine Mitarbeit in der Sexhotline anlangt, immer wieder gefragt werde, wie ich eigentlich dazukomme – dazugekommen bin – „Sexualtherapeutin" zu sein, will ich diese Gelegenheit nutzen, meine Entwicklung nachvollziehbarer darzulegen, als es ein knappes Ausbildungscurriculum oder die Phantasieberichte der Regenbogenpresse könnten.

Nach einer angepaßten Kindheit im Zwiespalt der Erziehungsstile – distanziert vornehm die Mutter, ausgebildete Volksschullehrerin und Pianistin, faszinierend, beeindruckend (bis repressiv) der proletarische Vater, Germanist, Anglist, polyglott (zu seinem Lebensende hatte er es auf die Kenntnis von 27 Sprachen gebracht), legendärer Erwachsenenbildner, Mittelschuldirektor, Hofrat – gefiel es meinem Vater, mich in ein humanistisches Gymnasium für Knaben zu schicken, in dem ich jahrelang das einzige Mädchen war. Das hat mir zwei Prägungen verursacht: das Interesse für Außenseiter und die Kenntnis der Männerwelt mit ihren Taktiken und Strategien.

Nach der Reifeprüfung (mit Auszeichnung) wagte ich den ersten Widerstand: weigerte mich, ein Lehramtsstudium zu absolvieren und entschied mich für Rechtswissenschaften: Ich wollte eine gerechte Richterin werden.

Nachdem ich dieses Hochschulstudium in der geringst-möglichen Semesterzahl absolviert hatte – ich war Bahnfahrerin und wollte nur schnell fertig werden; das tut mir heute leid, ich hätte weniger strebern und mehr studieren sollen –, ließ ich mich von meinem damaligen „ständigen Begleiter", einem Welthandelsstudenten, überreden, besser bezahlte Jobs in der Wirtschaft zu suchen. So gab es nur ein kurzes Gastspiel bei Gericht, ein etwas längeres in der Haftpflicht-Abteilung einer großen Versicherung und schließlich etliche Jahre als Referentin in der Volkswirtschaftlichen Abteilung der Oesterreichischen Nationalbank. Zu dieser Zeit begann ich mich politisch zu engagieren: erlebte ich doch in der Staatsbank die Diskriminierung der

Frauen hautnah (damals gab es sogar noch ein eigenes Frauengehaltsschema!) – von sexistischen Bemerkungen bis zu sexuellen Belästigungen. Darauf war ich durch meine männliche Sozialisation natürlich nicht vorbereitet.

Zuflucht bei der politischen Partei suchen, die sich den Schutz der ArbeitnehmerInnen auf die Fahnen geheftet hatte, war die logische Folge, ebenso die ersten Kontakte mit autonomen Frauen. Lernen. Indoktriniert werden. Schulungen besuchen. Schulungen leiten. Parallel dazu hatte ich geheiratet, begonnen, Soziologie zu studieren, war schwanger geworden. Kaum war mein erster Sohn auf der Welt, kam ich, ungefragt, ob ich wollte, zu einem Mandat: auf wählbare Stelle auf die Bezirksratsliste (Liste der Stadtteildeputierten) des einwohnerstärksten 10. Wiener Gemeindebezirks (der sich stolz als drittgrößte Stadt Österreichs bezeichnet) und auf unwählbare Stelle auf die Gemeinderats- und Landtagsliste.

Neuerliche Schulungen in Rhetorik, Verhandlungstaktik, Öffentlichkeitsarbeit. Mein besonderes Interesse galt damals der Stadtplanung und der Mitbestimmung in den Betrieben, aber als Frau wurde ich auf die Frauenthemen vergattert: Bildung, Gesundheit, Soziales. Lernfreudig wie ich bin (für AstrologInnen: Jupiter/Venus-Konjunktion und Mars/Merkur-Konjunktion in der Jungfrau; Mond/Sonne-Konjunktion im Löwen, Aszendent Wassermann im Trigon auf Neptun (Waage), Uranus im Zwilling, leider im Quadrat auf die Venus, den Rest verheimliche ich), begann ich mich konsequent mit Gemeinwesenarbeit zu beschäftigen, gründete eine Familienberatungsstelle und kam bald drauf, daß die Ratsuchenden, denen ich Rechtsberatung anbot, keine juristischen Lösungen suchten wie Scheidung oder Unterhaltsklagen, sondern Verbesserung der zwischenmenschlichen Beziehungen, Konfliktregelung. Also begann ich, das dazu befähigende Rüstzeug zu erwerben: neue Seminare besuchen, Fachliteratur lesen; viele Teamgespräche mit den SozialarbeiterInnen. Von der OENB hatte ich den Abschied genommen, dachte, die Betreuung meiner mittlerweile zwei Söhne, politische Arbeit und Fortbildung sei Garant für ein erfülltes Frauenleben; mein Mann, Journalist und Politikerberater, stand partnerschaftlich zur Seite, wann immer es notwendig war und es ihm Spaß machte – und es machte ihm mehr Spaß als mir! Den Kochlöffel hat er mir schon damals abgerungen – es war gar nicht so leicht für mich, auszuhalten, wie er meine kleine Küchenwelt umgestaltete!

Dann kamen Schicksalsschläge. Unter anderem eine schwere Magenoperation meines Mannes. Kaum war er davon genesen, warf ihn eine Herzentzündung (als Folge einer im Dienste eines ehemaligen Wiener Bürgermeisters verschlampten „Cocksackie"-Virus-Grippe) auf Monate hin. Für mich hieß das: Existenzängste und die Aktivierung ungeahnter Kräfte: Ich begann mit dem Schreiben als familiengerechte Form, Einkünfte zu erzielen. Und die Annahme des Angebots, für den Verein Jugendzentren der Stadt Wien ein Modell zu konzipieren und durchzuführen, das Schule machen sollte: Club Bassena, ein Kommunikations- und Selbsthilfezentrum für Jungfamilien und ihren Nachwuchs im Stadtrandgebiet. Teilnehmende Beobachtungen. Parallel zu meiner Leistungsfunktion (in Teilzeit und „kapazitätsorientiert" – die reinste Selbstausbeutung!) absolvierte ich die erste Psychotherapieausbildung: Psychoanalytische Sozialtherapie, die den Versuch darstellt, die Freud'sche Psychoanalyse für die Zielgruppen „verwahrloste Jugendliche" (insbesondere Schulverweigerer, Vandalen, Prostitutions-, Drogengefährdete) nutzbar zu machen. Besonderes Augenmerk wird dabei auf die Kooperationsmöglichkeiten mit den befaßten Institutionen gelegt (theoretische Orientierung: Igor Caruso, Helm Stierlin, Ivan Illich, Harald Picker, Klaus Rückert). Durch die dabei vorgeschriebene psychoanalytische Selbsterfahrung begann ich mein politisches Engagment mit anderen Augen zu sehen: beobachtete Doppelmoral, erkannte Mißbrauch und Ausbeutung, begann mir meine Zeit zu nehmen, nachzufühlen, ob deklarierte Ziele wirklich den Menschen dienten oder nur dem Aufpolieren eines Jahresberichtes, der persönlichen Gloriole – und begann zu verweigern. Vor allem verweigerte ich das Schaffen und Bekämpfen von Feindbildern, war immer mehr um gegenseitiges Verstehen bemüht. Und begann auch den Sinn von Religion zu verstehen (im Gegensatz zum Administrationsapparat Kirche, da sehe ich wenig Unterschied zu anderen Administrationsapparaten). Logische Folge war der Wechsel von der Freud'schen zur Jung'schen Analyse.

Parallel dazu folgten Ausbildung in Personzentrierter Gesprächsführung, Ausbildung in Neurolinguistischem Programmieren, Studium der Erwachsenenbildung an der Pädagogischen Akademie Wien, Fortbildung in vielen Lehrgängen, viele verschiedene Supervisionen. Selbst supervidieren lernen. Projektarbeit lernen. Wenn ich daran denke, wieviel ich in dieser Zeit gelesen, geforscht, diskutiert, selbst erfahren, geübt habe, frage ich mich, wo ich die vielen Stunden hergenommen habe. Vielleicht liegt es daran, daß wir in unserer Familie Konflikte immer gleich und heftig ausgetragen haben, daß wir unsere Energie nicht fürs Verdrängen und Unterdrücken aufwenden mußten und daher voll zur Verfügung hatten...

Was für mich das Wesentlichste dieser Ausbildungen darstellt, ist, daß ich ein sicheres Gefühl erworben habe, wann etwas zu Ende geht, wann sich etwas Neues ankündigt, wann ich etwas tun soll, wann ich stillhalten soll. Früher mußte ich oft schmerzlich erleben, daß ich asynchron war: entweder zwei Jahre meiner Zeit voraus oder eine Woche hinten nach. Ich habe das immer und immer wieder erlebt. Ich denke, ich bin heute noch immer meiner Zeit voraus, habe meine Vorahnungen und Visionen, aber ich kann sie zeitlich in Relation setzen; schreibe sie mit Datum in mein „kluges Buch" und blättere von Zeit zu Zeit zurück: so, das wird jetzt langsam Zeit ... (und es stimmt auch).

Da ich eine notorische Vereins- oder Projektgründerin bin, lag es nahe, gemeinsam mit dem erfahrenen Eheberater Werner Neubauer (dem Leiter der Eheberatungsstelle der Gemeinde Wien) die längst überfällige säkuläre Ausbildung für eine „qualifizierte Jugend-, Familien-, Partner- und Sexualberatung" zu initiieren, der die Organisation der Fortbildung für erfahrene Paarberater in Sexualberatung und -therapie folgte. Anlaß war für uns die zunehmende Nachfrage infolge der verstärkten Thematisierung sexueller Inhalte in den Medien, wohl eine Folge der AIDS-Aufklärung. Der nächste Schritt war dann die Einrichtung der 1. Wiener Sexualberatungsstelle – mittlerweile gibt es bereits die zweite.

Wenn ich diese Zeilen schreibe, ist es März 1991. Mit Ende dieses Monats werde ich meine Mitarbeit in der 2. Wiener Sexualberatungsstelle einstellen – es wird mir einfach zuviel.

Ich will mich in Zukunft mehr der steigenden Nachfrage nach Supervision, Workshops, Seminaren widmen und besonders der Arbeit in meiner eigenen psychotherapeutischen Praxis: Seit mit 1. 1. 1991 das Psychotherapiegesetz in Kraft ist und wir PsychotherapeutInnen damit als eigenständiger Beruf anerkannt sind, herrschen endlich die Bedingungen, den „KonsumentInnen" klare Angebote machen zu können, wenn sie fachkundige Hilfe suchen.

Wer mich kontaktieren möchte, um Information die in diesem Buch nicht gegeben wurde/gegeben werden konnte, zu erhalten, oder über die von mir veranstalteten Seminare (oder solche anregen möchte!), schreibt mir am besten:

Mag. Dr. Rotraud A. Perner
1013 Wien 1, Postfach 23

Rotraud A. Perner

Mag. Dr. iur. (Univ. Wien)

Diplom Erwachsenenbildung (Päd. Ak. Wien)

tiefenpsychologische Ausbildung im Wiener Arbeitskreis für Tiefenpsychologie (WATP)

Diplom für psychoanalytische Sozialtherapie (ÖAPS)

Practitioner-Dekret für Neurolinguistisches Programmieren (ÖTZNLP)

abgeschlossene Ausbildung (Zertifikat) in personzentrierter Gesprächsführung (APG)

abgeschlossene Fortbildung in Projektarbeit bei Mag. Angela Gotthardt-Lorenz, Münster/Wien

abgeschlossene Fortbildung in Sexualberatung und -therapie bei Dr. med. Verena Middendorp/Zürich

Fortbildung in Bioenergetik, Hypnotherapie, Themenzentrierter Interaktion, Transaktionsanalyse, Gruppendynamik, Systemberatung und Jung'scher Analyse

1966-1967 Praxis bei Gericht und der Wr. Städt. Versicherung

1968-1975 volkswirtschaftl. Referentin/Auslandsbüro der Oesterreichischen Nationalbank

1975-1983 freie Mitarbeit in der Compreß Verlagsgesellschaft (Kontakterin, Designerin, Texterin, Kolumnistin, Konzeption dreier Produkte)

1975-1983 rechtliche und psychologische Beratung in der Familien- und Partnerberatungsstelle der Wiener Kinderfreunde im Sozialtherapeutischen Institut

1978-1985 Projektleiterin und Konsulentin im Verein Jugendzentren der Stadt Wien (Ausbildung und Supervision der MitarbeiterInnen, Konzeption Club Bassena)

seit 1984 eigenes Institut für Projektberatung und Psychotherapeutische Praxis

seit 1987 Beratungstätigkeit in der 1. Wiener Sexualberatungsstelle, seit 1990 auch in der 2.

seit 1988 Konsulentin im Ö3 Nachtradio/Sexhotline

1989 LeserInnenbriefkolumne „Betrifft: Vertraulich" im Monatsmagazin WIENERIN

seit 1989 Konsulententätigkeit für Fernsehprojekte (z.B. WIR Bürgerservice, Familienrat)

seit 1989 wöchentliche Kolumne „Gemischte Gefühle" in AZ Unabhängige Tageszeitung

Kolumnen in BRIGITTE, EXTRA DIENST, WIENERIN etc.

Lehrtätigkeit (Pädagogische Institute, Akademien für Sozialarbeit; Psychotherapieausbildungen)

Trainingstätigkeit (Verwaltungsakademien, Körperschaften, Parteien, Firmen, ORF)

Supervision (z.B.: Bewährungshilfe, Fortbildungszentrum AKH)

Einzel- und Systemcoaching

Fachpublizist und Vortragstätigkeit

Vorstandsmitglied der Österreichischen Gesellschaft für Sexualforschung (ÖGS)

Vorstandsmitglied des Vereines Familie und Beratung (VFB) – Vorsitz Ass. Prof. Dr. Ludwig Reiter

1973-87 Bezirksrätin und Landtagskandidatin in Wien Favoriten

1985-1990 Mandatarin der Wiener Handelskammer; Obfrau der Konzessionierten Lebens- u. Sozialberater

1987-1990 Obfrau der Konzessionierten Lebens- u. Sozialberater auch in der Bundeswirtschaftskammer

1991 Mitglied des Psychotherapiebeirats im Gesundheitsministerium

seit 1968 verheiratet mit dem Journalisten und PR-Berater Reinhold M. Perner, zwei Söhne (1972, 1974)

Veröffentlichungen:

„Die Angst des Lehrers beim Reden über Sex." In: Wien Aktuell IX/76.

„Probleme gemeinsam lösen – Modellversuch Club Bassena." In: Wien Aktuell XII/79.

„Unmaßgebliche Betrachtungen zum Dominazstreben der Frau." (Diplomarbeit ÖAPS) 1983.

„Sexualität und Recht." In: Sozialarbeit in Österreich 1-3/85.

„Versuch einer personzentrierten Mitarbeiterführung." (Diplomarbeit APG) 1985.

„Familienarbeit als Beziehungsarbeit." (Praxis IV-Verein JZ) 1985.

„Wagen, nicht nur vorausdenken." (Festschrift Soziales Hilfswerk der ÖVP) 1987.

„Strafen statt helfen?" In: profil 35/87.

„Anerkennung wollen sie auch noch. Wie es Mitarbeitern von Führungskräften ergeht – eine Psychoanalyse." In: Furche 1/89.

„Sex im Märchen – märchenhafter Sex." In: „Das Nackte. Der Hintergrund." (Katalog des 1. Wiener Sommersymposiums 1987)

„Hinter den Klischees steckt Abwehr." In: Furche 18/88.

„Schießen Sie nicht auf den Prokuristen! Der Vatermord gilt der Mutter. Tiefenpsychologische Anerkennungen zur Ermordung von Chefs und anderen Vaterfiguren." In: Der Standard 14. 11. 88.

„Wie gefährlich ist Sex Appeal?" In: Wienerin Winter 1989.

„Taube Ohren" In: Profil 7/89.

„Hat Freud den Frauen geschadet?" In: Der Standard 16. 5. 89.

„006 am Reumannplatz – fast ein Krimi." In: Handl, u. a.: „Homosexualität in Österreich." Junius edition 1989.

mehrere Beiträge zu Sucht und Eifersucht in „Goldegger Dialoge 1990 – Der Mensch und seine Süchte."

„Der Mythos vom weiblichen Masochismus." In: Huemer & Schurz: „Unterwerfung. Über den destruktiven Gehorsam." Zsolnay 1990.

„Blick-Muster." In: Perthold: „Rote Küsse." Konkurs Buchverlag Claudia Gehrke 1990.

„Von der Familienberatung zur Sexualberatung." und „Lustgreise. Ein Plädoyer." In: Perner & Eich: „Sexualität als Problem. Delle Karth Verlag 1990.

„Die Frauenseele. Licht ins Dunkel." In: Startbahn 5/Jänner 1991.

„Frauen und Polizei – Polizei und Frauen." In: Öffentliche Sicherheit 3/91.

„Beratung – Der neue Narzißmus." In: Lambda Nachrichten 2/91.

„Zuliebe zu Leibe" und „Seelenmord – Seelenfrieden." In: Perner (Hg.): „Zuliebe zu Leibe." Edition Tau 1991.

„Sexuelle Mißhandlung von Kindern: Von der Störung zur Heilung. Zehn sozialtherapeutische Ansätze." In: Sozialtherapeutische Briefe 91/2.

In Druck:

„Scham macht krank. Sexualerziehung – das Aschenbrödel der Gesundheitserziehung." In: Wintersberger: „Ist Gesundheit erlernbar? Beiträge zur Gesundheitspädagogik." Wiener Universitätsverlag 1991.

„Lust auf Leere. Ein WEG von der Integrativen Sexualtherapie." In: Hilde Jawad: „Von Frau zu Frau. Feministische Ansätze in Theorie und Praxis psychotherapeutischer Schulen." Wiener Frauenverlag 1991.

„Angst(t)raumwelt." im Katalog der Ausstellung: „Frauen planen ihre Stadt." Böhlau 1991.

In Vorbereitung:

„Sündenfälle. Tiefenpsychologische Anmerkungen zum Alltagsgeschehen." Edition Tau.

„Die starken Zweiten. Motive und Motivation von Spitzenleistungen" gemeinsam mit Reginald Földy, Langen Müller.